Horst-Eberhard Richter

Wer nicht leiden will, muß hassen

»edition psychosozial«

Horst-Eberhard Richter

Wer nicht leiden will, muß hassen

Zur Epidemie der Gewalt

Psychosozial-Verlag

Bibliografische Information der Deutschen Bibliothek
Die Deutsche Bibliothek verzeichnet diese Publikation
in der Deutschen Nationalbibliografie;
detaillierte bibliografische Daten sind im Internet
über <http://dnb.ddb.de> abrufbar.

Psychosozial-Verlag
Goethestr. 29, D-35390 Gießen,
Tel.: 0641/77819, Fax: 0641/77742

E-mail: info@psychosozial-verlag.de
www.psychosozial-verlag.de
Originalausgabe

Umschlaggestaltung nach Entwürfen
des Ateliers Warminski, Büdingen
Gesamtherstellung
Majuskel Medienproduktion GmbH, Wetzlar
www.majuskeld.de
ISBN 978-3-89806-748-5

Inhalt

Vorwort zur Taschenbuchausgabe

*Gewalt und Versöhnung**

Mit dem Schwinden der Atomkriegsdrohung, der Beendigung des kalten Krieges, dem Umbruch in Osteuropa und mit der deutschen Vereinigung schien einen Augenblick lang das von Gorbatschow proklamierte Neue Denken zu triumphieren. Es sah so aus, als könnten sich endlich großartige Kräfte für die Gestaltung eines friedlicheren, sozial gerechteren und ökologischen Zusammenlebens entfalten. Andrej Sacharov, ehedem von den Stalinisten verbannt, fortan an der Seite Gorbatschows, war für kurze Zeit die Symbolfigur eines anscheinend unaufhaltsamen humanistischen Aufbruchs.

Es folgte der große Rückschlag: militante Nationalismen, eine Vielzahl neuer Kriege, Ratlosigkeit in der Nord-Süd-Krise, die schleichende, immer bewußter werdende ökologische Katastrophe, in unserem Land die mißglückende Verständigung, schließlich der Durchbruch eines neuen Rechtsextremismus und einer erschreckenden Jugendgewalt.

Die Enttäuschung bildet sich in verschiedenen Reaktionen ab. Eine ist der Rückzug in eine partielle Abstumpfung. In der Fachsprache reden wir von Spaltung oder Ich-Einschränkung. Man kann sich den Prozeß bildhaft als einen Rückzug des Ich vorstellen, das nur noch einen kleinen, individuellen Ausschnitt der Welt mit Gefühlen besetzt. Das Interesse begrenzt sich auf die private Lebenssphäre, auf die Selbstbehauptung und das dazu Machbare. Übergreifende gesellschaftliche Probleme, Schreckensnachrichten über Anschläge, Krieg oder Umweltkatastrophen verblassen zu leerer Abstraktheit. Sich darüber aufzuregen, wäre ungesund, destabilisierend, also tut man es nicht. Diese Reaktion wurde in Westdeutschland durch einen schon lange sichtbaren Trend erleichtert,

---

* Nach einem Referat im Rahmen der »Hiddensee-Gespräche« 1994

den wir durch eine vergleichende Längsschnittstudie nachgewiesen hatten. Als wir von unserem Gießener Zentrum für Psychosomatik aus die Selbsteinschätzung der westdeutschen Erwachsenen seit 1975 mit repräsentativen Erhebungen verfolgten, stießen wir auf einen markanten Rückgang von sozialer Anteilnahme zugunsten einer rücksichtsarmen Ichbezogenheit.

Eine andere Art, die Enttäuschung zu verarbeiten, führt zum Zynismus. Hierbei wird die niederdrückende Stimmung nicht durch Abstumpfung bzw. Spaltung, sondern durch Wendung in Aggressivität entschärft. »Versteck, du Narr, dein blutend Herz in Spott und Hohn!« dichtete Nietzsche. »Kein Zyniker zu sein, ist in der heutigen Zeit geradezu lebensgefährlich«, so Rudolf Augstein zu seinem Interviewer André Müller. »Weil man ohne Zynismus am Leben verzweifeln würde?« Augstein: »Könnte sein. Im Westen hatten viele engagierte Jugendliche von der 68er-Rebellion die Befreiung besonderer menschlicher Qualitäten durch Abbau gesellschaftlicher Repression erhofft. Inzwischen haben manche ihr idealisiertes Menschenbild von damals ins Gegenteil verkehrt. Insgeheim schmerzt sie ihr verlorenes Ideal, während sie sich zynisch an denen abreagieren, die unentwegt hoffen. Diese werden dafür gescholten, daß sie jenen die Verdrängung schwermachen. In beiden Landesteilen sind Konvertiten am Werk, die in der Projektion mit der eigenen Vergangenheit zu Gericht gehen – im Grunde ein altbekanntes Phänomen.

Zynismus manifestiert sich in Abstufungen von der milden Verspottung bis zur giftigen Häme. In der sanftesten Form funktioniert er noch eher als Abstumpfungshilfe. Das klingt wie ein autogenes Beschwichtigungstraining: Angst, Entsetzen, Verzweiflung, Trauer können mich nicht mehr erschüttern. Alle diese Regungen sind ohnehin nur flüchtig oder gar unecht. Man trägt sie als Mode, als Masche, denkt an den Effekt. Was Mitscherlich als Trauerarbeit bezeichnet, schrumpft bei Eckhard Henscheid zur bloßen Präsentation einer »bestenfalls törichten Wohlgesinnung, die ›Hitlerbarbarei‹ und/oder die Juden und überhaupt alles zu betrauern«. Während von ergreifenden Gefühlen und moralisch klingenden Bestrebungen geredet werde, stecke hinter den Worten nichts. Es ist nur Falschgeld, sagen Gerhard Henschel und Klaus Bittermann in ihrem hochgelobten »Wörterbuch des Gutmenschen«. Zu ihrem Spottkatalog gehören: Hoffnung, Glaubwürdigkeit, Trauerarbeit, Menschlichkeit, Versöhnung.

Es ist ja richtig, daß mit solchen sogenannten Gutmensch-Begriffen auch geheuchelt, gelogen und betrogen wird. Aber die eigentliche Kampagne des Zynismus zielt gar nicht gegen den Umgang mit den Benennungen, sondern gegen das Benannte selbst. So polemisiert Herausgeber Bittermann gegen einen Typ von Menschen, die nach eigener Angabe – in einer repräsentativen Untersuchung – besorgt sind über die Gefahren einer erweiterten Kluft zwischen Arm und Reich, über die sozialen Risiken des technischen Fortschritts und über die Umweltzerstörung. Diese Besorgten schildern sich persönlich als eher empfindsam, selbstkritisch, an anderen Menschen anteilnehmend, skeptisch gegenüber Politikern. »Nervensäge!« sagt Bittermann zu diesem Typ, der ihm fürchterlich auf den Geist gehe. Was kann diesen Abscheu besser erklären als Augsteins Deutung des Zynismus?

Das Moment der aggressiven Abwehr kommt überdeutlich zum Vorschein, wo sich Spott und Hohn zu regelrecht paranoider Empörung steigern. Da sieht sich Dieter Zimmer in der ZEIT etwa als Opfer einer gnadenlosen Herrschaft der Betroffenheit. Die Vertreter kritischer Empfindsamkeit werden zu einer repressiven Sittenpolizei dämonisiert. Dem Psychoanalytiker sollte man nicht verübeln, daß er fragt, ob die Gutmenschen als vermeintliche Verfolger nicht erst recht in denen stecken, die sich von ihnen verfolgt wähnen.

* * *

Es bleibt indessen der Druck der real deprimierenden Tatsachen – das sind die Symptome der Entsolidarisierung in unserem Land, die Flut der Gewalt, der alte/neue Antisemitismus, über 40 Kriege, darunter der besonders grausame in unserer Nachbarschaft, schließlich die schleichende Gewalt der Naturzerstörung. Die Destruktivität scheint überhandzunehmen. Worauf kann sich noch Hoffnung gründen, daß die Dinge dennoch zum Besseren gewendet werden könnten?

Ich hole an diesem Punkt einen großen Aufklärer zu Rate, der vor 200 Jahren in einer krisenhaften historischen Situation darüber nachgedacht hat, ob der Menschheit trotz aller Rückfälle in Kriege und Barbarei ein Fortschritt zum Besseren zugetraut werden könne. Inmitten der Greuel der Französischen Revolution stellte der alte Kant eine optimistische Prognose mit folgender überraschender

Begründung auf: Die Revolution könne scheitern und furchtbares Elend anrichten, aber allein die anteilnehmende Begeisterung der auswärtigen Zuschauer, die auszudrücken oft sogar riskant sei, bezeuge anthropologisch ein Vermögen, das dem Menschengeschlecht mit Sicherheit auf Dauer ein Fortschreiten zum Besseren verheiße. Nun war Kant bekanntlich alles andere als ein schwärmender Utopist, vielmehr fiel es ihm als kritischem Rationalisten schwer genug, ein Phänomen wie Enthusiasmus als Argument für eine gewichtige Kulturprognose anzuerkennen. Obwohl der Affekt als solcher nicht ganz zu billigen sei, führe die Teilnehmung am Guten mit solchem Enthusiasmus, wie er ausgebrochen sei, zwangsläufig zu der Folgerung, daß im Menschengeschlecht eine Kraft zu positiven Veränderungen stecke.

Ein anderer bedeutender Aufklärer, Sigmund Freud, hat später ebenfalls als Argument für eine positive Kulturentwicklung eine innere Gegenkraft gegen die Destruktivität postuliert. 1932 von Albert Einstein gefragt, wie der Widerstand gegen die Mächte des Hasses und des Vernichtens gestärkt werden könne, verwies Freud auf den Eros als Gegenspieler des Zerstörungstriebes. Damit umschrieb er die Antriebe, die das Leben schützen, die Bindungen und – wie man heute sagen würde – Solidarität stiften können.

Ob man sich zur Zeit nun lieber für Thomas Hobbes entscheidet und in den Phänomenen von Gewalt und Zerstörung eher einen aus der menschlichen Natur folgenden kriegerischen Normalzustand zu erkennen meint oder ob man mit Kant und Freud auf innere Selbstheilungskräfte baut, die der epidemisch entflammten Destruktivität erfolgreich entgegenwirken können, läßt sich anhand objektiver historischer Tatsachen nicht klären. Aus der Position eines anthropologischen Pessimismus und Mißtrauens heraus kann man sich an vielen zeitgeschichtlichen Ereignissen leicht bestätigen, daß Gewalt immer nur durch Bedrohung oder Gegengewalt gebrochen werde. Umgekehrt wird, wer auf die Macht positiver Regenerationsenergien vertraut, die gleichen Ereignisse optimistischer interpretieren.

Ein paar Beispiele:

1. Warum haben die Amerikaner im Vietnamkrieg aufgegeben?
   These: Weil sie von den Vietnamesen geschlagen worden sind.
   Antithese: Weil die Jugend Amerikas – unter Beteiligung des heutigen Präsidenten – mit landesweiten machtvollen Demonstrationen den Kriegswillen gebrochen hat.

2. Warum wurde der atomare Rüstungswettlauf gestoppt?
   These: Weil die Amerikaner die Russen totgerüstet haben.
   Antithese: Weil sich unter dem Einfluß der Friedensbewegung der Widerwille der Völker gegen die Politik der Völkermorddrohung schließlich durchgesetzt hat.
3. Warum hat Gorbatschow die Auflösung des Sowjetimperiums zugelassen?
   These: Weil ihn die wirtschaftliche Pleite dazu gezwungen hat.
   Antithese: Weil er es mit seinem »Neuen Denken« und dem Prinzip der Toleranz ernst gemeint hat.
4. Warum ist der Friedensprozeß in Nahost in Gang gekommen?
   These: Weil die Israelis vor der Intifada kapitulieren mußten.
   Antithese: Weil beide Seiten die Versöhnung wollen.

Ganz gleich, welcher der beiden Deutungen jeweils mehr Plausibilität zuerkannt werden müßte, die individuelle Einschätzung wird stets von der einen oder anderen Grundhaltung mitbestimmt werden. Wer sich rundum nur von Bedrohung und Aggression verfolgt sieht, wird den Ausgang von Konflikten stets eher als Bezwingen oder Bezwungenwerden interpretieren. Wer indessen den Widerstandskräften des Eros gegen die Destruktivität Vertrauen schenkt, wird eher deren Wirksamkeit hohe Bedeutung beimessen wollen.

In der augenblicklichen Stimmung überwiegen indessen zweifellos Pessimismus und Argwohn bis hin zu paranoiden Vorstellungen. Das Mißtrauen fahndet nach immer neuen Skandalen zu seiner Selbstbestätigung. Leitfiguren, denen man einst besondere moralische Autorität zuerkannt hat, müssen am ehesten fürchten, als Heuchler, Verräter, allenfalls als nervende Gutmenschen abgebaut zu werden. Engholm war im Westen die kapitalste Beute. Es ist viel unterdrückter Selbsthaß, der an jenen abgearbeitet wird, die man einst idealisiert hat. Wohl denen, die sich nie mit Idealisierungen verwechselt haben, denen sie einmal ausgesetzt waren.

In der Stimmung des Mißtrauens liebäugeln schon einige mit einem neuen Autoritarismus. »Je offener die Gesellschaft, desto eher Gewalt und Nationalismus«, verkündet der Frankfurter Soziologe Karl-Otto Hondrich. Und der Ex-Antiautoritäre Claus Leggewie plädiert für Autorität, weil die Söhne der 68er sich für die damals genossene Antiautorität angeblich nunmehr mit der Gefährdung unserer demokratischen Friedlichkeit bedankten. Es gibt zwar keinen einzigen empirischen Beleg dafür, daß die Kinder aus den antiautoritären Kinderläden oder den Eltern-Kinder-Gruppen der siebziger Jahre in der rechten Gewaltszene gelandet seien. Dennoch hat diese Unterstellung erheblichen Anklang gefunden, eben weil sie zu einer verbreiteten Stimmung paßt. Wenn das Schlechte nur durch Strenge am Überwuchern gehindert werden kann, dann sind Frieden und Sicherheit nur durch härtere Erziehung, schärfere Gesetze, Stärkung der Polizeigewalt und international durch militärisches Intervenieren zu sichern. Die Verrohung der Jugend muß autoritärer unterdrückt, Kriminalität rücksichtsloser verfolgt, Krieg durch Krieg bekämpft werden. In einigen zentralen Kontroversen – z. B. über die Aufarbeitung der DDR-Vergangenheit wie über den Umgang mit dem Bosnienkrieg – stehen neuerdings viele gegeneinander, die gestern noch Bundesgenossen waren. Mit dem gleichen moralischen Anspruch fordern die einen einen höheren, die anderen einen mäßigeren Preis für Versöhnung, die einen Ultimaten und notfalls Bomben in Bosnien, die anderen ausschließlich eine Verstärkung gewaltfreier Befriedungsanstrengungen. Zwei entsprechend gegensätzliche Empfehlungen zu Bosnien haben unlängst jeweils Dutzende von engagierten und angesehenen Menschenrechtlern an die UNO gesandt. Hier wirken Konflikte mit, die m. E. allesamt auf unsere in diesem Fall gemeinsame Vergangenheit zurückverweisen. Die Weiterarbeit an dieser, an unseren älteren Erinnerungen könnte auch wieder mehr Gemeinsamkeit herstellen. Das möchte ich etwas näher erläutern.

* * *

Der Holocaust führte seinerzeit zu einer gespaltenen Haltung: einer moralisch geforderten Identifizierung mit den Opfern und deren Befreiern, andererseits zu einer Unterdrückung der Teilhabe an der gemeinsamen Tätervergangenheit. Die verwickelte sprachlose Generation verwehrte zum großen Teil ihren Kindern die eigene Biographie als Stütze für deren Identitätsbildung. So blieb diesen wiederum nur übrig, darüber zu rätseln, was aus dem verschwiegenen Teil des elterlichen Lebens ihnen psychisch vererbt worden war. Bezeichnend ist, daß man sich in Israel mit der Tätergeneration differenzierter beschäftigt und dabei auch Deutsche aufgespürt und zum Teil sogar öffentlich belobigt hat, die wie Schindler Juden gerettet haben. Die deutschen Söhne und Töchter waren zu einem erheblichen Teil gar nicht auf Bezichtigung ihrer Eltern aus, sondern wollten durch die Vervollständigung deren Bildes sich vor allem selbst besser verstehen. Dieses intensive untergründige Klärungsbedürfnis ist bis in die Enkelgeneration hinein geblieben. 1989 gaben bei einer von unserer Gruppe durchgeführten Studentenuntersuchung 86 Prozent der im Durchschnitt 22jährigen an, daß sie eine Auseinandersetzung mit der Hitlerzeit nach wie vor für wichtig bis sehr wichtig hielten. Dieser Befund, der damals auf viel Unglauben stieß, bestätigt sich nunmehr durch den spontanen Massenandrang junger Menschen zu dem Schindlerfilm. Der Jude Spielberg vermittelt ihnen ein authentisches Bild der Verfolgungsgreuel und der Vernichtungsmaschinerie, zugleich bekommen sie einen Deutschen zu Gesicht, der, obwohl nicht gerade von skrupulöser Wesensart, dennoch aus spontanem Mitgefühl zum Retter von 1200 Juden wird. Gerade weil er kein Heldentypus ist und sich auch nicht so sieht, ist er nun zu einer wichtigen Identifikationsfigur geworden. Plötzlich präsentieren die Medien sogar eine ganze Reihe von Frauen und Männern, die in der Art Schindlers Juden vor der Vernichtung bewahrt haben. Meist sind dies gar keine neuen Entdeckungen. Aber erstmalig wird gewagt, diese Menschen vorzuzeigen, die z. T. bereits vor längerem in Israel geehrt worden sind. Damit erfährt das Vergangenheitsbild für die Jugend eine neue Differenzierung. So blamabel wenige Schindlers es gab, aber es gab sie, und an denen kann sich nun besser orientieren, wer bisher auf jener Bühne nur Opfer, Täter, gefügige Mitläufer, gescheiterte Widerständler und auswärtige Befreier wahrgenommen hat. Aus dem Dunkeln tauchen auf der Täterseite Menschen auf, die sich vielfach durchaus da und dort verstrickt, aber in kritischen Momenten standhaft jüdisches Leben beschützt haben. Viele, die nicht die Stellung und das Geld eines Schindler hatten und dennoch Verfolgten eine bescheidene Hilfe geleistet haben, werden immer im Dunkeln bleiben. Sie haben geschwiegen, weil sie sich, wie Schindler am Ende seines Films, das Mißverhältnis zwischen dem, was sie getan, und dem, was sie unterlassen haben, nicht verzeihen konnten.

Zum Glück finden heute mehr rückblickende Gespräche der Alten mit ihren Enkeln als seinerzeit mit ihren Söhnen und Töchtern statt. Je mehr die Nachkommen erfahren und verstehen, wo sie herkommen, um so weniger werden sie zur unbewußten Wiederholung des Falschen oder dazu verleitet, sich von den unschuldig Verfolgten oder deren auswärtigen Befreiern eine unechte Identität zu borgen – und in der Konsequenz vielleicht laufend nach Tätergruppen Ausschau zu halten, um sich durch deren rigoristische Anprangerung zu entlasten. In der Psychoanalyse begegnen wir ja wiederholt kämpferischen Gerechten, die irgendwann mit großem Erschrecken in sich die Anteile wahrnehmen, die sie außerhalb unnachsichtig verfolgen. Es könnten also die Lernprozesse einen wichtigen Anstoß bekommen, von denen ich meine, daß sie helfen könnten, die derzeitige in beiden Teilen unseres Landes herrschende moralische Krise besser zu verstehen und vernünftiger mit ihr umzugehen.

Das letzte Lernziel kann immer nur Versöhnung heißen, wie billig oder wie teuer, mit wieviel Nachsicht oder Strenge sie auch jeweils errungen werden muß. Versöhnung heißt ja keineswegs Schwamm drüber, Harmonisierung statt Aufarbeitung. Versöhnen kommt von versüenen, zur Sühne bringen. Die zu entrichtende Buße steckt in der ursprünglichen Wortbedeutung. Die Buße soll ein gestörtes Verhältnis wiederherstellen. In der Luther-Bibel kann man diesen Sinn noch finden in der Übersetzung von Mose 4, 5: »Und sie sollen ihre Sünde bekennen, die sie getan haben, und sollen ihre Schuld versünen mit der Heubtsumma (d. h. durch Erstattung ihrer materiellen Schuld) und darüber das 5te Teil dazutun und denen geben, an dem sie sich verschuldigt haben.« Diese Ausgleichsleistung gegenüber dem Opfer wird ja übrigens zur Zeit auch von Strafrechtsreformern diskutiert.

Es gibt die verlogene Pseudoversöhnung durch Verkleisterung, aber auch die verlogene Versöhnungsverweigerung durch Sündenbockjagd. Und es gibt heute die Lähmung der Versöhnungskraft durch den Verlust der Hoffnungen Kants und Freuds auf eine echte, im Innern wurzelnde Gegenmacht zur Destruktivität. Diese hinter der Mauer von Abstumpfung und resignativem Zynismus wieder sichtbar zu machen, erscheint mir als eine dringende Aufgabe.

Horst-Eberhard Richter

Sollte Kierkegaard recht gehabt haben, als er sagte:
Alle Greuel der Kriege werden nicht ausreichen: erst wenn die ewigen Höllenstrafen wieder Wirklichkeit sind, wird der Mensch aufgerüttelt zum Ernst.

Ich wage zu glauben: Nein, die Höllenstrafen sind nicht der einzige Weg, der Mensch kann menschlich und wahr zu seinem Ernst kommen.

Karl Jaspers

DIE GEMEINSAME FRIEDLOSIGKEIT

Ermutigung zur Scham

Wir Deutschen hätten zur Zeit mannigfache Gründe zum Trauern. Die innere Vereinigung zwischen West und Ost, die uns soviel leichter schien als der wirtschaftliche Ausgleich, ist uns gründlich mißlungen. Wir haben unsere Selbstachtung gekränkt durch unsere Unfähigkeit zu geduldigem Zuhören, zum Verstehen, zum Vertrauen, wir im Westen speziell noch durch die Unwilligkeit zum Helfen und Teilen. Wir haben uns einreden lassen, wir müßten eiligst unsere Soldaten zum Befrieden oder zur Friedenserhaltung überall in der Welt bereitstellen, während wir im eigenen Land einer wachsenden Friedlosigkeit nicht nur zugeschaut, sondern diese mitverantwortlich gefördert haben. Haben wir nicht nach Hoyerswerda und Hünxe unseren großen Parteien gestattet, den Streit um die Abdichtung der Grenzen gegen Flüchtlinge wichtiger zu nehmen als deren Schutz gegen rechte Gewalt? Hätten wir nicht vorhersehen müssen, daß der schließlich geglückte Angriff auf den Artikel 16 von den Rechtsradikalen als Teilsieg und als Ermutigung zu neuer Offensive gefeiert werden würde?

Aber da ist doch, so heißt es, bei den mörderischen Brandanschlägen nur eine Handvoll krimineller Gruppen am Werk gewesen – muß denn deshalb die Republik erzittern? Sie ist erzittert. Was die Täter ausgelöst haben, beweist, welches ungeheure Potential an Haß und Angst einen Teil unserer Gesellschaft unter der Oberfläche längst polarisiert hat. Es bedurfte nur eines Funkens, um die in der Stille weit fortgeschrittene Entsolidarisierung zu entlarven.

Versöhnung geht nur über Trauern. Aber dieses war bislang ausgeblieben. Hoyerswerda und Hünxe waren schnell wieder vergessen. Und nach den Lichterketten schienen auch Rostock und Mölln bewältigt. Der faule Asylkompromiß wurde im Bundestag schon als die große soziale Befriedungstat gefeiert. Aber er war kein Sieg der Menschlichkeit, sondern des Festungsdenkens. Versöhnt hatten sich Koalition und SPD, nicht aber die Menschen. Allerdings war auch das, was die Parteien zustande gebracht haben, nicht eigentlich Versöhnung. Sie haben sich opportunistisch verbündet, um einen – wiewohl als solchen nicht offiziell erklärten – äußeren Feind fernzuhalten, nämlich die Flüchtlinge als die vermeintlichen indirekten Anstifter der später gegen sie selbst verübten Anschläge. Jetzt steht vor dem Trauern noch die Barrikade des Mißtrauens. Was Solingen auslöste, war Empörung unter den bedrohten Gruppen und, wenn diese in der Entrüstung die Kontrolle verloren, klammheimlicher Triumph der Ausländerhasser, die ihre ethnozentristischen Vorurteile bestätigt sehen wollten. Und die Mehrheit? Sie war zuerst fassungslos und ging dann auch teilweise wieder demonstrierend auf die Straße. Aber was tut sie gegen den Haß?

Es gibt viele gute praktische Ratschläge und auch manche rasche Initiativen zur Hilfe und zum Schutz für die Bedrohten. Aber vor dem Tun, das sonst allzu leicht wieder erlahmen kann, kommt noch etwas Wichtigeres, kommt das, was im Innern geleistet werden muß, damit das Tun später anhält. Wir haben zu trauern. Das heißt, uns einzufühlen in die Opfer, heißt aber auch, uns die schmerzliche Erkenntnis zuzumuten, daß wir alle mit dem zu tun haben, was die Täter in den letzten zwei Jahren an Verheerungen angerichtet haben. Die gewalttätigen Skins sind ein Teil unserer Gesellschaft, für den wir insgesamt mitverantwortlich sind. Sie verdienen für ihre Verbrechen die gebührende Strafe, aber wir dürfen ihre Zugehörigkeit zu uns und unsere Zugehörigkeit zu ihnen so wenig verleugnen, wie wir diejenigen in weite Ferne von uns abrücken dürfen, die unter Hitler schuldig geworden sind. Zum schmerzlichen Mitfühlen mit den Opfern gehört also auch die Scham, daß wir alle für die Entsolidarisierung, die durch den rechtsradikalen Terror bloßgelegt worden ist, mit einzustehen haben. Es fällt uns wahrlich schwer, diese Verantwortung, die unsere Leidensfähigkeit fordert, zu tragen. Denn es ist eine traditionelle deutsche – und in den letzten Jahren wieder gezielt geförderte – unselige Unsitte, die Kraft zum Akzeptieren von Scham und Schuld mit schmachvoller Schwäche gleichzusetzen. Wir mögen nicht die Weinerlichen, die Larmoyanten, die Wehleidigen – wie wir alle diejenigen gern zynisch benennen, die uns daran hindern, unsere Schmerzverdrängung, die wir für tapfer, großartig und männlich halten, als kläglich zu durchschauen. Die Deutschen können besser hassen als trauern.

Aber nur das Trauern, dessen Vermeidung nach 1945 uns Alexander und Margarete Mitscherlich einst vorgehalten haben, öffnet uns den Weg zur Versöhnung. Wir müssen uns und unseren kritischen Nachbarn zugestehen, daß wir uns in der Einbildung verschätzt haben, gegen die Anfälligkeit für Ethnozentrismus und Minderheitenhaß endgültig gefeit zu sein.

* * *

Der Verfassungsschutz mag ja recht haben, daß die gewalttätigen Skinheads von rechtsradikalen Organisationen nicht unmittelbar gesteuert werden. Aber sie nähren sich von deren Ungeist. Einen hörte ich vor der Fernsehkamera sagen: »Wir machen doch nur mit der Hand, was ihr im Kopf denkt!« Indessen gewinnt die neonazistische Szene vor allem Einfluß auf solche schon geschädigte Jugendliche, die nach belasteter Kindheit und Verlust positiver innerfamiliärer Bindungen ihren letzten Halt in den rebellisch militanten Gruppen gefunden haben. Aber diese Jugendlichen flüchten nicht nur aus ihren Familien – oder was davon noch übrig ist –, sie verweigern sich auch mit verzweifeltem Trotz einer Gesellschaft, die wenig tut, um sie aufzufangen und ihnen Chancen für eine konstruktive Gestaltung ihrer Zukunft anzubieten. Schon mit dem Wort Zukunft darf man ihnen kaum kommen. Und müssen wir uns nicht fragen, ob wir gemeinsam intensiv genug versucht haben, die Zweifelnden und die Verzweifelnden unter den Jugendlichen an eine Zukunft glauben zu lassen, die wir mit hinreichendem Verantwortungssinn fürsorglich für sie vorbereitet haben?

Soziale Unverantwortlichkeit entdecken wir zur Zeit in allen sozialen Schichten. Wir entlarven die Korruption in den Führungsschichten von Politik und Wirtschaft. Wo immer sich Macht angehäuft hat, mißtrauen wir, ob sie nicht mißbraucht wird. Und oft hat unser Mißtrauen recht. Die sozial Schwächeren, einst eine Zielgruppe sozialer Reformen, sehen sich in einem frostigen Ellbogenklima von zunehmender Desintegration bedroht. Immer mehr Druck wird von oben nach unten weitergegeben – und ganz unten entflammt dann die Gewalttätigkeit, die sich in höheren Etagen mit sublimeren Methoden Luft machen kann, als rohe Barbarei. Die Schwachen reagieren sich an den Allerschwächsten ab.

Nun können wir, wenn wir wollen, die Brandstifter zu exotischen Bestien stempeln und uns ihrer in der entlastenden Sündenbock-Funktion bedienen. Aber wir haben auch die Chance, im

Spiegel der Täter den eigenen Anteil und die eigene Mitverantwortlichkeit auf uns zu nehmen. Richard von Weizsäcker hatte den Mut, nach Solingen zu sagen: »Wenn Jugendliche zu Brandstiftern und Mördern werden, dann liegt die Schuld nicht allein bei ihnen, sondern bei uns allen, die Einfluß auf die Erziehung haben – bei den Familien und Schulen, bei den Vereinen und Gemeinden, bei uns Politikern.«

Das sollte man nicht nur so verstehen, daß wir bei der Erziehung besser aufpassen sollten, sondern auch so, daß wir bei uns selbst nachsehen müssen, was wir an undurchschauter eigener Destruktivität an die Jugendlichen weitergeben. Es geht also nicht nur um Unterlassungen oder falsche Erziehungswege, sondern zugleich darum, welches Bild wir von uns als Personen und als Gesellschaft im Ganzen vermitteln.

Uns diese Prüfung zuzumuten, ist keine leichte Anforderung. Sie verlangt die Bereitschaft zur Scham – allerdings mit der Aussicht auf die innere Stärkung, die nur aus der Ehrlichkeit erwachsen kann. Sonst bleiben nur die Flucht in den Haß und das blinde Begehren nach Rache an denen, die unser verlogenes großartiges Selbstbild gefährden. So ist die These gemeint: »Wer nicht leiden will, muß hassen.«

ILLUSION, KRÄNKENDE EINSICHT UND VORSICHTIGE HOFFNUNG

Am 18. November 1992 haben sich 1600 Wissenschaftler aus 69 Ländern, darunter 101 Nobelpreisträger, mit einer dringenden »Globalen Warnung« an die Weltöffentlichkeit und an die Staatschefs von 160 Ländern gewandt. In ihrem Text haben sie kurz, präzise und allgemeinverständlich aufgelistet, wodurch die Weltgemeinschaft ihr eigenes Überleben und das Leben auf der Erde überhaupt akut bedroht: Vergiftung der Atmosphäre, Ausplünderung der Grundwasservorräte, die bereits in mehr als achtzig Ländern mit vierzig Prozent der Weltbevölkerung bedenklich geschrumpft sind, Verschmutzung der Meere, Zerstörung von Böden (seit 1945 Verlust landwirtschaftlicher Nutzfläche von mehr als dem Umfang Chinas und Indiens zusammengenommen), Dezimierung der Wälder, insbesondere der tropischen Regenwälder, voraussehbare Ausrottung eines Drittels aller lebenden Arten bis zum Ende des 21. Jahrhunderts – und dies alles bei völlig ungenügenden sozialen und wirtschaftlichen Maßnahmen zur Drosselung des explosiven Bevölkerungswachstums. Anstatt diese drängenden gewaltigen Probleme entschlossen anzugehen, so die Wissenschaftler, verpulvere die Weltgemeinschaft jährlich mehr als eine Trilliarde Dollar für die Vorbereitung und das Führen von Kriegen. Wörtlich heißt es dann:

»Nicht mehr als eine oder ein paar Dekaden verbleiben, um die akuten und die voraussehbaren Bedrohungen für die Menschheit noch abzuwenden... Entweder es gelingt eine fundamentale Umstellung in unserer Fürsorge für die Erde und das Leben auf ihr, oder wir gehen einem unermeßlichen menschlichen Elend und einer irreparablen Verstümmelung unserer globalen Heimstatt entgegen.«

Die 1 600 Unterzeichner des dramatischen Appells wünschten sich, »daß unsere Warnung die Menschen überall erreicht und aufrüttelt«.

Statt dessen war das weltweite Echo so gering, daß beispielsweise die deutschen Medien von dem Appell kaum Notiz nahmen. Ich kenne keine deutsche Zeitung oder Wochenzeitung, die den Text ganz oder auszugsweise abgedruckt hätte. Erst nach fünf Monaten meldete sich der »Spiegel«, nachdem ich die »Globale Warnung« zum wiederholten Male öffentlich zitiert hatte, und erbat von mir die Angabe der Quelle, die nicht einmal ins »Spiegel«-Archiv gelangt war. Ein Versehen? Wohl kaum. Denn wären die deutschen Agenturen nicht informiert gewesen, hätte ich die Nachricht nicht einer knappen Videotext-Meldung unmittelbar nach der Washingtoner Pressekonferenz entnehmen können.

Das Verschweigen hat Methode. Allerdings wurzelt es ursprünglich kaum in irgendeiner obskuren Verheimlichungsstrategie der Medien, sondern es paßt zum Unwillen einer großen Mehrheit, die sich nicht ewig aufs neue mit einer lästigen Wahrheit konfrontiert sehen will, mit der man so oder ähnlich seit zwanzig Jahren u. a. durch Meadows, Jungk, Chargaff, Brown, den Club of Rome, die Internationalen Ärzte für Frieden und soziale Verantwortung (IPPNW), zuletzt durch den US-Vizepräsidenten höchstpersönlich bis zum Überdruß geplagt worden ist. Da prallen eben nun auch 101 Nobelpreisträger, die man wahrlich nicht einer aufrührerischen Protestbewegung zurechnen kann, auf eine Mauer gepanzerter Abgestumpftheit. Wenn die Prognose aber stimmt – und wer zweifelt daran? –, daß uns nur noch eine sehr kurze Zeit für einen radikalen Wandel unseres Umgangs miteinander und mit der Natur verbleibt, dann müßte uns diese dramatische »Globale Warnung« doch wie ein Fieberschock durchschütteln und unsere letzten Selbstheilungskräfte mobilisieren.

Was ist es, das von einer solchen sinnvollen, ja notwendig erscheinenden Reaktion abhält? Eine Theorie erklärt das Phänomen mit einem psychischen Spaltungsmechanismus. Der Amerikaner R. J. Lifton hat solche Spaltungen am Extremfall der »Ausrottungsmentalität« beschrieben. In einem abgespaltenen Teil des Selbst können Menschen Furchtbares registrieren, ohne zu erschrecken oder zu verzweifeln. Sie sehen klar, was an Schlimmem passiert oder zu passieren droht und was sie gegebenenfalls dazu beitragen. Aber es berührt sie innerlich nicht. Ihre Emotionalität schwingt nicht mit, sie ist wie abgeschaltet. In allen anderen Bereichen können die Betreffenden so uneingeschränkt wie bisher empfinden. Hier kommt ihr normales Selbst zur Geltung mit allen Gefühlen wie Sorge, Schuldgefühlen, Mitleid, Lust und Freude.

Solche Spaltungsprozesse finden wir bei Soldaten im Krieg, die es lernen, sich inmitten grauenhafter Szenarien des Blutvergießens ungerührt zu bewegen. Sie spielen sich aber auch bereits alltäglich massenhaft im Angesicht von Bedrohungen ab, denen sich Menschen ohne Aussicht auf ein Entkommen oder eine aktive Bewältigung ausgesetzt erleben. Sie bringen es fertig, ihre Gefühle partiell von unerträglichen Wahrnehmungen und Vorstellungen zurückzuziehen. Es würde sie in chaotische Panik stürzen, sich den niederschmetternden Prognosen der »Globalen Warnung« ungeschützt auszusetzen. Zum Bewußtsein eigener Ohnmacht gesellt sich der Eindruck, daß keine Partei, kein Präsident, keine internationale Organisation noch eine Lösung der gewaltigen Probleme zu versprechen scheint. Also retten sich viele in die zitierte Spaltung, richten ihr Leben innerhalb eines verengten sozialen Horizonts ein und erreichen es, die Gefühlszufuhr zu den Schreckensbildern abzusperren. Wo sie können, ersparen sie sich die düstersten Informationen und sind den Medien für schonende Filterung dankbar. Was davon dennoch durchdringt, wird automatisch durch Dissoziierung entschärft. Die gefährlichsten Tatsachen werden gleichgültig, langweilig. Sie bedrücken nicht stärker als ein lästiger Bettler – ein Bild von Jens Reich.

Aber die mechanische Spaltungstheorie erfaßt die psychischen Prozesse nur innerhalb eines umschriebenen Gesichtsfeldes. Ausgeklammert bleibt die Frage, *warum* wir denn überhaupt in diese letztlich lebensfeindliche Fehlentwicklung hineingeglitten sind.

Drei Antworten scheinen möglich:

1. Das Unheil überfällt uns wie eine unvorhersehbare schicksalhafte Krankheit. Wir konnten die Verirrung nicht verhüten, weil sie uns durch unsere Gene oder durch höheren Ratschluß beschieden ist.
2. Wir sind Opfer von fehlerhaften Berechnungen und Fahrlässigkeiten, so wie etwa die Erbauer und die Kontrollingenieure das Tschernobyl-Desaster verschuldet haben.
3. Der Hauptgrund für die Misere liegt in einem fundamentalen moralischen Versagen, nämlich in einer abwegigen, als Fortschrittsmythos verkannten Grundhaltung zum Leben überhaupt.

Die Anhänger der ersten Annahme sind zahlreicher, als oberflächlich erkennbar ist. Viele von ihnen halten sich bedeckt, wollen um sich herum keine Unruhe stiften. Andere vereinigen sich in mehr oder weniger bekannten Sekten, in denen sie sich auf das Weltende vorbereiten.

Die quasi offizielle Theorie ist die zweite. Ihre Verfechter sind eine andere Fraktion der Naturwissenschaftler als jene, welche die »Globale Warnung« verfaßt haben. Es sind die Computeranbeter, die sagen: In wenigen Jahrzehnten werden wir die künstliche Intelligenz so perfektioniert haben, daß wir ihr die Lösung aller zur Zeit noch unbewältigten Probleme werden überlassen können. Die späteren Computer-Generationen werden das Zusammenleben unter uns und mit der Natur mit heute noch ungeahnter Verläßlichkeit steuern und vor bisher unvermeidbar scheinenden Großkatastrophen bewahren.

Es ist eine nicht unbedeutende Gruppe von Forschern, die den prophetisch angekündigten Wundermaschinen der künstlichen Intelligenz wie einer neuen genialen Spezies entgegenharrt, die unsere Welt wieder in Ordnung bringen werde. Mit diesen Wissenschaftlern an der Spitze hat sich in Amerika sogar bereits eine regelrechte Bewegung formiert, die ihr Dogma von der heilvollen Allmacht der künftigen Computer hartnäckig gegen alle Zweifler verteidigt. Schon nimmt diese Bewegung die fanatischen Züge einer fundamentalistischen Glaubensgemeinschaft an. Mit Haß und Hohn auf Kritiker und Skeptiker verweisen ihre Anhänger auf das in der Tat faszinierende Tempo der Computerentwicklung und deren umwälzende Folgen. Ohne es zu durchschauen, beleben sie uralte, tiefwurzelnde Erlösungshoffnungen, indem sie die geweissagten Träger der künstlichen Superintelligenz in den Rang von unfehlbaren Heilsbringern erheben, die unser Geschlecht gerade noch rechtzeitig vor den fatalen Konsequenzen unserer menschlichen Unzulänglichkeiten zu retten bestimmt seien – falls wir ihnen die gebotene Achtung und den schuldigen Gehorsam erweisen würden. Gegen die Deutung, daß dies nur die fragwürdige narzißtische Projektion eines Gottesbildes sei, würden sich die neuen Gläubigen natürlich leidenschaftlich verwahren.

Diese Bewegung unternimmt den nur allzu verständlichen Versuch, die Theorie von einem stetigen Fortschritt unserer Kultur in einer plausibel erscheinenden Variante zu verteidigen. Sie repräsentiert die kühne Hoffnung, daß der menschliche Intellekt sich in der

Form selbsterschaffener technischer Wesen auf höchster Stufe fortsetzen und vollenden werde. Es wäre in der Tat das wunderbare Endziel des mit Descartes, Spinoza und Galilei begonnenen Weges, die Natu.r definitiv intellektuell zu kontrollieren und alle bedrükkende menschliche Abhängigkeit und Passivität in vollständige Dominanz und Aktivität zu verwandeln.

»Je mehr Vollkommenheit ein Ding hat, desto mehr tätig und desto weniger leidend ist es, und umgekehrt, je mehr ein Ding tätig ist, desto vollkommener ist es«, so hatte Spinoza in seiner »Ethik« vor über dreihundert Jahren gelehrt. Die neuen Wundercomputer könnten uns die vollkommene aktive Kontrolle über die Natur bescheren. Kein Übel könnte uns mehr unberechnet überwältigen. Statt passiv einer gefährlich ungewissen Zukunft ausgeliefert zu sein, würden wir diese in einem derzeit noch phantastisch anmutenden Ausmaß mit überlegenem Wissen aktiv steuern können – so kündet die Vision.

Aber was ist mit den gefährlichen Triebkräften in uns, die uns durchaus auch zu unheilvollem Mißbrauch der intelligenten Maschinen verleiten können? Die Vordenker unseres Computerzeitalters im 17. Jahrhundert sahen dieses Problem durchaus, nämlich die Aufgabe, nicht nur die *äußere* Natur berechenbar zu machen, sondern auch die *innere* mit ihren schwankenden Regungen und ihren dunklen Triebkräften. Ähnlich wie später Freud hatte Spinoza bereits das Ziel beschrieben, Affekte in klare und deutliche Ideen zu verwandeln, das heißt, die aus dem Innern spontan auftauchenden Emotionen der Herrschaft des Bewußtseins zu unterwerfen.

Wo Es war, soll Ich werden, so charakterisierte dann Freud diesen Vorgang. 1923 schrieb er: »Das Ich repräsentiert, was man Vernunft und Besonnenheit nennen kann, im Gegensatz zum Es, welches die Leidenschaften enthält.« Das Ich verglich er mit einem Reiter, dem die Aufgabe zufalle, die Leidenschaften des Es wie die Kräfte eines Pferdes zu zügeln. Fest glaubte er daran, wie seinem Brief an Albert Einstein von 1932 zu entnehmen ist, daß der organische Kulturprozeß den Menschen die Lösung dieser Aufgabe zunehmend erleichtern werde: »Die mit dem Kulturprozeß einhergehenden psychischen Veränderungen sind auffällig und unzweideutig.« Dazu gehöre vor allem »die Erstarkung des Intellekts, der das Triebleben zu beherrschen beginnt«. Damit drückte Freud die allgemeine Überzeugung aus, daß nämlich in der Kulturentwicklung der Fortschritt in Wissenschaft und Technik mit einer Höherentwicklung der Menschlichkeit automatisch verbunden sei. Selbstverständlich erschien es demnach, daß die in der wissenschaftlich-technischen Entwicklung führenden Völker auch auf dem Wege der gesellschaftlichen Humanisierung vorangehen würden.

Hätte der Hitler-Krieg mit den Grausamkeiten von Auschwitz nicht bereits diese Illusion zerstören müssen? Erwies er nicht unmißverständlich, daß eine zu den höchsten Leistungen in technischer Wissenschaft gesteigerte Intelligenz sich mit brutalen Instinkten nicht nur vertragen, sondern sich sogar von diesen in Dienst nehmen lassen kann? Angesichts der Greuel des gerade erst besiegten Naziregimes schrieb Max Horkheimer 1946: »Das Fortschreiten der technischen Mittel ist von einem Prozeß der Entmenschlichung begleitet. Der Fortschritt droht das Ziel zunichte zu machen, das er verwirklichen soll – die Idee des Menschen.« Aber im Blick auf die Völkergemeinschaft, die das Prinzip der Humanität unter schweren Opfern siegreich verteidigt hatte, schwang sich derselbe Horkheimer zu der optimistischen Vision auf: »Die gegenwärtigen Möglichkeiten zur gesellschaftlichen Vollendung übertreffen die Erwartungen aller Philosophen und Staatsmänner, die jeweils in utopischen Programmen die Idee einer wahrhaft menschlichen Gesellschaft umrissen haben.« Das Ziel schien greifbar nahe, die Werte, zu deren Schutz man den verlustreichen Krieg gegen das System der Unmenschlichkeit geführt hatte, in der Friedensgesellschaft erfolgreich zu verwirklichen. Indessen nahm Hitler die Macht der Destruktivität nicht mit sich ins Grab, sosehr er durch die Einzigartigkeit seiner Verbrechen die Sieger zu dem Glauben verführte, mit seiner Niederlage den Untergang des Bösen schlechthin feiern zu dürfen.

Es brauchte Zeit, ehe eine sehr gewichtige Erkenntnis Beachtung fand, nämlich daß dieser Krieg dank erfolgreicher Rüstungswissenschaft beiderseits eine neue Dimension von furchtbarer Massenvernichtung eröffnet hatte. Wissenschaftliche Intelligenz, die der Vernunft zu unaufhaltsamem Fortschritt verhelfen sollte, hatte mörderische neue Waffensysteme ersonnen. Auf deutscher Seite waren es hochrenommierte Physiker, die für Hitler Fernraketen mit verheerender Wirkung für die beschossene Zivilbevölkerung gebaut hatten. Nun geschah aber etwas von symbolischer Bedeutung. Die Sieger hatten nichts Eiligeres zu tun, als sich der deutschen Wissenschaftler zugunsten der eigenen Raketenproduktion zu bemächtigen, ohne diesen Männern ihr Engagement für den Hitler-Krieg besonders anzukreiden. Da war eine gehörige Portion Opportunismus im Spiel. Aber man konnte auch die Interpretation herauslesen: Dem forschenden Intellekt glaubt man zugute halten zu dürfen, daß er getrennt von moralischer Sensibilität und politischem Verantwortungssinn zu funktionieren vermag, ja vielleicht sogar dieser Spaltung seine Erfolge verdankt. Der britische Physiker F. Dyson zog den Schluß: »Wissenschaft und Technik haben das Böse anonym werden lassen.«

* * *

> Eine amerikanische Kommission, in der Sozialwissenschaftler und Mediziner mitwirkten, sollte prüfen, ob die amerikanische Bevölkerung bereit sei, eine Politik mit dem Risiko des Atomkrieges zu unterstützen. Eine ihrer Empfehlungen lautete: Es sei schädlich, Angst vor der Vernichtung zu schüren, »weil sie viele veranlaßt, einen Atomkrieg um jeden Preis verhindern zu wollen«. R. J. Lifton berichtet in seinem Buch »Die Psychologie des Völkermordes« über einen eindrücklichen Vorgang aus dem Jahre 1943. Damals hatte der italienische Physiker Enrico Fermi dem Leiter des amerikanischen Atombombenprojekts Robert Oppenheimer vorgeschlagen, die deutschen Lebensmittelvorräte mit radioaktivem Abfall zu vergiften. »Nachdem Oppenheimer diesen Gedanken ernsthaft erwogen und mit anderen diskutiert hatte, beschloß er, daß Strontium 90 am geeignetsten wäre, riet jedoch abzuwarten: ›Wir sollten den Plan erst umsetzen, wenn wir mindestens eine halbe Million vergiften können.‹« – Oppenheimer, als Vater der Atombombe bekannt, war ein empfindsamer Mensch ohne jede Neigung zur Brutalität. Die Begebenheit läßt vermuten, daß bei ihm genau jene zuvor erörterte abgespaltene Abstumpfung vorlag.

Während die Kriegsforschung unter besonderen Zwängen stand, erweist sich inzwischen, daß die zivile Naturwissenschaft im Bunde mit ökonomischen Interessen für kaum minder schwerwiegende Gefahren und Schäden verantwortlich ist. Ihre destruktiven Eingriffe in Lebenszusammenhänge erfolgen in der Regel nicht aus fehlerhaften Berechnungen, sondern infolge durchaus vorhersehbarer Risiken.

Es erscheint nicht abwegig, wenn der namhafte Biochemiker Erwin Chargaff fragt, ob nicht bereits die Spaltung des Atomkerns und die »Ausbeutung des Zellkerns« Gewaltakte darstellen, die hätten unterbleiben sollen. Jedenfalls mißachtet der wissenschaftlich-technische Fortschritt ganz offenkundig viele Grenzen, die uns unsere beschränkte Rolle im gesamten Lebenszusammenhang zuweist. Wie sollte eine perfektionierte künstliche Intelligenz der Zukunft uns lehren, diese Grenzen besser zu respektieren? Es gibt eine, wie Chargaff es nennt, Brutalisierung der wissenschaftlichen Phantasie, die nicht wegprogrammiert werden kann. Diese Brutalisierung stammt aus der Emotionalität und wird ebensowenig wie andere emotionale Antriebe hinreichend durchschaut, deren zunehmende Domestizierung durch den Kulturprozeß man sich vergeblich einbildet.

Die Naturzerstörungen, mit denen uns die »Globale Warnung« konfrontiert, spiegeln eine Gewalt wider, derer wir uns insgesamt nicht bewußt sind und auch nicht bewußt werden wollen. Wir wollen die barbarische Brutalität nicht empfinden, die sich hinter der Vernachlässigung der armen Völker, hinter der Vergiftung von Luft, Wasser und Böden und der steigenden Ausmerzung hunderttausender Arten verbirgt. Wir wollen uns unsere emotionale Verrohung nicht zugeben und, anstatt an deren Überwindung zu arbeiten, immer noch lieber an die künstlichen Intelligenzmaschinen der Zukunft glauben – als könnten diese uns von der Aggressivität befreien, die dadurch stetig gefährlicher geworden ist, daß wir sie im Kulturprozeß nur wenig gezähmt, dafür teils verleugnet, teils in wissenschaftlich-technische oder wirtschaftliche Gewalt transformiert haben.

Wenn nun von vielen kompetenten Seiten gesagt wird, das Leben auf der Erde könne nicht von neuen Computern, sondern nur von einer neuen Ethik auf Dauer gerettet werden, so fragt man sich, warum es so schwer ist, diesem Rat zu folgen. Woher kommt das hartnäckige Festhalten an der Erlösungsidee von der perfekten Berechenbarkeit der Probleme, wenn das Grundübel doch offenbar in den Motiven wurzelt, die nur die Menschen selbst und keine Maschinen wandeln können?

Der Psychoanalyse ist das Phänomen gut bekannt, daß Menschen eine Lebensweise nicht ändern können, obgleich sie sowohl deren Schädlichkeit wie die Notwendigkeit einer Umstellung begriffen haben. Man findet bei ihnen dann in der Regel eine unbewußte Tendenz, die sich gegen die Vernunft durchsetzt. Eine Frau ist zum Beispiel einem Mann derart verfallen, daß sie sich von ihm gefügig in voraussehbares Unglück stürzen läßt. Zweimal hat die Öffentlichkeit unlängst erlebt, daß ganze Sekten einem Guru bis zum gemeinsamen Untergang gefolgt sind. Schwerer durchschaubar sind solche Vorgänge, wenn es nicht eine Person ist, an die sich die selbstschädigende Abhängigkeit knüpft, sondern eine Macht, die ausschließlich aus dem psychischen Inneren heraus wirkt. In der Instanz, die wir Über-Ich nennen, hat sich dann ein Prinzip festgesetzt, dem das Ich genauso blindlings unterworfen ist wie einer unerbittlichen äußeren Autorität. Dann werden Menschen zu ungewollten Märtyrern für ein destruktives inneres Gebot. Die Frage ist nun, welcher bis ins Unbewußte hinabreichende innere Zwang es sein mag, der uns nötigt, gegeneinander und gegen die Natur mit denjenigen zerstörerischen Übergriffen fortzufahren, die sich inzwischen zu einer akuten globalen Gefahr summiert haben. Denn diese dritte These, daß es eine falsche Grundeinstellung ist, die uns in die fatale Lage gebracht hat, scheint nunmehr unwiderlegbar.

* * *

Es geht hierbei um die Klärung von psychischen Prozessen und Konstellationen, die sich bis in kulturelle Einstellungen und Strömungen hinein auswirken. Der Psychoanalytiker kann sich nur der Erfahrung mit Individuen und kleinen Gruppen bedienen, um Typen von Reaktionsmustern herauszufinden, die vielleicht helfen können, Verhaltensweisen in größerem gesellschaftlichem Rahmen besser zu verstehen. So etwa, wie Freud den Kulturprozeß zu interpretieren versucht hat als eine psychische Veränderung mit Erstarken des Intellekts, zunehmender Beherrschung der Triebe, Abschwächung und Verinnerlichung der Aggressionsneigung. An ihn anknüpfend darf allerdings gesagt werden, daß sein optimistisches Bild der psychologischen Wandlungen, die den Kulturprozeß kennzeichnen sollten, kaum mehr überzeugen kann. Seine Erwartung, daß der kulturelle Einstellungswandel organisch die Anfälligkeit für kriegerische Gewalt mindern werde, hat sich gerade nicht erfüllt. Nicht die »unkultivierten und zurückgebliebenen Schichten der Bevölkerung« bedrohen, wie er fürchtete, in erster Linie das Überleben unseres Geschlechtes, sondern gerade umgekehrt die Träger der hochentwickelten industriellen Zivilisation. Sie sind hauptverantwortlich für die Überschwemmung der Welt mit Waffen zur Verbreitung und Durchführung immer neuer Kriege.

Mitten unter ihnen, im Herzen Europas, ist es ja gerade zu Blutvergießen in der Dimension eines Völkermordes gekommen. Und niemand anders als die Industrieländer ist für die Ausrottung von Millionen lebender Arten verantwortlich.

Die psychologische Suche richtet sich nun also auf diejenige innere Macht, die uns offenbar nötigt, den kulturellen Fortschritt in sein Gegenteil zu verkehren. Wo finden wir den verinnerlichten Guru, der uns nach der Art der beiden für den Selbstmord ihres Gefolges verantwortlichen Sektenführer dem Verderben entgegenführt, das uns die »Globale Warnung« ankündigt? Es scheint zunächst, als müßte diese Suche ergebnislos verlaufen. Es meldet sich keine innere Stimme, die uns nötigt oder auch nur zur Entscheidung auffordert. Wir finden introspektiv immer nur uns selbst wieder – dazu ein kraftlos gewordenes Gewissen, das dem Trieb des Egoismus immer weniger standhält.

Einst war das anders. Da erschien in der Introspektion das Bild Gottes, vor dem sich das Ich zu rechtfertigen hatte. Gott gewährte Gnade und Versöhnung, wenn der Mensch seine Schlechtigkeiten offen eingestand. Der Glaube ermöglichte, sich von Gott geliebt zu fühlen, und er stärkte die eigene Liebe. Die tätige Liebe war nach der Lehre Luthers sogar die Bestätigung des Glaubens. Dann hat sich diese Gottesgewißheit allmählich abgeschwächt. Im Drang, seine Unmündigkeit abzustreifen, ersetzte der Mensch den Glauben durch das Vertrauen in die eigene Vernunft und gelangte dazu, diese im Fortschritt der naturwissenschaftlichen Erkenntnis scheinbar auf großartige Weise bestätigt zu sehen.

Es war ein gigantisches revolutionäres Aufbegehren. Die Unterwerfung unter die himmlische Autorität ging in Identifizierung über. Gott wurde introjiziert, vereinnahmt. Der Mensch erweiterte sein Selbst zu einem Übermenschen-Selbst. Die Naturwissenschaft erhielt eine zweifache Bedeutung. Sie lieferte durch ihre erfolgreiche Entwicklung einerseits eine grandiose Selbstbestätigung. Andererseits wurde sie insgeheim zu einer neuen Autorität erhoben, an die sich die ihres Halts beraubten, dennoch weiter bestehenden Glaubensbedürfnisse knüpften. Durch den wissenschaftlich-technischen Fortschritt konnte sich der Mensch einreden, seine Freiheit und Macht stetig zu erweitern. Zugleich verblieb ihm etwas, was er anbeten konnte – war es auch nur eine Spiegelung seines Größen-Selbst. Aber in dieser Spiegelung übersah das Fortschritts-Individuum seine finstere Seite, seine Destruktivität. Daher die verspätete und nur mit größtem Widerstreben erfaßte Kehrseite des Fortschritts, insbesondere die Tyrannei der grenzenlosen Naturzerstörung.

Sicher ist, daß den Entdeckern und Anwendern der Methoden, die zu dieser Zerstörung verantwortlich beigetragen haben, die darin wirksame Aggressivität kaum je bewußt war. Unter den 101 Nobelpreisträgern, welche die »Globale Warnung« unterschrieben haben, müßte so mancher die Mitschuld an den Übeln beklagen, die er nun anprangert – nämlich durch das Ersinnen von Instrumenten, mit denen die Umwelt folgenschwer lädiert wurde und immer noch wird. Warum sah die Fortschrittsgesellschaft immer nur ihre Emanzipation und ihre Triumphe, während sie ihre Verbrechen verdrängte?

Wagt man eine klinische Interpretation, so erscheint diese Verdrängung verständlicher, wenn man die Vorgänge im Zusammenhang der Introjektion des Gottesbildes heranzieht. Solange sich der Mensch einer Gnade und Versöhnung spendenden Instanz gegenübersah, konnte er sich das eigene Böse, die Macht der Destruktivität, eingestehen. Es war ja das zentrale Element des Glaubens, vor Gott als Sünder hinzutreten und auf seine Barmherzigkeit zu bauen. Der Mensch konnte seine Schuld aussprechen. Er wußte, daß er Gehör finden würde und Aussicht auf Gnade hatte. Aber dann schwand diese Sicherheit: nicht als automatisches Erlöschen, vielmehr als schleichende antiautoritäre Rebellion über Jahrhunderte hinweg. Der Protest konnte sich theoretisch dadurch rechtfertigen, daß der menschliche Intellekt, wie Galilei bezeugte, Dogmen der Kirche zu widerlegen vermochte. Aber was geschah mit dem Bösen, dem nunmehr der Adressat zum Bekennen und als Versöhnungsspender genommen war?

Der Bewältigung des Bösen dienten mancherlei Listen. Etwa die Ausrede, man wolle mit der wissenschaftlichen Natureroberung Gott gar nicht entthronen, vielmehr nur den göttlichen Schöpfungsplan vollständig enthüllen. Dann reduzierte man das Böse zu einer bloßen Rückständigkeit auf dem Wege des Fortschritts. Die Philosophie und später die Psychologie brachten es im Untergeschoß der Seele unter, dem intellektuellen Ich zur fortschreitenden Bändigung unterworfen. Der Teufel schrumpfte zum Goetheschen Mephisto, der Faust schließlich definitiv unterliegen mußte. Während Freud noch einen primären Destruktionstrieb anerkannte, hat der Psychoanalytiker Heinz Kohut später weithin Anklang mit der These gefunden, daß das Kind gar nicht von Natur aus mit Destruktivität ausgestattet sei. Seine Wut sei nur ein der Selbstbehauptung dienender Impuls, der Sicherheit und Festigkeit vermittle. Destruktive Aggression sei lediglich ein sekundäres Phänomen, ausgelöst durch Kränkungen des Selbst. Der Mensch komme mit Vertrauen auf die Welt und nur mit der Anlage zu »normaler, primärer, nicht-destruktiver Aggression«, die sich automatisch lege, wenn die erstrebten Ziele der Selbstbehauptung erreicht seien.

So summieren sich die geistreichen Versuche zur Verleugnung oder Relativierung der Macht der Destruktivität: Sie werde sich mit dem Fortschritt der Erkenntnis auflösen, unterliege der automatischen Zähmung durch den Kulturprozeß, sei überhaupt nur ein erfundenes Herrschaftsmittel der Kirche oder allenfalls eine sekundäre Reaktion auf narzißtische Kränkungen.

Was hier stattgefunden hat, ist ein in seinen Folgen unabsehbarer phantastischer Selbstbetrug. Mit der psychologischen Vereinnahmung Gottes mußte sich der Rebell der Neuzeit als sündenfrei erklären, weil er ohne Gnade, ohne Versöhnungschance dastand. So erfand er ein idealisiertes Selbstbild, das ihn vor unerlöster Schuld bewahren sollte. Der Fortschritt, von ihm selbst gemacht, sollte das Böse, angeblich ein Relikt aus Frühzeiten der Evolution, definitiv tilgen. Was diese Verdrängungsmanöver bewirkten, war nur die Verleugnung bzw. Unsichtbarmachung der gefährlichen Kräfte. Jetzt droht diese Illusion zusammenzubrechen. Könnte man die über vierzig Kriege in der Welt – und selbst den furchtbaren in Ex-Jugoslawien – allenfalls noch als isolierte pathologische Rückfälle interpretieren, so erweist sich das Schreckensbild, das die »Globale Warnung« zeichnet, unzweifelhaft als systematisches Verbrechen der fortgeschrittenen Industriegesellschaften insgesamt. Es konfrontiert uns alle mit einer ungeheuerlichen Schuld – Resultat einer letztlich selbstzerstörerischen Aggression ohnegleichen.

Die augenblickliche, von Angst und Unruhe erfüllte Stimmung gerade auch in sogenannten Wohlstandsländern hat viele Teilursachen in regionalen sozialen und ökonomischen Konflikten. Aber ihren tieferen Grund hat sie zweifellos in der Ahnung der Richtigkeit von Prognosen wie der »Globalen Warnung« und in den damit verbundenen dumpfen Schuldgefühlen. Verbreitet hat sich ein untergründiger Selbsthaß, den man in zahlreichen Ländern an führenden Repräsentanten abzureagieren versucht. Die Völker fühlen ihre eigene sittliche Korruption und enthüllen sie der Reihe nach bei ihren Spitzenpolitikern und Parteien. Die serienweisen Entlarvungen und Skandalierungen in vielen Ländern schaffen vorübergehend eine projektive Entlastung. Aber die Beschwichtigung hält nicht vor. Und es besteht die Gefahr, daß man immer noch größere Feindbilder sucht und auf neue Katastrophen wartet, um sich von den leise schleichenden globalen Übeln abzulenken, in die wir alle schuldhaft verwickelt sind und denen gegenüber uns unsere aufbrechenden Schuldgefühle vorläufig noch besonders machtlos machen. Natürlich verdienen die Politiker, die ihre Macht egoistisch mißbrauchen, daß man sie zur Abdankung zwingt. Natürlich verdienen es Firmen, die Umweltgifte oder Vernichtungswaffen produzieren oder mit ihnen handeln, daß man gegen sie Sturm läuft. Natürlich müssen die Mafia und erst recht kriegerische Aggressoren entschlossen bekämpft werden – aber ohne daß wir übersehen, in welchem Ausmaß wir mit diesen Übeln allesamt selbst zu tun haben. Wir haben diese Politiker gewählt. Wir haben uns nicht dagegen aufgelehnt, daß unsere Wirtschaft ihr Wachstum besonders mit umweltgefährlichen Technologien und Rüstung angeheizt hat, und die Mafia kann überall nur auf dem Nährboden sozialer Unterdrückung und der Korruption aller gesellschaftlichen Institutionen gedeihen. Viele Kriege werden von Machthabern angezettelt, deren bekannte Gefährlichkeit die internationale Gemeinschaft zuvor keineswegs gehindert hatte, mit ihnen Geschäfte zu machen und ihnen Waffen anzudienen. Niemals hätte die halbe Welt gegen Saddam Hussein aufmarschieren müssen, hätten ihn nicht führende Industrieländer – einschließlich der Deutschen – mit Chemiewaffen, Raketen und Atomtechnologie aufgebaut.

Als ich vor fünf Jahren meine gallige Satire über Korruption schrieb, wollte ich mit schwarzem Witz den Blick auf die moralische Katastrophe öffnen, die unser Ende einleiten könnte. Um deutlich genug zu machen, was ich meinte, stellte ich mich, eine Kurzgeschichte Kierkegaards zitierend, einleitend als Bajazzo vor:

Der Bajazzo meldet, daß das Theater brennt. Alle lachen. Aber das Theater, die Welt, geht tatsächlich in Flammen auf. Ein Rezensent warf mir im »Spiegel« weltfremden Idealismus vor. Analog müßte er heute die Autoren der »Globalen Warnung« der gleichen Weltfremdheit zeihen, die uns immer noch an das Gute zu glauben lehren und uns die Kraft zu jener Ethik zutrauen, die sie uns vorzeichnen.

Gewiß erfüllen die Entlarvung und Vertreibung hochgestellter

Korrumpeure, seit Ende der achtziger Jahre in sich laufend erhöhendem Tempo betrieben, zunächst nur eine punktuelle gesellschaftliche Entsorgungsfunktion. Am Anfang kann man sich einreden: Es sind einzelne Schufte, die uns hinters Licht geführt haben. Wird die Reihe der Ertappten immer länger, kommt der Gedanke auf: Es ist kein spezielles Übel einzelner, sondern der Parteien, ja der gesamten politischen Klasse. Mit jedem neuen Skandal wird es schwerer, auch diese Projektion noch aufrechtzuerhalten. Der Sündenbock-Mechanismus droht zusammenzubrechen. Das Volk spürt: Was wir da aufdecken und anklagen, ist unsere eigene tiefe moralische Krise. Es dämmert die Ahnung, daß die hektische Jagd nach hochgestellten Tätern von der Angst getrieben wird, sich von einer verhängnisvollen gemeinsamen Selbstidealisierung verabschieden zu müssen.

Insofern ist die rasende Beschleunigung der Skandalierungen vielleicht eher ein gutes Zeichen. Wenn man die Spitzenpolitiker gleich serienweise und wegen immer banalerer Vergehen – die oft nicht einmal juristisch angreifbar sind – aus ihren Ämtern stürzen läßt, dann kann das doch nur heißen, daß die Ablenkung zusehends schwächer und das Eingeständnis des gemeinsamen moralischen Verfalls immer näher rückt. Der Weg zur Wahrheit scheint unumkehrbar. Unser Unternehmen ist moralisch bankrott. Mit der politischen Elite, die nach und nach vollständig in die Wüste geschickt wird, bricht das kollektive Ich-Ideal zusammen. Die Masse der scheinbar Betrogenen und Verratenen muß ihren Selbstbetrug und den Verrat an den eigenen humanistischen Idealen der angeblich beispielhaften Wertegemeinschaft bekennen.

A uch der schreckliche Krieg in Ex-Jugoslawien fordert die definitive Desillusionierung. Das Blutvergießen in Sri Lanka und Ost-Timor, in Angola und Kambodscha, in Abchasien und Bergkarabach sowie in über vierzig weiteren fernen Ländern vertrug sich immer noch mit der festen Hoffnung, daß in Zentren der industriellen Zivilisation wie in Europa keine kriegerischen Exzesse mehr denkbar seien. Jetzt kommt dieses Europa nicht darum herum, sich kritisch zu befragen, warum es nun bereits über Jahre hilflos einem systematischen Morden mit ethnischen Säuberungen, Massenvergewaltigungen und Folterlagern innerhalb des eigenen Kontinentes zusieht. Urplötzlich und unvorhergesehen brachen diese Greuel über uns herein. Es gab praktisch keine präventive Krisenhilfe, weil eine allgemeine Verdrängung funktioniert hatte. Nun ist es zu dem absurden Phänomen gekommen, daß ausgerechnet Bischöfe, Grüne und ehedem führende Pazifisten die zögernden Politiker der UNO und die Militärs zum Dreinschlagen mit Bomben und Kampftruppen drängen. Warum das?

Wir alle sind dafür anfällig, uns an denen blindlings rächen zu wollen, die mit den Taten, die sie an anderen verüben, zugleich uns selbst zutiefst kränken. Die Täter spiegeln uns unsere Destruktivität wider, die zumal wir Deutschen nach Auschwitz mit besonderem Aufwand verdrängt haben. So möchten manche ganz schnell sich selbst und der Welt beweisen, daß gerade *wir* unverzüglich das Böse zu erschlagen bereit seien – die begründeten Einwände mißachtend, daß mit kriegerischer Intervention das Blutvergießen kaum abgekürzt, eher noch erweitert und verlängert werden würde.

Die Wandlung mancher ehedem besonders leidenschaftlicher Pazifisten und Pazifistinnen, die sich angesichts der Balkangreuel jetzt als engagierte Bellizisten- und Bellizistinnen hervortun, ist so überraschend nicht. Man kann jahrelang gegen Militarismus und Gewalt Sturm laufen, ohne gewahr zu werden, daß das Engagement eher von der Empörung über die Täter als von ursprünglicher Sorge um die Gefährdeten und die Opfer lebt. Die Hauptfaszination geht für solche Menschen von den Haßobjekten aus. Sie klammern sich an das Bild von brutalen Verfolgern, um an ihnen wahrzunehmen, was sie bei sich selbst zu sehen nicht ertragen, wofür sie sich unbewußt selbst hassen. Doch kann diese labile Sündenbock-Reaktion jederzeit umschlagen. Dann spüren die Betroffenen, daß sie eine Grausamkeit »nicht länger mitansehen« können – übrigens ein treffender Ausdruck für die »Blindheit« des durchbrechenden Straf- und Racheaffektes.

Entscheidend ist der Drang nach eigener emotionaler Entlastung. Solchen Interventionsbefürwortern würde es auf der Stelle persönlich besser gehen, könnten sie andere anstiften, stellvertretend für sie gegen die Täter loszuschlagen. Indessen – nur ihnen persönlich würde der geforderte »Befreiungsschlag« momentan Befreiung von innerem Druck verschaffen, weswegen selbst tatendurstige US-Generäle vor einem solchen Unternehmen auf dem Balkan warnen, weil so das Unheil, statt gestoppt zu werden, nur noch verschlimmert würde. So müssen sich dann manche konvertierte deutsche Ex-Pazifisten ausgerechnet von solchen ausländischen Freunden zurückpfeifen lassen, die uns einst von Hitler befreit haben.

Jedenfalls ist die moralische Katastrophe, die der Jugoslawienkrieg erst heraufbeschworen zu haben scheint, durch ihn nur sichtbar geworden. Wir alle haben mit ihm genausoviel zu tun wie mit der epidemischen Korruption sowie mit den globalen Verbrechen, die uns die »Globale Warnung« nachweist.

* * *

Unsere Gesellschaft muß erst einmal die Demütigung hinnehmen, daß sich der Fortschritt nicht unbedacht verrechnet hat, sondern an seiner Unmoral gescheitert ist. Ist es nun so abwegig, trotz allem auf Erneuerung zu hoffen, auf eine moralische Umkehr in der uns von den 101 Nobelpreisträgern gesetzten Frist? Geht es nicht etwa nur noch darum, sich das scheinbar Unvermeidliche durch neue Verdrängungen, Ablenkungen und andere Fluchtmechanismen erträglicher zu machen und allenfalls das Ende über ein paar mehr Generationen hinauszuzögern?

Woher kann Hoffnung kommen? Sicher ist jedenfalls, daß sich dafür nicht die Symbolfiguren des traditionellen Stärkekults eignen, die heroischen Drachentöter, die rächenden Sheriffs, die Generäle, die mit Awacs, Satellitenspionage und »chirurgischen« Kreuzzügen die Übel der Welt aufzuspüren bzw. auszumerzen versprechen. Die Kraft kann nur ganz woanders entspringen. Von dem kleinen Priester Aristide, den die Bewohner des Elends-Staates Haiti zum Präsidenten wählten, zitiert Dorothee Sölle den Ausspruch: »Wenn jemand das Gefühl hat, daß die Hoffnung zusammenbricht, und er dabei stirbt, dann ersteht eine Kraft, die die Kraft der Armen ist. Die geschieht nicht nur heute, sondern immer.«

Ein ergreifendes Beispiel läßt Dorothee Sölle ihre Tochter Caroline schildern: den Marsch der Vertreter der indianischen Völker des bolivianischen Tieflandes 1990 nach der Hauptstadt La Paz. Nahezu achthundert Menschen, darunter Alte und Kinder, machten sich zu Fuß auf den langen Weg über 500 Kilometer mit einem Anstieg über einen fast 5000 Meter hohen Paß. Sie marschierten zum Teil barfüßig und ohne warme Kleidung aus tropischer Urwaldhitze in eisige Kälte, ohne Sponsorenhilfe, ohne Entwicklungsgelder. Nur ihre territorialen Rechte und ihre Würde, »territorio y dignidad«, waren die Forderungen auf ihren Plakaten. Ein 88jähriger, nach seiner Erschöpfung durch den 500 Kilometer langen Marsch gefragt, antwortete: »Es gibt keine Erschöpfung.

Wovon wir in Wahrheit erschöpft sind, ist das Ruhehalten.« Er meinte das wehrlose Hinnehmen der Entrechtung und Entwürdigung. Der Einzug in die Hauptstadt wurde zu einem bewegenden Ereignis. Die Regierung sah sich gezwungen, mit den Tieflandvölkern ein Abkommen zu unterzeichnen, das ihnen ihre territorialen Rechte garantierte. – Was der materielle Erfolg wert ist, wird sich zeigen müssen. Aber der Aufbruch der Menschen aus wehrlosem Leiden zu einem mutigen und schließlich auch politisch wirksamen Engagement verdient allein schon die Bezeichnung Dorothee Sölles als »eine der wunderbaren Hoffnungsgeschichten der lateinamerikanischen Welt«.

* * *

Aber was könnte die Völker der Industrieländer dazu bewegen, ihr Elend im relativen Wohlstand, ihre Entwürdigung durch ihren moralischen Verfall zu begreifen und zum großen Hoffnungsmarsch aufzubrechen? Würde ihre Phantasie sie nötigen, sich in die Lage ihrer Nachkommen im Jahre 2100 hineinzuversetzen – in einer weitgehend versteppten, vergifteten, vieler Arten beraubten Welt –, wären sie gewiß auf der Stelle zu den größten rettenden Anstrengungen bereit. Sie brauchten ja nicht barfuß über hohe Berge zu laufen, nur ihre Risikotechnologien abzubauen, ihre Rüstung zu stoppen, ihren Konsum sinnvoll zu mäßigen, mit den Völkern der Notgebiete solidarisch zu teilen, die Natur fürsorglicher zu pflegen und endlich eine wirksame gemeinsame Konflikt- und Krisenhilfe zur Kriegsverhinderung aufzubauen.

Immerhin wächst allmählich die Zahl der Nachdenklichen und Besorgten. Es sind die Hellhörigen, die Tschernobyl nicht vergessen können, die sich über das Ozonloch, über die Luftverpestung, über die Zunahme von Umweltkrankheiten wie über die Unfähigkeit der sich vereint nennenden Nationen entsetzen, die globalen Probleme tatsächlich vereint und solidarisch anzupacken. Aber noch sind es zu wenige aus den Gruppen, an die schon Gorbatschow in seiner Rede vor dem Moskauer Friedensforum 1987 appelliert hatte. Damals hatte er gesagt: Die unerläßliche Wende sei nur zu schaffen, wenn Frauen und Männer in allen sozialen Bereichen, in Wissenschaft und Kultur, in Wirtschaft und Kirche, in Medizin und Publizistik mitwirken würden. Die Politiker würden es von sich aus nicht schaffen.

Tatsächlich traut eine Mehrheit den Politikern die Lösung der großen Probleme immer weniger zu. Schon eher glaubt man, daß soziale Bewegungen von unten die Dinge bessern könnten.

60,7 Prozent der Westdeutschen meinten bei einer von uns durchgeführten repräsentativen Umfrage 1989, daß die Friedens- und die Umweltbewegung »sehr viel bewirken« könnten. Die Menschen sehen also, woher der Druck kommen müßte, um Verbesserungen durchzusetzen. Aber noch üben ihn viel zu wenige selbst praktisch aus. Nur ein Bruchteil der 60,7 Prozent gründet oder beteiligt sich an Basisinitiativen. Andere sollen ihre vagen Hoffnungen stellvertretend für sie realisieren. Trägheit, Ohnmachtsgefühle, Karriererücksichten oder Ausgrenzungsbefürchtungen halten sie von eigenem Engagement ab. So wähnen sie, schon dabeizusein, wenn sie einmal pro Jahr für Greenpeace oder eine der anderen Basisorganisationen spenden. Statt sich mit Zivilcourage für ihre Hoffnungsziele in aktiven Gemeinschaften einzusetzen, regrediert neuerdings eine große Zahl zu infantilem Trotz. Sie wollen, indem sie nicht mehr wählen, den Politikern einen Denkzettel verpassen – und stehen in Wirklichkeit da wie das berühmte bockige Kind: »Es geschieht meiner Mutter recht, daß ich kalte Hände habe, warum zieht sie mir keine Handschuhe an!«

Jedoch paßt dieser selbstschädigende Trotz als Antwort zu einer ebenso unsinnigen Bevormundungsarroganz der Machtelite. Wie selbstverständlich schließen zumal bei uns in Deutschland Regierung und Parlament das Volk, das die Demokratie tragen sollte, von den großen Entscheidungen aus. Weder zu Maastricht noch zur anstehenden Verfassungsreform, weder zum Asylrecht noch zu der Grundsatzfrage deutscher Militäreinsätze werden die Menschen im Lande konsultiert. Es schert die Regierung nicht einmal, wenn das Volk mit deutlicher Mehrheit bei Umfragen ablehnt, was sie beschließt.

Aber vielleicht bereitet den Politikern ihre undemokratische Selbstisolierung doch allmählich Unbehagen. Und vielleicht kann sich ja die trotzige Passivität der Bürger schrittweise in konstruktives Aufbegehren wandeln. Je sichtbarer die Politik an ihren großen Aufgaben versagt, um so mehr sollte den Menschen doch klarwerden, daß sie selbst Druck machen müssen, damit sich die Dinge bewegen. Sie sollten sich nicht länger fragen, ob sie denn als Arbeiterinnen oder Verwaltungsangestellte, als Apotheker oder Lehrerinnen, als Ärztinnen oder Rentner, als Landfrauen oder Naturwissenschaftler die nötige Übersicht zur Einmischung hätten. Unten findet man oft eher ein ganzheitliches Denken und eine Erfassung des Wesentlichen als in den höheren Etagen politischer Ressorts. Und in den Basisinitiativen stehen zumindest die Chancen besser als in den Parteien für eine Kontrolle interner Karriere- und Machtinteressen, also für eine demokratische Gruppendynamik.

Wo sind die Ärmsten, von denen nach Aristide in der Gefahr, daß die Hoffnung zusammenbricht, neue Kraft ausgehen soll? Ich meine, es sind – die Kinder. Denn sie werden schon bald den Folgen der gewaltträchtigen Friedlosigkeit, der Entsolidarisierung und vor allem der wachsenden Naturzerstörung ausgeliefert sein. Die Kinder spüren untergründig oder bewußt, was ihnen droht, bereits als Zehn-, Zwölf-, Vierzehnjährige. Zu den Belegen, die ich in meinem Buch »Umgang mit Angst« angeführt habe, sind viele neue aus verschiedenen Ländern hinzugekommen. Die meisten Kinder schildern oder malen, wenn sie ihr Bild von der Zukunft entwerfen sollen, eine technisch mehr oder weniger verunstaltete Welt mit einer verstümmelten Natur. Aber erstaunlicherweise wirken viele der Kinder mit solchen Alpträumen keineswegs unfroh oder verzagt. Beschäftigt man sich näher mit ihnen, findet man sie durchaus selbstsicher und eher zuversichtlich. Sie stellen sich vor, daß sich noch vieles gegen die Gefahr machen läßt, und bauen darauf, daß sie auch selber etwas bewirken können. Man kann das als naive Selbstüberschätzung abtun. Aber es ist, so meine ich, genau die heilvolle Naivität, aus der allein die Antriebskraft zum Aufbruch mit der nötigen Zivilcourage wachsen kann. Welches Potential in den Kindern bereitliegt an humanistischem Elan und an Widerstandsbereitschaft, hat die deutsche Schuljugend im Golfkrieg und inzwischen in Tausenden von Veranstaltungen gegen Gewalt und Ausländerhaß bewiesen.

Manche sehen die Unverantwortlichkeit von Eltern heute darin, daß sie ihren Kindern frühzeitig den Kopf mit den erschreckenden globalen Problemen heißmachen. Aber die Unverantwortlichkeit liegt nicht darin, daß die Eltern mit den Kindern über die Probleme reden (was sie oft gar nicht tun), sondern daß sie zusammen mit der eigenen Generation diese Probleme erst haben derart katastrophal anwachsen lassen. Daß jetzt die Kinder mit ihrer Entrüstung und ihren ökologischen Forderungen den Erwachsenen auf die Nerven gehen, schafft ein pädagogisches Problem ganz anderer Art: nämlich die Aufgabe für die Eltern, die Herausforderungen durch die

Kinder zuzulassen und ernst zu nehmen, anstatt dem Nachwuchs nach und nach die eigenen Verdrängungen beizubringen. Die naive Hoffnung der Kinder, die sich vornehmen und von den Großen verlangen, miteinander und mit der Natur anders umzugehen, sollten wir als gemeinsame Hoffnung begreifen. Anstatt törichterweise eine Rückkehr zu einem autoritären Erziehungsstil zu fordern, wie es konservativ konvertierte Altachtundsechziger tun, geht es darum, daß die Eltern sich selbst umerziehen, um mit partnerschaftlicher Hilfe der Kinder vielleicht gerade noch rechtzeitig auf einen sozial und ökologisch verantwortlicheren Lebensstil umzuschwenken. Man sollte es sich zu Herzen nehmen, wenn ausgerechnet einer der bedeutendsten und weitsichtigsten Umweltpolitiker, der Brasilianer José Lutzenberger, besonders auf einen solchen verstärkten Druck der Kinder baut.

* * *

Als die »realsozialistischen« Regime im Osten stürzten, richteten sich zunächst große Erwartungen auf die Kräfte, welche diese friedlichen Umwälzungen mit ihren moralischen Energien vorbereitet und eingeleitet hatten. Aber die entmachteten Herrscher hatten durch ihren eklatanten Verrat an den laufend beschworenen sozialen Werten indirekt der Ideologie des westlichen Konkurrenz-Egoismus kräftig in die Hände gearbeitet. Zudem erbten ihre Nachfolger gewaltige wirtschaftliche Belastungen, die ihren Handlungsspielraum schnell einengten. Von den beiden großen Pionieren der friedlichen Revolution, dem Polen Watesa und dem Tschechen Havel, vermochte nur der zuletzt Genannte eine anhaltende Leuchtkraft zu entfalten, die allerdings bis heute weit über sein Land hinaus ausstrahlt. Mit diesem Mann haben sich die Tschechen auf ein in der Tat revolutionäres Politikverständnis festgelegt.

Als Antityp zum klassischen Polit-Profi ist Václav Havel mit dem Credo angetreten: »Wirkliche Politik, Politik, die diesen Namen verdient, und übrigens die einzige Politik, der ich mich zu widmen bereit bin, ist schlicht Dienst am Nächsten. Der Dienst an der Gemeinde. Der Dienst auch an denen, die nach uns kommen. Ihr Ursprung ist sittlich, weil sie nur die verwirklichte Verantwortung gegenüber dem Ganzen und für das Ganze ist.«

Auch Havel kommt aus einer Art Armut, aus dem Leiden vieljähriger Verfolgung, Diffamierung, aus der Erniedrigung als Sträfling in diversen Gefängnissen. Er hat jede Art Demütigung und Ohnmacht in Kauf genommen, um seiner moralischen Überzeugung treu zu bleiben, die er nun voller Hoffnung in der Politik zu verwirklichen angetreten ist. Man kann fragen, wie lange die Tschechen unter dem Druck ihrer wirtschaftlichen Schwierigkeiten dem Mann die Treue halten werden, der ihnen wahrlich einiges zumutet und den manche einen Träumer nennen.

Aber für uns ist nicht die Hauptfrage, wie die Tschechen, sondern wie wir anderen alle die Herausforderung bestehen, die durch diesen Mann repräsentiert ist. Es darf nicht dabei bleiben, daß die faszinierte Mitwelt ihm – wie vor ihm Gorbatschow – Friedens- und Kulturpreise noch und noch verleiht. Wir sind als internationale Gemeinschaft gefragt und gefordert, eine rettende moralische Erneuerung zu wagen, für die momentan Havel wie kein anderer steht. Gorbatschow hatte mit seinem Aufruf zum »Neuen Denken« ein entscheidendes Stichwort gegeben und uns mit der Liquidierung des kalten Krieges eine Chance eröffnet, an die viele schon nicht mehr geglaubt hatten. Inhaltlich steht Havel der Gorbatschowschen Vision des Neuen Denkens so nahe wie kein Politiker sonst. Vor Jahren hatte ich gewarnt, Gorbatschow zu sehr als Erlösungsfigur zu begreifen, als sei es nicht Sache der Internationalen Gemeinschaft, seine Orientierungshilfe in eigenes neues Handeln umzusetzen. Das gleiche gilt zu Havel, der augenblicklich die wichtigsten moralisch-politischen Wegmarkierungen setzt. Gorbatschow konnte als Schlüsselfigur der Weltpolitik vieles praktisch bewegen. Havel hat vergleichsweise nur geringe praktische Macht und führt deshalb auch weniger in Versuchung, an ihn unerfüllbare Erwartungen zu delegieren. Dafür können wir einfachen Menschen uns in ihm leichter wiedererkennen – und dabei vielleicht entdekken, daß es in uns doch noch ein Stück ungebrochenen Glaubens daran gibt, daß wir nicht verloren sind, daß wir mit unserer Hybris die Ordnung des Lebens doch noch nicht endgültig zerstört haben. Es ist heute für viele sehr schwer geworden, ihre Religiosität noch zu benennen, nachdem die Kirchen erst mehrheitlich Hitler geduldet, später die Atomraketen nicht einhellig geächtet haben und nachdem der Vatikan die Theologie der Befreiung und die Kondomprävention verdammt hat. Aber es gibt ein neues, sehr tiefes, existentielles Erschrecken über die Ausuferung von Gewalt allüberall. Im Trauern über die Dezimierung und die Auslöschung von Tierarten steigt eine Regung von Liebe auf, die uns anscheinend doch mit dem Ganzen verbindet. Es bleibt ein Mysterium, wie es Schopenhauer nannte, daß wir – trotz aller egoistischen Verhärtung – ganz unwillkürlich in uns schmerzhaft spüren, was fremdem Leben auch in fremden Erdteilen angetan wird. In der Menschenrechts- und der Friedensbewegung, in den Initiativen zur Rettung bedrohter Tierarten und zum Schutz der Landschaft kommen nicht nur Anstands- und Nützlichkeitserwägungen zur Geltung.

Nicht die Atombombe ist das Problem, sondern das Herz der Menschen, hat Einstein gesagt. Wie kann uns das Herz aber Maßstäbe setzen, wenn es nicht schon, wie der christliche Philosoph Pascal glaubte, solche enthält? Darüber wissen wir keine sichere Antwort mehr, nachdem das naturwissenschaftliche Denken seit Descartes, der die Seele vom Herzen in den Kopf verlegte, sich dafür nicht mehr interessiert hat. Aber die Frage ist neu aufgetaucht.

Aus Schaden klüger werden

So manche uns Deutschen nicht überaus wohlgesonnene westliche Nachbarn freuten sich mit uns darüber, als uns die Vereinigung geschenkt wurde – als eines der eindrucksvollsten Symbole der Überwindung des kalten Krieges. Es lag nur noch an uns, die überraschend erlaubte neue Gemeinsamkeit zu vollziehen. Aber das haben wir nicht vermocht. Die gegenwärtige Unfriedlichkeit im Land ist Folge und Ausdruck dieses Scheiterns.

Den Zusammenschluß zu gestalten, wurde gar nicht erst als eine aufwendige psychologische Aufgabe für Menschen begriffen, die sich über Jahrzehnte auseinandergelebt hatten – vielmehr wie selbstverständlich als ein rein technisch-pragmatisches Problem. Man bedachte nicht, daß vor kurzem noch ein Versagen der atomaren Abschreckung Hunderttausende von westdeutschen und ostdeutschen Soldaten gezwungen hätte, aufeinander zu schießen. Was die konkurrierenden Systeme und ihr brisantes Spannungsverhältnis im Innern der Menschen angerichtet hatten, übersah man, als müßte der politischen Verknüpfung das psychologische Einvernehmen automatisch auf dem Fuße folgen. Daher konnte sich im Westen das nur dürftig verhüllte Bedürfnis durchsetzen, den Fall der Mauer vor allem als Triumph über einen geschlagenen Gegner zu feiern. So kamen nicht einstmals künstlich getrennte Geschwister, sondern Sieger mit Verlierern, Erfolgreiche mit Versagern, Gerechte mit moralisch Gescheiterten zusammen. Prompt prämierten die Ostdeutschen bei der ersten Wahl die schärfsten Gegner ihres bisherigen Systems, als könnten sie damit gleich ins Siegerboot umsteigen und ihre politische Vergangenheitslast abwerfen. Ahnungslos suchten sie ausgerechnet bei den Kräften Halt, denen das soziale Teilen, dessen sie so dringend bedurften, prinzipiell am schwersten fällt. So arbeiteten sie der im Westen rasch überhandnehmenden Tendenz in die Hände, sich von den eigenen Problemen durch Abreaktion an der verunsicherten Ostgesellschaft zu entlasten. Die geistige Kapitulation der Verlierer wurde besiegelt, indem man gezielt der Stasi-Verwicklung ehemaliger systemkritischer Hoffnungsträger nachspürte. Bezeichnenderweise taten sich übergesiedelte konvertierte Ex-Kommunisten bei dieser Entlarvungskampagne besonders hervor.

Eine kleine persönliche Erfahrung war symptomatisch: Eine Satire über Korruption im Westen, soeben zum Bestseller avanciert, verwandelte sich nach dem Mauerfall von einem Tag zum anderen in einen Ladenhüter. Es war, als hätte der DDR-Zusammenbruch das westliche Selbstbild schlagartig von allen Makeln gereinigt. So restabilisierte sich an Stelle der gefallenen Mauer eine geistige Barriere zwischen westlicher Selbstgerechtigkeit und östlicher Niedergeschlagenheit und Verbitterung. Der fällige Dialog zur Vorbereitung der gesamtdeutschen Verfassung blieb aus. Östliche Reformwünsche fielen unter den Tisch. Zu einem intensiven gemeinsamen Nachdenken über das Selbstverständnis und die künftige Rolle der vereinten Deutschen kam es nicht.

Ich phantasiere einmal, wie anders es hätte aussehen können, wenn die Menschen aus West und Ost nach dem Mauerfall partnerschaftlich und mit angemessenem Problembewußtsein aufeinander zugegangen wären. Sie hätten sich sagen können: Zunächst müssen wir lernen, uns ineinander einzufühlen und nach gemeinsamen Punkten in den unterschiedlich entwickelten Denkweisen zu suchen. Dafür müssen wir aber erst einmal einander gründlich zuhören und uns bemühen, wieder eine gemeinsame Sprache zu finden. Die aus dem Westen hätten begreifen können, daß sie den Vorzug, ihre Gesellschaft nach 1945 mit sehr viel weniger materiellen Opfern und sehr viel mehr Freiheit aufbauen zu können, nicht mit eigenem Verdienst verwechseln durften, vielmehr ihren östlichen Landsleuten alle erdenkliche Unterstützung zum Ausgleich unverdienter Nachteile schuldeten. Beide Seiten wären darauf gestoßen, daß außer dem wirtschaftlichen Gefälle tiefwurzelnde Vorurteile und Mißtrauen ihr Einverständnis blockierten. Aber auf der Suche nach dem Gemeinsamen hätten sie dann den Ausgangspunkt gefunden, an dem sie ansetzen mußten, um den Weg zu bestimmen, den sie künftig gemeinsam gehen sollten: Wir müssen, so hätten sie sich wohl gesagt, erst noch einmal fragen, wo wir gemeinsam herkommen, um zu ermitteln, wo wir nun zusammen hin wollen. Denn jetzt haben wir erstmalig frei von Besatzung und

Bevormundung die Chance, uns selbst zu definieren. Erstmalig nach Hitler müssen wir Farbe bekennen, was wir aus unserer Vergangenheit gelernt haben bzw. was etwa unter den Bedingungen unseres doppelten Frontstaat-Satellitenstatus von altem Ungeist überdauert hat.

Die Partner hätten dann bemerkt, daß die Nachbarn auf eine Aussage darüber warteten, wie sich dieses neue, größere Deutschland seine erweiterte internationale Verantwortung vorstelle. Sie wären – so setze ich meine Phantasie fort – etwa zu folgender Antwort gelangt: Als das Volk, das die Welt in diesem Jahrhundert zweimal in verheerende Kriege gestürzt und den Holocaust verschuldet hat, wollen wir unsere Kräfte künftig gezielt für eine präventiv orientierte Friedenspolitik zur Verfügung stellen. Mit eigenem Beispiel wollen wir die internationale Abrüstung und die Drosselung der kriegsbegünstigenden Rüstungsgeschäfte vorantreiben. Überall wollen wir für die Einsicht werben, daß politische Probleme nicht mehr mit militärischer Gewalt gelöst werden können. Aber zunächst wollen wir beweisen, daß wir im eigenen Land den Frieden, den wir außerhalb fördern wollen, im Zusammenleben der verschiedenen Bevölkerungsteile zu sichern verstehen. Bitte, unterstützt von außen unsere innere demokratische Konsolidierung mit kritischer Wachsamkeit. Indem ihr uns mit der Zumutung internationaler militärischer Einmischung verschont, helft ihr uns am besten, das Wiederaufleben hiesiger nationaler Größen- und Machtvorstellungen zu verhindern, woran euch, wenn ihr ehrlich seid, doch am dringendsten gelegen ist.

Das Resümee des partnerschaftlichen Diskussionsprozesses hätte so aussehen können: Wir wollen im neuen gemeinsamen Deutschland vor allem zweier Gefahren wehren: 1. der Wiedergeburt eines Stärkekult-Denkens mit der Folge eines auftrumpfenden Militarismus, 2. einem neuerlichen Ethnozentrismus und seinen Entsolidarisierungsfolgen.

Aber so ist die politische Vereinigung gerade nicht verarbeitet worden. Zum Unglück vollzog sie sich parallel zum monatelangen Aufmarsch der Vielvölkerarmee zum Golfkrieg. Das Klima kam denjenigen Kräften entgegen, die Politik ohnehin immer nur als Abwehr oder Bekämpfung des Bösen verstehen. So setzte die Kanzlerpartei die Absicht, deutsches Militär wieder überallhin in der Welt zu Kampfeinsätzen schicken zu können, als Punkt 1 auf die politische Tagesordnung nach der politischen Vereinigung.

Damit war die neue deutsche Selbstdefinition schon symbolisch vorweggenommen. Nicht Verständigung, Versöhnung, Helfen, Teilen, Solidarität bestimmten die politische Grundorientierung, sondern Argwohn und kämpferische Entschlossenheit gegenüber Bedrohungen aller Art. Dieser Kurs widersprach den Empfindungen einer Mehrheit der Menschen im Lande, die auf die Atomrüstung, auf Tschernobyl, auf den Golfkrieg und die Umweltzerstörung mit einer im internationalen Vergleich auffallenden Sensibilität reagiert hatte. Aber der Golfkrieg setzte so etwas wie einen psychologischen Markstein, der weit über Deutschland hinaus eine Verhärtung des Klimas einleitete.

Die internationale Gemeinschaft scheiterte an der Aufgabe, einen nicht mehr durch die atomare Bedrohung erpreßten Frieden kooperativ zu organisieren. An Stelle einer großartigen Humanisierung der politischen Kultur, die Gorbatschow als Frucht der atomaren Abrüstungsinitiative erwartet hatte, flackerten in zahlreichen Regionen neue Konflikte und Kriege auf – einer der grausamsten mitten in Europa. Zwingen diese Katastrophen nun etwa zur Beerdigung der Hoffnung auf die Chancen einer entschlossenen Friedenspolitik?

Man sollte sich doch erinnern: Hatte nicht Gorbatschow eine anscheinend unbeeinflußbar selbst eskalierende weltpolitische Krise zu entschärfen vermocht? Hatten die Völker im Osten nicht eine wunderbare Friedensleistung durch die gewaltlose Selbstbefreiung aus ihren Diktaturen demonstriert? Erwies sich nicht auch, daß gerade die einfachen Menschen in West und Ost der Kalten-Kriegs-Propaganda lange nicht in dem Ausmaß erlegen waren, wie man es hätte befürchten können? Ich erinnere da an die von uns 1989 vorgenommene große Vergleichsstudie, die bezeugte, daß junge Russen und junge Westdeutsche einander positiver einschätzten als beide Gruppen sich selbst.

Anstatt die Welle neuer Kriege resignativ als Beweis für die vermeintlich unzähmbare menschliche Gewaltbereitschaft zu interpretieren, sollte man sich doch an die Belege dafür halten, daß in uns durchaus beträchtliche Gegenkräfte zur Überwindung von Feindschaftsverhältnissen bereitliegen. Nur sollten wir endlich viel intensiver als bisher erforschen, unter welchen Bedingungen und wie diese konstruktiven Energien wirksam zur Geltung gebracht werden können.

Der deutsch-deutsche Besinnungsprozeß hätte durchaus so, wie geschildert, verlaufen können. Mit anderer politischer Steuerung hätte die Ost-West-Annäherung, hätte der Umgang mit den Ausländern, den Flüchtlingen und den eigenen Minderheiten in eine bessere Richtung gelenkt werden können. Es hätte nicht erst zu Hunderten von Brandanschlägen kommen müssen, um eine Regierungserklärung feststellen zu lassen, daß die Integration der Ausländer nicht nur eine praktische Aufgabe, sondern auch eine Sache der inneren Einstellung der Menschen sei. Aber die Einstellung verändert sich nicht durch politische Appelle, sondern nur, wenn man ihr kontinuierlich intensive Beachtung schenkt und an ihr arbeitet. Politiker indessen, die selbstkritisches Zurückblicken mit Masochismus und Führungsschwäche verwechseln, können diese Arbeit nicht fördern.

ERINNERN,
UM VORZUBEUGEN

Erinnerungsarbeit und Zukunftserwartung der Deutschen*

1966 schrieb Karl Jaspers in einem Aufsatz »Aspekte der Bundesrepublik«: »Heute droht kein Hitler und kein Auschwitz und nichts Ähnliches. Aber die Deutschen scheinen durchweg noch nicht die Umkehr vollzogen zu haben aus einer Denkungsart, die die Herrschaft Hitlers ermöglichte ... Um unseren sittlich-politischen Zustand zu durchschauen, dazu bedarf es der Kenntnis der Geschichte im *Tatsächlichen* und im *Verstehbaren*.«

Diese Worte fielen zwei Jahrzehnte nach dem Ende des Hitler-Regimes. In der Tat war immer noch verbreitetes Widerstreben bemerkbar, genauer zu ergründen, *was* im Tatsächlichen vorgefallen und wie es möglich geworden war. Die Experten für Zeitgeschichte zögerten, Planung und Durchführung des Holocaust systematisch zu untersuchen und zu dokumentieren. Und sie befanden sich in stillschweigender Übereinkunft mit einer großen Mehrheit, die dieses furchtbarste nationalsozialistische Verbrechen – wie auch andere – als unbegreiflich und unverstehbar von sich fortrückte. Es galt als eine unergründliche und unvorhersehbare Wahnsinnstat Hitlers und Heydrichs, gemeinsam mit einigen SS-Spießgesellen geplant und verübt, als hätte es keine Vorbereitung durch eine systematische rassistische Diskriminierungspolitik, durch inszenierte Pogrome, schließlich durch das offiziell verkündete Kriegsziel gegeben, wonach die jüdisch-bolschewistische bzw. die jüdisch-plutokratische Weltverschwörung für alle Zeiten vernichtet werden müsse; und als hätte der Völkermord nicht der tätigen Mitwirkung Zigtausender in den Verwaltungen, bei Bahn, Polizei und anderen Diensten in Deutschland selbst und den besetzten Gebieten bedurft. Einbezogen waren Massen von Helfershelfern, von Men-

* Rede auf der am 20.1.1992 vom Berliner Senat ausgerichteten Veranstaltung zum 50. Jahrestag der Wannsee-Konferenz

schen, ausgestattet mit normalen Sinnen, mit der Anlage zum Mitfühlen und Mitleid, mit einem Empfinden für Recht und Unrecht, für Menschlichkeit und Unmenschlichkeit. Was war es, das diese elementaren humanen Eigenschaften bei ihnen außer Kraft setzte? Es war keine Psychose, keine Bewußtseinsstörung, auch kein sonstiger psychopathologischer Ausnahmezustand. Was aber denn? Diese Frage nach dem *Verstehbaren*, die Jaspers forderte, mußte geklärt werden. Nicht nur die *Fakten* mußten wissenschaftlich zusammengetragen und ausgewertet werden, sondern auch die *Beweggründe* der Täter, der willfährig Mitwissenden, der verantwortungslos Wegsehenden waren zu untersuchen.

Aber eben dazu fehlte vorerst die Kraft. Alexander und Margarete Mitscherlich beschrieben 1967 »Die Unfähigkeit zu trauern«. Nach ihrer Feststellung schreckten die Deutschen vor der vernichtenden Kränkung ihres Selbstwertbewußtseins zurück, die mit einer trauernden Verarbeitung des Verlustes des idealisierten Hitler verbunden gewesen wäre. Dem vollständigen Zusammenbruch der Identität habe man durch Verleugnung, durch Flucht vor der Erinnerung entgehen wollen.

Viele gab es aber auch, die Hitler keineswegs als verinnerlichtes Ideal mit sich getragen, aber in hörigem Gehorsam mitgemacht hatten, was immer man ihnen vorgeschrieben hatte. In der Verlorenheit und Verlassenheit nach dem Zusammenbruch des Systems suchten sie nun verzweifelt nach neuem Halt. Den fanden sie im Westen prompt bei der großen amerikanischen Siegermacht, die ihnen zu einer rettenden Identitätsstütze wurde. Wäre ihre innere Hitler-Bindung von der Stärke gewesen, wie sie die Mitscherlichs annahmen, hätten sie kaum in Windeseile die Umstellung fertiggebracht, die allen Prognosen prominenter Psychologen wie etwa Kurt Lewins widersprach, wonach es Jahrzehnte dauern würde, ehe die von Hitler indoktrinierte und verdorbene Jugend zu demokratischem Denken fähig werden würde. Statt dessen sog auch diese Generation der Westdeutschen geradezu begierig auf, was ihr Amerika an politischen und wirtschaftlichen Rezepten, an Verhaltensmustern und Moden lieferte. Gestern noch Hitler bis zum grausigen Ende folgsam, präsentierten sie sich bald darauf als geistige Halbamerikaner, die verständnislos auf ihr Gestern zurückblickten, als seien sie dies gar nicht selbst gewesen.

Dieser verblüffend schnelle Wandel läßt sich kaum anders deuten, als daß eine hörige Abhängigkeit sich nach Verlust der alten an eine neue Autorität angekoppelt hatte. Zum Glück war die neue Autorität nun von solcher Art, daß sie diese Ergebenheit nicht mißbrauchte, vielmehr den Weg für das Hineinwachsen in demokratische Strukturen freimachte.

Momentan war die tiefsitzende Gehorsamsbereitschaft also der äußeren Erneuerung im Westen durchaus förderlich. Es paßte den Siegern, in den Besiegten eifrige Musterschüler vorzufinden, die getreulich übernahmen, was man ihnen anbot, und nach kurzer Zeit alles taten, um sich verläßlich auf westlicher Seite in die Front gegen den neu erstandenen östlichen Gegner im kalten Krieg zu integrieren. Den Besiegten wiederum erleichterte die Geborgenheit in der Obhut der Siegermacht einen relativ spannungsfreien Wiederaufbau, aber eben auch ein Verdrängen der Vergangenheit: Was wir gestern angerichtet haben, das ist mit uns gegen unser wahres Wesen gemacht worden. Da waren wir nur hilflose Werkzeuge. Jetzt, von der Diktatur befreit, können wir unser eigentliches Selbst zeigen. Man verwechsle uns also bitte nicht mit denen, die gestern als Entmündigte mißbraucht wurden.

Aber dieses schonende Selbstporträt hatte einen schweren Fehler, nämlich die Unterschlagung des *eigenen* Beitrags zu der beklagten Entmündigung. Wenn Jaspers von einer Denkungsart sprach, die Hitler möglich gemacht habe, so meinte er ganz speziell auch diese Auslieferungsbereitschaft, nämlich ein Abhängigkeitsbedürfnis, das der Manipulierbarkeit Tür und Tor öffnete. Mit diesem Bewußtsein präsentierten sich zahlreiche Angeklagte in Naziverbrecher-Prozessen. Typisch war etwa die von Hannah Arendt zitierte Antwort des mächtigen Hitler-Generals Jodl, als er erklären sollte, warum er und die anderen ehrbewußten Generäle mit unkritischer Loyalität einem Mörder gehorcht hätten: Es sei doch nicht die Aufgabe des Soldaten, sich zum Richter über seinen Oberbefehlshaber aufzuwerfen. Das möge die Geschichte tun oder Gott im Himmel. Ohne daß sie es ähnlich pathetisch hätten ausdrücken können, erlebten sich Massen von kleinen Tätern unter einem ähnlichen für sie selbstverständlichen Gehorsamszwang, der freilich zur Tugend ehrenhafter Treue umetikettiert worden war.

Diese wie selbstverständliche Ausschaltung des Gewissens zugunsten eines Hörigkeitsautomatismus stellt eines der Phänomene dar, deren Erhellung und Aufarbeitung ein besonderes Augenmerk verdienen. Es beruht auf einem zumal in Gesellschaften mit autoritärer Tradition wie der deutschen schon in der Kindheit gebahnten Mechanismus. Gelernt wird, Gewissensangst in Strafangst zu verwandeln. Innerlich gefühlte moralische Skrupel werden unterdrückt, wenn sie mit äußeren Vorschriften von Autoritäten kollidieren, die das Sagen in sozialen Strukturen haben, in die man eingebunden ist. Es vollzieht sich damit eine Externalisierung des Gewissens, die kaum oder gar nicht bewußt wird. Denn im Kopf bleiben die moralischen Wertvorstellungen ja erhalten, auf die sich auch die Gehorsam fordernden Autoritäten um so nachdrücklicher zu berufen pflegen, je weniger sie diese selbst achten. So schrumpfen die Wertvorstellungen von verbindlichen Forderungen zu kraftlosen abstrakten Gebilden. Niemals hätte eine noch so massive rassistische Hetze mit dem Schreckgespenst einer angeblichen antideutschen Verschwörung des Weltjudentums den Holocaust durchführbar gemacht, hätten sich die Anstifter und Organisatoren nicht des Gehorsamsautomatismus von Massen selbstentmündigter Helfershelfer sicher sein und seiner bedienen können.

Zur Aufhellung des Verstehbaren hätte es also nach dem Krieg des Mutes bedurft, sich von der pauschal exkulpierenden *Werkzeugtheorie* zu lösen und die Schuld für die Enteignung der Verantwortung *anzuerkennen.* Aber von diesem Mut war längere Zeit wenig vorhanden. Er reichte ja vorerst nicht einmal, um über das Geschehene auch nur offen zu sprechen. Was die Kriegs- und KZ-Verbrecherprozesse und die formelle Entnazifizierungsaktion aufwühlten, wollte man schnell hinter sich lassen. Es kam zu einer Übereinkunft des Schweigens, die bis in die Familien hineinreichte. Die Eltern redeten nicht. Die Söhne und Töchter zögerten mit dem Fragen. Aber sie spürten das unverarbeitete Verdrängte und mit der Zeit ein Unbehagen darüber, daß die Elterngeneration ihnen unbewußt einen Berg eigener unerledigter Probleme zuschob. Immerhin dauerte es über zwei Jahrzehnte, ehe die Heranwachsenden aufbegehrten.

Das geschah dann 1968 in der Studentenrebellion. Väter, Mütter, Lehrer, Professoren, Chefs wurden zur Rede, genauer gesagt: gleich an den Pranger gestellt. Gestehen sollten sie, daß sie noch durch und durch vom Nazigeist verseucht und finster entschlossen seien, überall faschistische Strukturen zu erhalten oder wiederzubeleben. Obwohl er vom Marxismus kaum Genaueres wußte, begeisterte sich ein großer Teil der studentischen Jugend spontan für diese Heilslehre in der Gewißheit, damit die amerikagläubige Mehrheit der älteren Generation besonders wirksam provozieren zu können.

Man gab vor, endlich eine Diskussion mit den Älteren und insbesondere mit der Machtelite erzwingen zu wollen. Statt dessen geriet die Revolte schnell zu einem Tribunal, in dem man die Angegriffenen kaum mehr zu Wort kommen ließ. Der Aufstand überschlug sich und nahm, wie Herbert Marcuse bemerkte, die Form eines pubertär ödipalen Kampfes an und konfrontierte schließlich die Rebellen mit der Erkenntnis, daß sie vieles von dem Autoritarismus reproduzierten, den zu demaskieren sie angetreten waren.

Dennoch hinterließ die Bewegung nach ihrem Zusammenbruch Nachwirkungen, die erst in späterer Rückschau in ihrer Bedeutung voll erkennbar wurden. Einiges an Verdrängung war aufgebrochen. Es war der Versuch gescheitert, die Gesellschaft durch frontalen Angriff auf ihre Strukturen zu verändern, aber es machte sich eine neue soziale Sensibilität bemerkbar, eine Welle der Solidarität mit den Schwachen und den sozial Benachteiligten. Zahlreiche Aktivisten der Protestgeneration strömten zur Psychoanalyse, also zu einem Verfahren, das auf Heilung durch Rekonstruktion von Erinnerungen baut. Vorbilder waren politisch engagierte Psychoanalytiker wie Reich, Fromm, Bernfeld. Aber es kam zutage, daß es speziell in der deutschen Psychoanalyse auch Versäumnisse, Uneindeutigkeit und Opportunismus in der Nazizeit gegeben hatte, was nun zu harten Auseinandersetzungen innerhalb der Zunft führte. Humangenetiker und Mediziner publizierten über die Ärzteverbrechen in den KZs und in der Psychiatrie, verfolgten die Biographien von Tätern und machten den inneren Zusammenhang zwischen den Massentötungen psychisch Kranker und dem Völkermord an den Juden deutlich. In diversen Berufsgruppen erwachte allmählich ein Bedürfnis, die Geschichte des eigenen Standes zu besichtigen. Wie standhaft, wie korrupt hatten sich die Kollegen seinerzeit benommen? Wie steht es heute um die nachwirkenden Einflüsse nationalsozialistischen Denkens in der eigenen Berufsgruppe? Sind sie überwunden oder immer noch virulent? In vielen Gemeinden machten sich Interessierte an kritische lokalgeschichtliche Studien. Wie hatten Verwaltung und Bürger auf die Machtergreifung Hitlers, auf die Diskriminierung und Verfolgung der Juden reagiert? Welches Schicksal hatten die Juden erlitten? Wer hatte sie drangsaliert, wer ihnen geholfen? Was ist nach dem Krieg unter den Tisch gekehrt, was offen ausgetragen worden?

So zeigten diese diversen Projekte, daß inzwischen – unter wesentlicher Initiative und Mithilfe der ersten und später der zweiten Folgegeneration – der Mut doch gewachsen war, die aufgeschobene Erinnerungsarbeit in Angriff zu nehmen. Freilich stießen viele solcher Bemühungen auch auf heftige Widerstände. Nicht wenige der Initiatoren mußten sich gefallen lassen, als Nestbeschmutzer, Störenfriede, Denunzianten beschimpft zu werden. Aber solche Spannungen waren und sind unausbleiblich, wenn mit dem Aufdekken von Verdrängungen eben auch das Verdrängte wieder zum Vorschein kommt. Das Erinnern muß den Widerständen abgerungen werden, die aus den Beharrungskräften des alten Denkens resultieren. Es sind schmerzliche Auseinandersetzungen, die dennoch, wenn sie durchgehalten werden, die Genugtuung hinterlassen können, miteinander ein Stück unterdrückte Wahrheit befreit zu haben.

Was im einzelnen, in Familien und in Gruppen abläuft, die sich der Erinnerungsarbeit gestellt haben und weiter stellen, ist schwer differenziert zu erfassen, da es sich um sehr komplexe Prozesse handelt, je nach dem Grad des persönlichen Verwickeltseins, unterschiedlich bei Älteren und Jüngeren, unterschiedlich auch je nach der Weite des persönlichen psychischen Horizonts. Den einen bedrückt nur die Schuld persönlichen Versagens, während in das Verantwortungsgefühl eines anderen alles hineinragt, was in Gemeinschaften vorfällt und vorgefallen ist, denen er sich zugehörig fühlt. Wie weit diese sensible Identifizierung reichen kann, hat einmal Stefan Zweig demonstriert, verfolgter und geflohener Jude, inzwischen englischer Staatsbürger, als er 1941 vor dem PEN-Club in New York ausführte: »... obwohl wir den Deutschen längst nicht mehr als Deutsche gelten, habe ich das Gefühl, ich müsse hier vor jedem einzelnen meiner französischen, englischen, belgischen, norwegischen, polnischen, holländischen Freunde Abbitte leisten für all das, was heute seinem Volk im Namen des deutschen Geistes angetan wird.« – Von verschiedenen Deutschen, die unter Naziverfolgung gelitten haben, weiß ich, daß sie ein Gefühl der Mitverantwortung für die großen Verbrechen der anderen zu tragen mehr bedrückte als die Verarbeitung der eigenen leidvollen Erfahrungen.

Was immer bei Erinnerungsarbeit geschieht oder geleistet wird – eines ist sicher: Der schon beinahe offiziell gewordene Begriff der Vergangenheits*bewältigung* ist so unpassend wie nur denkbar. Bewältigen kommt, wie man in Grimms Wörterbuch nachlesen kann, von *bewaltigen* oder auch *begewaltigen*, was einst soviel hieß wie überwältigen oder bezwingen, auch ganz speziell »frowen bewaltigen und schwechen«, also *vergewaltigen* im engsten Sinne. Es scheint, als verrate sich also bereits in dem Terminus Vergangenheitsbewältigung per Fehlleistung die Vorstellung, die Erinnerung wie einen Gegner, wie ein Hindernis niederzuringen und zu bezwingen. Wer indessen von den Älteren lernte, sich der Vergangenheit auszusetzen und sich einzugestehen, daß er sich da oder dort, statt sich anzupassen, hätte verweigern oder Bedrohten beistehen können, daß er mehr hätte wissen können, wenn er nicht weggesehen hätte, wer sich darüber zu offenbaren wagte und die Kränkung ertrug, die er sich damit bereitete, der vollbrachte damit wahrlich kein Bezwingen oder Bewältigen, eher ein Durchleiden. Der lernte, sich seiner Mitschuld zu stellen, allerdings in der Absicht und Hoffnung, daraus Energien zu schöpfen, um die Zukunft wachsamer und widerstandsbereiter bestehen zu können. Denn die Anstrengung solcher Erinnerungsarbeit folgt ja nicht, wie manche weismachen wollen, aus masochistischen Motiven, vielmehr aus einem Drang nach Integrität, nach Offenheit, zugleich aus dem Willen zum Vorbeugen.

Aus einer mehrjährigen eigenen Untersuchung zu dem Thema, wie die Nazizeit über drei Generationen verarbeitet wurde, konnten wir entnehmen, daß die Enkel inzwischen vielfach dazu beitragen, das Gespräch darüber zu erleichtern. Ist es nun nur ein vager Eindruck oder eine Tatsache, daß auch und gerade in der Jugend noch ein Interesse an einer Vergangenheit lebendig ist, von der sie vielfach bereits in der zweiten Generation entfernt ist?

Darüber haben wir am Gießener Psychosomatischen Zentrum vor zwei Jahren eine aufschlußreiche Erhebung durchgeführt. Wir fragten 1450 Studentinnen und Studenten unter anderem, ob es für die Deutschen eine wichtige oder eher überflüssige Aufgabe sei, sich noch mit dem Dritten Reich auseinanderzusetzen.

Zu unserer Überraschung lauteten die Antworten von 86 Prozent der übrigens anonym schriftlich Befragten: Diese Auseinandersetzung sei wichtig bis sehr wichtig. Vorausgegangen waren allerdings in Gießen Aktivitäten verschiedener studentischer Gruppen, die sich intensiv mit der Nazigeschichte der hiesigen Universität beschäftigt und darüber öffentliche Veranstaltungen abgehalten hatten. Sie hatten das Eindringen des Nazigeistes in Doktor- und Habilitationsschriften verfolgt, das Schicksal jüdischer Professoren recherchiert, Prozesse gegen Nazigegner an der Universität dokumentiert und überlebende Zeitzeugen interviewt. Aber selbst wenn man diese besonderen Umstände in Rechnung stellt und einräumt, daß die Zahl von 86 Prozent nicht für die Generation der Altersgenossen repräsentativ ist, so spricht dieser Befund doch dafür, daß die Jugend der Beschäftigung mit der Nazivergangenheit mehr Bedeutung beimißt, als von vielen Älteren angenommen wird. Warum ist das so?

In Hesekiel 18 heißt es an einer Stelle: »Unsere Väter haben saure Trauben gegessen, und uns sind die Zähne davon stumpf geworden.« Im 3. Buch Moses ist sogar ausgesagt, daß die Missetat der Väter die Kinder und Kindeskinder bis ins dritte und vierte Glied verfolge. Es sind Weisheiten, die in der Psychoanalyse und in der Familiendynamik immer wieder zu bestätigen sind.

Die Suche nach Verankerung der Identität in der Geschichte der Vorfahren ist ein unbewußter und gerade bei differenzierten Jugendlichen häufig zu beobachtender Vorgang, den bereits der Freud-Schüler Kurt Eisler näher beschrieben hat. In einem Seminar mit Studenten habe ich wiederholt von einzelnen zu hören bekommen: »Auch wenn es uns nicht paßt, müssen wir noch die Geschichte unserer Väter und Großväter ergründen, die sie uns zum großen Teil verheimlicht haben. Wir können erst verläßlich wissen, wer *wir* sind und was *wir* wollen, wenn wir genauer erfahren haben, wer *sie* waren und was *sie* gemacht haben.« – »Wir wollen sie nicht verletzen, aber wir fühlen uns so lange selbst unklar und unfrei, als wir *ihre* Unklarheit nicht beseitigt haben.«

Ich komme noch einmal auf unsere Erhebung an den 1450 Gießener Studenten zurück. Mit Hilfe eines ausführlichen skalierten Fragebogens konnten wir den Zusammenhang zwischen verschiedenen Äußerungen untersuchen und beispielsweise überprüfen, wie sich die Studenten im übrigen beschrieben, denen an einer Auseinandersetzung mit dem Dritten Reich noch besonders gelegen war. Es ergab sich: Je wichtiger den von uns ersuchten Studentinnen und Studenten die Erinnerung an die Nazizeit erschien,

- um so offener zeigten sie sich für eine kritische Wahrnehmung sozialer Ungerechtigkeiten in der eigenen Gesellschaft (zum Beispiel Benachteiligung alter Leute und Kinder),
- um so mehr verrieten sie von sozialer Sensibilität (nämlich Bereitschaft, anderen zu vertrauen und sich um andere zu sorgen),
- um so weniger zeigten sie negative soziale Vorurteile.

Ersichtlich ist also, daß sich die Bereitschaft zu kritischer Erinnerung mit einer besonderen Neigung zu Vertrauen und Versöhnlichkeit paart. Wie dabei das eine das andere fördert, ist nicht unmittelbar abzulesen. Jedenfalls paßt der Befund zu der psychoanalytischen Erfahrung, daß Menschen um so weniger versucht sind, sich vermittels negativer Projektionen an anderen abzureagieren, je mutiger sie eigene Schuldkonflikte aufzuarbeiten lernen. Mit der Fähigkeit zur Selbstkritik nimmt die Neigung zu Mißtrauen ab. Da jedes irrationale Feindbilddenken wie Antisemitismus und Rassismus überhaupt mit unterdrückten Minderwertigkeitsgefühlen einherzugehen pflegt, erscheint es überaus plausibel, daß die besonders kritisch Erinnerungsbereiten unter unseren Befragten sich als überdurchschnittlich vertrauensbereit und versöhnlich beschreiben. Übrigens kommt das Wort versöhnen von *versüenen*, was noch zur Zeit Martin Luthers gleichbedeutend mit *entsündigen* war.

Margarete Mitscherlich, 1967 Koautorin des Buches »Die Unfähigkeit zu trauern«, schrieb unlängst: »Bisher hatte ich den Eindruck, die Verdrängung der Vergangenheit sei erfolgreich gewesen, wir seien unfähig zum trauernden und erinnernden Rückblick, zur Konfrontation mit unserer historischen Schuld. Das scheint sich jetzt zu ändern. Die Vergangenheit ist den Deutschen heute präsenter als je zuvor.«

Jürgen Habermas zitiert den tschechischen Historiker Jan Kren mit der Äußerung, die »Vergangenheitsbewältigung« in der Bundesrepublik sei eine der »großen Leistungen« des Jahrhunderts. Dies sei freilich eine mehr beschwörend als deskriptiv gemeinte Aussage gewesen, kommentiert Habermas und fügt mit Recht hinzu: Würden Deutsche sich in dieser Weise loben, würden sie die Aussage damit schon wieder widerlegen.

Die genannten 86 Prozent unserer befragten Studenten meinen ja auch keineswegs, die Erinnerungsarbeit sei abgeschlossen, vielmehr sei wichtig, sie fortzusetzen. Womit sie jenen prominenten Politikern widersprechen, die dazu auffordern, die Jugend endlich mit den alten Geschehnissen in Ruhe zu lassen, da diese Generation damit doch persönlich nichts mehr zu tun habe.

Tatsächlich haben zumal die letzten Monate bewiesen, daß der alte Ungeist noch keineswegs überwunden ist. 34 Prozent der Deutschen bekundeten kürzlich noch laut Emnid Verständnis für rechtsradikale Reaktionen auf das Flüchtlingsproblem. Auf ihre geheime Zustimmung stützen sich Skinheads mit ihren brutalen Anschlägen auf Ausländer und Flüchtlinge. Höchste Wachsamkeit ist angesagt. Auch Hellhörigkeit gegenüber zweideutigen Tönen, mit denen manche Politiker offensichtlich den Kontakt zu jenen 34 Prozent suchen. Da malte der Leiter der Verfassungsabteilung des Bonner Innenministeriums in einer Rede das Gespenst der *Überfremdung der deutschen Heimat* an die Wand und warnte vor der Gefahr, *die Deutschen könnten ihren Wir-Zusammenhang auflösen* und durch die Ausländer *ihre kulturellen Wertvorstellungen aufgeben.* Hier sollte das Erinnern helfen, solche Wendungen zu unterlassen, die wir Älteren noch in anderem fatalen Zusammenhang im Ohr haben.

Zum Glück sieht es so aus, als verfüge eine Mehrheit bereits dank eines fortgeschrittenen Lernprozesses über hinreichende Widerstandskraft gegen Ressentiments, die sich heute vor allem gegen Flüchtlinge aus den Armutsländern, morgen vielleicht auch wieder vermehrt gegen Juden richten könnten. Aber der Test, der diese Diagnose hoffentlich bestätigt, hat erst begonnen. Erst jetzt kommen die Menschen in Ostdeutschland dazu, ihre ihnen zuvor verordneten Meinungen selbst zu definieren. Im deutschen Westen muß sich offenbaren, was sich an nationalistischen Ressentiments bislang hinter dem offiziellen Antikommunismus verbergen konnte, dem jetzt die Grundlage entzogen ist. Entledigt vom Anpassungsdruck der Blockkonfrontation und durch die Vereinigung ist uns eine neue Eigenverantwortung zugewachsen. Dabei ist es nicht nur die Frage, wieweit wir mit der Überwindung der Reste des alten Ungeistes fertig geworden sind, sondern ob uns die Lehre aus unserem furchtbaren Scheitern vielleicht sogar positiv dazu befähigt, spezielle konstruktive Beiträge zur internationalen Friedenspolitik zu leisten.

Ich teile die Zuversicht von Margarete Mitscherlich und anderen, die feststellen zu können glauben, daß hierzulande aus den Trümmern von nationalistischem Größen- und Machtwahn, von paranoidem Rassismus und aggressivem Militarismus eine Sensibilität gewachsen ist, die der erweiterten deutschen Verantwortung einen verheißungsvollen Inhalt geben könnte. Das hieße zum Beispiel, uns deutlich an die Seite der Kräfte in der Welt zu stellen, die an friedlichen Konfliktlösungen, am Abbau von Rüstung zugunsten sozialer und ökologischer Verbesserungen und an einem erweiterten internationalen Schutz der Menschenrechte arbeiten. Ohne in Nahost den Friedensprozeß direkt aktiv fördern zu können, müssen wir klarmachen, daß uns der Schutz der Lebensinteressen

Israels unmittelbar angeht. Was wir aus unserem nationalen Scheitern auch immer hoffentlich an heilvollen Einsichten gelernt haben mögen – es geziemt uns nicht, uns damit hervorzutun. Mir gefällt eine Formel von Jürgen Habermas, der gesagt hat: »Man kann mit spezifisch deutschen Erfahrungen reflektiert umgehen, ohne sich eine Sonderrolle zuzuschreiben.«

Ein Wort noch zu einer momentanen Sorge. Unter Verkennung des Unterschiedes zwischen dem Urheberstaat des Holocaust und des Zweiten Weltkriegs einerseits und dem SED-Staat andererseits erscheint es vielen so, als lösten hier zur Zeit zwei weitgehend identische Verarbeitungsprobleme einander ab, so daß zu dem unschönen Begriff »Vergangenheitsbewältigung« oft nur noch der Umgang mit den Stasi-Akten assoziiert wird. Richtig ist wohl, daß beide Regime als Diktaturen die Bevölkerung in ähnlicher Weise mit gewaltigen Spitzelsystemen eingeschüchtert und drangsaliert und damit nach ihrem Fall die Aufgabe hinterlassen haben, zerstörerisches Mißtrauen vor einer Fortsetzung unter entgegengesetzten Vorzeichen zu bewahren. Aber die Aufgaben der Verarbeitung gehen ineinander nicht auf. Daß die Auseinandersetzung mit dem Stasi-System bedeutende Anstrengungen fordert, ist unmittelbar einsichtig. Aber es sind zwei Lasten zu tragen, und die ältere ist die schwerere. Keines der noch so gravierenden Verbrechen des SED-Regimes darf den Blick auf Auschwitz verstellen. Hier entlarvt sich jeder Versuch eines relativierenden Vergleichs als Ansatz zu neuerlicher Verdrängung und zum Rückfall in jene von Jaspers seinerzeit kritisierte Verlogenheit.

Zu Ende ist die Zeit, da *ein* Teil Deutschlands dem *anderen* zuschieben konnte, was er sich an eigenem peinlichen Erinnern ersparte. Was immer die Menschen in Ost und West zur Zeit noch an wechselseitiger Entfremdung und an Trennendem entdecken – zu dem, was sie fest aneinander bindet, gehört die gemeinsame Geschichte und darin insbesondere auch das Stück, dessen furchtbarste Entscheidung am Wannsee vor fünfzig Jahren gefällt wurde. Aus dem Tatsächlichen und dem Verstehbaren jener Geschehnisse gemeinsam weiter zu lernen ist notwendig, um das Vertrauen der anderen in uns Deutsche zu festigen, noch wichtiger aber für uns selbst und den vielversprechenden Teil der Jugend in Ost und West, der sagt: Um zu wissen, wer wir sind und wo wir hin wollen, müssen wir erst klar sehen, wo wir herkommen.

Verleugnen oder trauern?*

»Es gibt für uns noch immer keinen politischen Ursprung und kein Ideal, kein Herkunftsbewußtsein und kein Zielbewußtsein, kaum eine andere Gegenwärtigkeit als den Willen zum Privaten, zum Wohlleben und zur Sicherheit.« So beschrieb Karl Jaspers 1966 die Verfassung der Deutschen und bescheinigte ihnen einen »Zug zur Verlogenheit«, der »durch ihr politisches und damit auch persönliches Leben« gehe.

Ein Jahr später haben Alexander und Margarete Mitscherlich in ihrem Buch »Die Unfähigkeit zu trauern« diese Denklähmung bzw. Verlogenheit zu analysieren versucht. Für ihre Erklärung fanden sie die Bezeichnung »Verleugnungsarbeit«: »Wo Schuld entstanden ist, erwarten wir Reue und das Bedürfnis der Wiedergutmachung. Wo Verlust erlitten wurde, ist Trauer, wo das Ideal verletzt, das Gesicht verloren wurde, ist Scham die natürliche Konsequenz. Die Verleugnungsarbeit erstreckte sich gleichermaßen auf die Anlässe für Schuld, Trauer und Scham.«

Genauer hätte der Buchtitel also vielleicht lauten sollen: »Die Unfähigkeit zu Schuld, Trauer und Scham« oder »Die fatale Fähigkeit zum Verleugnen«. Statt dessen ist es bei dem Oberbegriff Trauerunfähigkeit geblieben. Aber es wurde allerseits verstanden, daß damit etwas Komplexes gemeint war, nämlich das Stocken einer inneren Verarbeitung der Erinnerung, ein sprachloses Hinwegleben über die Vergangenheit, das Unterdrücken von Leiden und Mitleiden und damit das Vermeiden eines gemeinsamen politischen Lernprozesses, wie ihn Karl Jaspers angemahnt hatte.

Nun mag man – wie ich selbst – in Zweifel ziehen, ob die Verinnerlichung Hitlers als Ich-Ideal die überragende Rolle gespielt hat,

* Bemerkungen zu einem Pamphlet von Eckhard Henscheid in der FAZ vom 12. Juni 1993

wie es A. und M. Mitscherlich angenommen haben, ob es sich nicht vielmehr um eine – nicht minder peinliche – Hörigkeit im Sinne einer massenhaften Selbstentmündigung handelte, die als Untertanengeist in der Adenauer-Ära noch nachwirkte. Aber dieser Einwand schmälert die Bedeutung des Mitscherlich-Buches sowenig wie die Zusammenziehung des Mehrfachsinnes von Verleugnungsarbeit in dem Titel »Trauerunfähigkeit«. Das Buch wurde – so richtig ja erst in den siebziger Jahren – berühmt, weil es korrekt implizit als Aufforderung verstanden wurde, die verschwiegenen Erinnerungen endlich offen zu besprechen und sich eben auch den damit verbundenen schmerzlichen Gefühlen auszusetzen.

Es wäre ja nun nicht besonderes Aufhebens darum zu machen, daß ein Eckhard Henscheid sich dieses Buches zum Ausagieren seines offenbar narzißtischen Provokationsdranges bedient. Ist der originäre Impuls zum Diffamieren und Lächerlichmachen doch allzu durchsichtig, wenn er in dem Buch nichts als einen »hin und her schwappenden begrifflichen Kuddelmuddel« ausmacht und die Koautorin verdächtigt, sie habe schon bei der Veröffentlichung »partout nicht gewußt, was in ihrem Buch eigentlich genau drinsteht«. Auch mutet es eher komisch an, daß er nicht verstehen will, was viele tausend andere durchaus verstanden haben, nämlich daß die beschriebene Verleugnung gleichzeitig eine Reihe unterschiedlicher emotionaler Inhalte betrifft – persönliche Schuld, Mitschuld, entgangenen Halt, Mitleid, Scham, eigene Verluste. Aber er will, daß mit der mehrfachen Auslegbarkeit die Trauerunfähigkeit sich als Nullbegriff entlarven soll. Dadurch kann er alle verhöhnen, die nach 1967 mit dieser vermeintlichen Leerformel hantiert haben – zuerst noch einmal Margarete Mitscherlich, die er hämisch dafür lobt, daß sie irgendwo um Nachsicht für die Schwäche des menschlichen Denkvermögens gefleht habe, dann Gabriele von Arnim, die er als trauerndes »speziöses Schäfchen« verunglimpft, nicht zuletzt den »vermeintlich nachdenklicheren« Ralph Giordano, der ja gar nicht mehr wisse, wovon er rede, wenn er unter ex- oder implizitem Bezug auf die Mitscherlichs über »die Trauerunfähigkeit der Linken« lamentiere. Warum aber nun diese übertriebene Entrüstung über den »Schmarren«-Terminus Trauerunfähigkeit »ad usum Quatschi«; warum dieses lustvoll ungestüme Dreinschlagen auf die renommierten BenutzerInnen? Doch gewiß nicht aus Sorge um begriffliche Sauberkeit, um die Aufdeckung von »Fehlprojektionen« und »Mißdeutungen ad infinitesimalum«. Vielmehr schimmert allzu deutlich das Bedürfnis durch, mit dem Trauern selbst abzurechnen, mit der »bestenfalls nimmermüd törichten Wohlgesinnung, die ›Hitler-Barbarei‹ und/oder die Juden und überhaupt alles zu betrauern...« Die Auseinandersetzung mit der Nazi-Vergangenheit habe die Literatur-Feuilletonistik bis zur restlosen Unglaubwürdigkeit hinter sich – also endlich Schwamm drüber!

Das darf so nicht durchgehen, schon gar nicht in diesem Augenblick nach Solingen – inmitten eines wiederauflebenden rechtsradikalen Ethnozentrismus und der Flut ausländerfeindlicher Gewalt! Gerade stehen wir erneut vor einer Prüfung, entweder uns eilig per Sündenbock-Projektion von Tätern zu distanzieren, unsere Mitverantwortung zu leugnen und die Opfer zu vergessen – oder Scham, Mitfühlen und gerade auch diejenigen Erinnerungen zuzulassen, die unser besonderes Erschrecken über die neue rechte Gewalt erfordern. Wohl uns, wenn wir jetzt die Kraft zu dauerhafterem Trauern und – in der Konsequenz – zu mehr demokratischer Wachsamkeit aufbringen als nach Hoyerswerda, Rostock und Mölln!

»Action Gomorrha«

*Gedanken zum 50. Jahrestag des großen Bombenangriffs auf Hamburg**

Als sich Hitlers großer Bombenangriff auf Coventry zum fünfzigsten Male jährte, trafen sich die Internationalen Ärzte zur Verhütung des Atomkrieges in dieser heimgesuchten britischen Stadt. Im Angesicht der Ruine der großartigen Kathedrale durfte ich als Deutscher eine der Ansprachen halten, die einerseits der Erinnerung, andererseits der gemeinsamen Verpflichtung zum Vorbeugen gewidmet waren.

Hitler konnte sein verkündetes Vorhaben, alle britischen Städte zu zerbomben, zu »coventrieren«, wie er es nannte, nicht verwirklichen, da er die Überlegenheit im Luftkrieg bald einbüßte. Dafür schlugen die Briten und Amerikaner mit den gleichen Mitteln zurück. Und 1943 widerfuhr Hamburg, was Coventry zuvor erlitten hatte.

Noch leben viele, die jene »Action Gomorrha« miterlebt haben, auch einige, die damals ausgebombt oder verschüttet worden sind oder die Angehörige als Opfer zu beklagen hatten. Einzelne werden so, wie es mir in Berlin erging, noch Jahre nach dem Krieg in bombengeschädigten Häusern zugebracht haben. Viele der Älteren werden noch heute die vom Bombenkrieg hinterlassenen Narben im Stadtbild schmerzen. Aber gezeichnet sind wir alle aus der Generation, die wir in die Unmenschlichkeiten jenes Krieges so oder so verwickelt waren. Wir Deutschen hatten den Krieg vom Zaun gebrochen, hatten mit dem Bombenterror auf britische Städte begonnen und sind dafür später furchtbar bestraft worden.

Wenn ich sage: wir Deutschen, so weiß ich wohl, daß es sehr viele gab, die unter der Diktatur nur widerwillig mitfunktioniert hatten. Aber es haftete schließlich an unserem Volk als Ganzem die unabweisbare Schande, Hitler in seiner menschenverachtenden Aggressi-

* Vortrag in der Hamburger Hauptkirche St. Petri am 21.6.1993

onspolitik gefolgt zu sein. Auschwitz besiegelte die moralische Katastrophe. 1945 wurde ein Volk von außen befreit, das jahrelang ungeheure Energien und Entbehrungen aufgebracht hatte, um einen Krieg durchzuhalten, der Hitler die Organisation des Holocaust erlaubt und der an der Front und in den zerbombten Städten noch Millionen Opfer gefordert hatte.

Für längere Zeit war dieses Volk dann unfähig, sich mit dem Geschehenen innerlich auseinanderzusetzen. Die Menschen machten sich stumm daran, ihre Ruinen aufzuräumen und in Hunger und Armut ihr Überleben zu sichern. Für viele wäre es nötig gewesen, darüber zu sprechen, was sie getan oder auch erlitten hatten. Denn die meisten waren angefüllt mit schrecklichen Erfahrungen, die sie hätten verarbeiten müssen. Alle hatten aktiv oder passiv mit dem Totalitarismus des Systems und mit der unmenschlichen Gewalt des Krieges zu tun gehabt, und das hatte ihnen mancherlei innere Beschädigungen eingetragen. Aber es wurde darüber kaum gesprochen. Das rührte weniger von der Erschöpfung her als von einem Tabu: Reden durften die, die gerechtfertigt waren durch Widerstand oder Verfolgung. Die anderen, die auf der Seite der Täter – wie unwillig auch immer – mitfunktioniert hatten, verspürten ein Schweigegebot. Ihre eigenen Opfer – etwa Verlust ihrer Angehörigen, ihrer Habe, vielleicht auch ihrer Heimat – zählten da nicht. Es war nicht vorzeigbar, was an Zufügungen im Dienste des Nazi-Unrechts geschehen war.

Ganz anders war es da nach dem Ersten Weltkrieg gewesen. Auch jener hatte mit einer nationalen Demütigung geendet. Aber damals hatte es nicht lange gedauert, bis man glaubte, sich zumindest mit Stolz der geleisteten militärischen Taten erinnern zu können. Es gab Heldenfriedhöfe, Heldendenkmäler und Ehrentafeln für die Gefallenen. Man trennte den schmutzigen Aspekt des Krieges – die Verwüstungen, das Elend, die Korruption – vom Bilde eines unbefleckten, ruhmvollen Militarismus ab. Schriftsteller und Künstler überlieferten der Schuljugend meiner Generation heroische Dramen auf dem angeblichen Felde der Ehre. Die Opfer der furchtbaren Schlachtfelder von Langemarck und Verdun ließ man uns als leuchtende Beispiele höchster Mannestugend und Vaterlandsliebe erscheinen.

Nichts davon gab es nach dem Zweiten Weltkrieg. Alles, was Krieg hieß, war für uns Deutsche behaftet mit Aggression, Faschismus, Völkermord an den Juden. Kein Wort fiel mehr über die gestern noch bejubelten kühnen Heerführer, Kampfflieger und U-Boot-Fahrer. Wenn im Ersten Weltkrieg, nämlich im Oktober 1914, 93 prominente Intellektuelle in einem Aufruf die hohe Bedeutung des Militarismus für den Schutz der deutschen Kultur proklamiert hatten, so hatte das Militär Hitlers nun ein furchtbares Bild deutscher Nazi-Unkultur in der Welt verbreitet. Hitlers vorrückende Armeen hatten dafür gesorgt, daß in den eroberten Ländern das Vernichtungswerk der rassistischen Säuberungen in Gang gesetzt werden konnte. Führende Nazigeneräle wie Keitel und Jodl wurden in Nürnberg als Kriegsverbrecher hingerichtet. Die überlebenden deutschen Soldaten kehrten nicht als ruhmreiche Vaterlandsverteidiger, sondern in den Augen der Welt als geschlagene Hitler-Gehilfen zurück.

Ich selbst war einer dieser vielen Soldaten, denen es zuerst schwerfiel, diese Stigmatisierung zu akzeptieren. Ich wollte mich auf meine innere Distanz zum System berufen und hätte gern wie unzählige andere meine eigenen Leiden durch den Krieg, etwa den Verlust meiner Familie, die Bombardierung meiner Wohnung gegen meine unscheinbare Beteiligung als Soldat aufgerechnet. Wenigstens hatte ich das besondere Glück, Menschen um mich zu finden, mit denen ich mich über meine innere Krise austauschen konnte, eine Krise, die wohl eingermaßen typisch war für eine damals weitverbreitete psychische Not. Ich mußte begreifen lernen, daß wir selbst indirekt schuld an allen Zerstörungen hatten, die uns zugefügt worden waren.

Aber dieser innere Prozeß führte mich und viele meiner Freunde auch noch zu einer anderen Einsicht, nämlich daß die Mittel eines modernen Krieges an sich zutiefst dem Prinzip der Humanität widersprachen, dem sie Geltung verschaffen sollten. Es müßte der Internationalen Gemeinschaft unbedingt gelingen, so dachten wir, gewaltbereite Regime rechtzeitig mit politischen und wirtschaftlichen Mitteln zu stoppen, um den Einsatz der nunmehr möglich gewordenen Massenvernichtungsstrategien zu verhindern. Die mehreren hunderttausend zivilen Opfer der Städtebombardements bewiesen eine unaufhaltsame Perversion des Krieges, die schließlich in Hiroshima und Nagasaki zu einem schrecklichen Höhepunkt gelangt war. Keine Genfer Vereinbarung, dessen waren wir uns sicher, würde dieser Entwicklung noch dauerhaft Einhalt gebieten können. Mit den Flächenbombardements, den Fernraketen und den Atombomben hatte der Krieg aufgehört, ein begrenzter Kampf zwischen Armeen zu sein: Er hatte sich in ein menschenfeindliches Ausrottungssystem verwandelt. Nie wieder würden sich militärische Bedienungsmannschaften der modernen Vernichtungswaffen als ehrenhafte, gar als heroische Verteidiger patriotischer oder sonstiger hoher Werte präsentieren können. Der Militarismus war moralisch bankrott. Im Hinblick auf diese Entwicklung setzte Albert Einstein 1952 das Töten im Krieg dem gewöhnlichen Mord gleich.

Dies einzusehen konnte uns Deutschen damals leichter fallen als den Siegern, die ihren Heerführern und Fliegergenerälen den Triumph über die weltbedrohende Nazi-Macht verdankten. Wir mußten uns als Urheber der Destruktivität jenes Krieges erkennen und konnten uns auf kein hohes Ziel zur Rechtfertigung der von uns entfachten und gegen uns zurückgeschlagenen Destruktivität berufen. So erhielt unsere Lage, so schlimm sie auch war, eine Chance, die ein amerikanischer Freund mir gegenüber unlängst etwa folgendermaßen beschrieben hat:

Ihr Deutschen habt durch das doppelte Scheitern eures Militarismus in den beiden von euch angezettelten Weltkriegen einen Vorteil, den ihr noch gar nicht recht begriffen habt. Ihr könntet leichter gelernt haben als wir, daß die Zeit zu Ende ist, da Kriege zur Durchsetzung politischer Ziele möglich waren. Ihr habt bitter für euren Irrweg büßen müssen, während wir Amerikaner zu unserem Unglück nur die eine Schlappe in Vietnam erlitten, aber sonst unentwegt gesiegt haben und uns bis heute einbilden, uns unserer Herrlichkeit immer wieder durch militärische Triumphe über das Böse in der Welt versichern zu können. Unsere Sehnsucht nach Konfettiparaden wie nach der »Aktion Wüstensturm« ist tragischerweise ebenso ungebrochen wie unsere Philosophie, daß wir als Super-Sheriff nur ewig neue Gangster aufspüren und vernichten müßten, um eine wunderbare neue Weltordnung zu errichten.

Das ist ein Denken, das wir spätestens nach den Verheerungen des Zweiten Weltkrieges hätten begraben müssen. Jetzt verhindern wir nicht, daß sich heimlich immer mehr Länder Atomwaffen anschaffen. Ein riesiger Rüstungshandel ermutigt zu immer neuen Kriegen. Und ihr Deutschen, anstatt aus eurem Schlamassel eine heilvolle Lehre zu ziehen, habt nach eurer Vereinigung offenbar keine größere Sorge, als schnell wieder militärisch dabeizusein, um bei der nächsten Aktion Wüstensturm mitschießen zu dürfen.

Mir scheint immerhin, daß dieser Freund zu wenig zwischen

offizieller deutscher Politik und dem Empfinden der Bevölkerung unterscheidet. Nirgends in der Welt gab es doch so einen leidenschaftlichen Protest gegen die Atomraketen wie hier. Nirgends sonst ging fast die gesamte Schuljugend gegen den Golfkrieg auch auf die Straße. Und kaum anderswo genießt das Militär inzwischen so geringes Ansehen wie in unserem Land. Bis heute ist die rückblickende Verehrung deutscher Kriegshelden – außer in den Quartieren rechtsradikaler Gruppen – kaum wiederaufgelebt. Nicht vorstellbar, daß ein deutscher Weltkriegskommandeur von Bombergeschwadern mit Brimborium geehrt würde, wie es kürzlich posthum dem britischen Fliegermarschall Harris widerfuhr, der die Städtebombardements in Deutschland befehligt hatte. Daß es aber auch in England an dieser Ehrung einige Kritik gab, sei jedoch gerechterweise ebensowenig verschwiegen wie die Tatsache, daß manche deutsche Ex-Pazifisten inzwischen zur militärischen Vorbereitung auf angeblich unvermeidliche neue Kriege nach dem Muster von Ex-Jugoslawien aufrufen.

Dennoch lebt in unserer Bevölkerung bis in die Enkel der Kriegsgeneration hinein eine tiefe – wie ich meine, gesunde – Allergie gegen den Militarismus fort. So ist die Chance, von der jener Amerikaner sprach, noch nicht endgültig vertan. Noch haben wir Deutschen mit der Erinnerung an den geschichtlich einzigartigen Holocaust zu tun. Noch ist vielen die von uns entfesselte verheerende Destruktivität des letzten Krieges bewußt, die dann voll gegen uns zurückgeschlagen ist. Noch erinnern wir uns daran, daß gerade Deutsche direkt oder indirekt an der technischen Entwicklung der Massenvernichtungswaffen beteiligt waren, die Ausrottungsschläge möglich gemacht haben. Deutsche haben die ersten Fernraketen erfunden, die seinerzeit wahllos Blutbäder unter der Londoner Zivilbevölkerung anrichteten. Der einzige Grund, der in Amerika zum Bau der ersten Atombomben führte, war die Kunde von der deutschen Errungenschaft der Kernspaltung und die amerikanische Sorge, deutscher atomarer Bedrohung zuvorkommen zu müssen.

Eines ist sicher: Der von jenem Amerikaner gewünschte deutsche psychologische Lernprozeß hat zumindest in Teilen der Bevölkerung in der Stille stattgefunden. Gerade weil die Kriegsgeneration mit der inneren Verarbeitung ihrer Vergangenheit nur unzureichend vorangekommen ist, hat sie unbewußt diese Aufgabe an die Nachfolgegenerationen delegiert. Immerhin verweigern immer mehr junge Männer den Kriegsdienst, und eine beträchtliche Bevölkerungsmehrheit will keine deutschen Soldaten bei weltweiten Kriegseinsätzen sehen. Die besondere deutsche Angst vor den Atomraketen und der Massenprotest der Schuljugend gegen die »Aktion Wüstensturm« stammen gewiß nicht aus einem biologisch vererbten spezifischen Volkscharakter. Ohne die Annahme, daß die Vergangenheit tiefe psychologische Spuren hinterlassen hat, sind diese Phänome kaum zu erklären. Daß die Ängste vor der Atomenergie und der Umweltzerstörung in unserem Land besonders früh und besonders intensiv aufgeflammt sind, dürfte ebenfalls mit dieser Sensibilisierung zusammenhängen. Tschernobyl wurde als Symbol dafür erlebt, daß in manchen modernen Risikotechnologien ein Gewaltpotential steckt, das, wenn es entfesselt wird, Verheerungen vom Ausmaß eines Krieges mit Massenvernichtungswaffen anzurichten vermag.

Aber die offizielle deutsche Politik hat die in der Bevölkerung angestauten Kriegsängste kaum, die Umweltängste erst sehr spät ernst genommen. Gegen den Willen einer Bevölkerungsmehrheit verständigten sich Ende der fünfziger Jahre Union und SPD auf die Zustimmung zur atomaren Bewaffnung der Bundesrepublik. Die Kanzler Schmidt und Kohl verteidigten erbittert die Stationierung der Mittelstreckenraketen gegen die teils diffamierten, teils verächtlich gemachten Proteste der Friedensbewegung. Kaum war die formale Vereinigung vollzogen, definierte Bundeskanzler Helmut Kohl die erweiterte deutsche Verantwortung zuallererst militärisch, nämlich mit dem Versprechen, beim nächsten Anlaß nach Art des Golfkrieges mit den deutschen Soldaten nicht mehr beiseite zu stehen. Statt nach rückwärts sollte endlich entschlossen nach vorn geblickt werden.

Zur Einschüchterung der verbreiteten Proteste gegen die Remilitarisierung der deutschen Politik feierte die aus alten Zeiten bewährte Stärkekult-Propaganda ihre Wiederauferstehung. Soldaten, die ihren Unwillen bekundeten, im Falle einer Verwicklung der Türkei in den Golfkrieg mitschießen zu sollen, wurden als Psychiatrieverdächtig diffamiert. Das gesamte psychologische Waffenarsenal zur Abqualifizierung und Verächtlichmachung gewaltverweigernder Sensibilität kam zum Großeinsatz – mit den Vokabeln: weinerlich, larmoyant, wehleidig, feige, verantwortungslos, sich drücken, wenn andere den Kopf hinhalten usw. Die offizielle Gleichsetzung von Sensibilität und Unmännlichkeit, von Pazifismus und Jämmerlichkeit rührt eindeutig von der Erwartung her, das ehedem anerzogene deutsche Männlichkeitsbild mit der Idealisierung der Gefühlsverdrängung als Stärkebeweis wieder aufspüren und nutzen zu können.

Wir dürfen uns von solcher Propaganda nicht irritieren lassen. Das Menschenbild, das für die Erhaltung unserer in hohem Grade gefährdeten Lebensbedingungen allein geeignet ist, sieht ganz anders aus. Es ist nicht der Typ des Sheriffs oder des Militärhelden, von dem wir künftig hilfreiche Beiträge zur Überwindung der weltweiten sozialen, ökonomischen und ökologischen Probleme erhoffen können. Dazu paßt vielmehr ein Typ, dem es schaudert, daß nach wie vor Unsummen für die Vorbereitung und Führung von Kriegen verpulvert werden; der sich darüber entsetzt, wie der weltweite Rüstungshandel (Deutschland steht da an dritter Stelle) friedliche Konfliktlösungsstrategien erschwert oder verhindert. Es ist der Typ, der leidenschaftlich an die Völkerverständigung glaubt und sich dafür engagiert, der empfindsam die Rechte der Schwachen und Armen verteidigt, um den Prozessen der Entsolidarisierung entgegenzuwirken. Es ist der Typ, der auch diejenige Gewalt in der Welt spürt, die gar nicht mehr als solche registriert zu werden pflegt, nämlich die Gewalt, die wir in Techniken investiert haben, die in aller Stille viele Lebensräume kaputtmachen, den Tod Zigtausender Arten verursachen, uns und erst recht unsere Nachkommen mit Umweltkrankheiten bedrohen.

Vielen Menschen ist heute schon klar, daß sich solche Sensibilität in künftiger Politik ausdrücken sollte. Wir beobachten da zur Zeit ein hochinteressantes Phänomen. Wie auch in manchen unserer Nachbarländer beunruhigt sich die hiesige Bevölkerung immer stärker über die Unmoral vieler Spitzenleute in Politik, Wirtschaft und Gewerkschaften. Es galt einmal die stehende Redewendung, daß Politik nun mal von Natur aus ein schmutziges Geschäft sei. Der prominente Philosoph und Psychologe Eduard Spranger charakterisierte den klassischen Politikertyp als einen Machtmenschen, dem die Selbstbetonung und die Selbstdurchsetzung über alles gehe und der nun mal kein warmherziger Menschenfreund sei. Dieses Bild will die heutige Gesellschaft offenbar nicht mehr gelten lassen. Sie verlangt, daß ihre gewählten höchsten Vertreter ihren Egoismus zügeln und im Falle des Mißbrauchs ihrer Privilegien unverzüglich abtreten. Keiner der Mächtigen kann mehr davor sicher sein, daß Journalisten, Mitarbeiter, selbst enge Vertraute seine Lügen oder korrupten Machenschaften zu verschweigen helfen. Mag es auch scheinen, als sei die Führungsschicht ganz plötzlich von einer Korruptionsepidemie ergriffen worden, so spricht mehr für die Annahme, daß sich nur die Anstrengungen zur Enthüllung stark vermehrt haben. Diese wiederum verweisen darauf, daß die Bevölkerung neuerdings strengere Maßstäbe an ihre führenden Repräsentanten anlegt als früher.

Aber es geht dabei, wie ich meine, nur vordergründig um die Skandalierung von Personen. Politik ist so, wie die Menschen sind, die sie machen. Das spüren die Leute. Sie wollen eine Politik, der sie nicht derart mißtrauen müssen, wie sie dies – laut Umfragen – zur Zeit tun. Also ertragen sie nicht mehr Politiker, deren sozialer Verantwortungssinn offensichtlich durch egoistisches Machtdenken beeinträchtigt wird. Es geht um die Offenlegung des Verfalls unserer politischen Kultur, aber noch um mehr. Ich bin so optimistisch, in der Entlarvungskampagne zugleich eine gesellschaftliche Selbstheilungsanstrengung zu erblicken.

Was aber hat das alles mit dem Thema von Militarismus und Krieg zu tun? Sehr viel. Wenn es richtig ist, daß korrupte Politiker stellvertretend für einen hemmungslosen Machtwillen am Pranger stehen, so trifft die Kritik genau diejenige Triebkraft, die in der Durchsetzung von Interessen letztlich zu militärischer Gewalt führt. Mit dem puren Machtprinzip verbindet sich eine militärische Sicherheitsphilosophie, die den gigantischen Rüstungshandel in Gang hält, der immer neue Kriege produziert. Und das gleiche Prinzip ist für die gewaltträchtige Naturzerstörung verantwortlich, die eine globale ökologische Katastrophe immer wahrscheinlicher macht. Jedenfalls haben kürzlich 101 Nobelpreisträger diese Katastrophe prognostiziert, sofern sich die Menschheit nicht umgehend auf eine neue Ethik verpflichte. In einem Aufruf an die Weltöffentlichkeit verurteilen sie auf das schärfste, daß die Völkergemeinschaft jährlich eine Trilliarde für die Produktion und den Kauf von Waffen verpulvere, anstatt alle Energien darauf zu verwenden, die gemeinsamen Überlebensprobleme friedlich zu lösen. Wörtlich heißt es in dem Appell der Nobelpreisträger:

»Erforderlich ist eine neue Ethik, um zu einer verantwortlichen Fürsorge für unser eigenes Geschlecht und für die Welt zu gelangen. ... Diese Ethik muß eine große Bewegung motivieren, welche die widerstrebenden Staatsmänner, Regierungen und Völker überzeugt.«

Mir scheint, daß in dem allgemeinen Unbehagen über die Unglaubwürdigkeit von Politikern und Parteien genau diese Sehnsucht nach einer moralischen Erneuerung der Politik – und letztlich unserer eigenen Lebensweisen – verborgen ist. Aber noch wird dieses Unbehagen zu sehr projektiv an den Führungspersonen abgehandelt, die wir uns schließlich selber ausgesucht haben. Erst wenn wir jene Ethik für uns selbst als verbindlich anerkennen, werden wir uns zu der großen Bewegung aufraffen, zu welcher die Nobelpreisträger aufgerufen haben. Und dann werden wir hoffentlich auch nur noch entsprechende Politiker wählen. Wer meint, das sei bloß ein schöner utopischer Traum, der hat noch nicht begriffen, daß die zitierte neue Ethik den einzigen realistischen Weg bezeichnet, auf dem wir unsere und vor allem unserer Kinder und Enkel Selbsterhaltung sichern können.

Helfende oder strafende Gesellschaft?

*Zur Selbstdefinition der vereinigten Deutschen**

Die Schicksalsfrage unserer Kultur laute, so in etwa schrieb Sigmund Freud im Jahre 1930, ob es der Menschheit gelingen werde, der Störung ihres Zusammenlebens durch den *Destruktionstrieb* noch Herr zu werden. Sie habe sich inzwischen die Mittel verschafft, sich selbst total zu vernichten. Nun komme alles darauf an, ob sich der große Gegenspieler der Destruktivität, der *Eros* nämlich, gegen diese behaupten werde. Als Eros in diesem umfassenden Sinne meinte er alles, was Gefühlsbindungen, was Gemeinsamkeiten unter den Menschen herstellt. Also Mitfühlen, Helfen, das Streben nach Ausgleich und Versöhnung. Der Destruktionstrieb hingegen ist negativ durch Zerreißung von Bindungen, durch Desintegration und Ausstoßung gekennzeichnet.

Ich meine, daß Freuds Position nachdrückliche Beachtung bei der Frage verdient, wie die Gesellschaft auf abweichendes und delinquentes Verhalten reagieren sollte. Hier ist tatsächlich die Grundsatzentscheidung zu treffen, welchem der beiden Gegenspieler, die Freud mythologisch umschrieben hat, man die höhere Geltung verschaffen will. Man kann innerhalb des Rahmens der Destruktivität antworten und mit Sanktionen in Richtung von Desintegration reagieren. So wirken sich Haftstrafen heute jedenfalls in der Praxis zumeist aus. Die Betreffenden werden im Gefängnis unselbständig gemacht, verlieren durch völlig unzureichende Besuchsregelungen vielfach ihren familiären Halt und geraten nicht selten, sofern sie es nicht schon vorher waren, in die Drogenszene mit ihren Brutalitäten. Ob es der strafenden Gesellschaft nun bewußt ist oder nicht – in dieser Praxis vollzieht sie eher eine kaschierte Form der Rache. Sie bewegt sich in einem paranoiden

* Überarbeitete und erweiterte Fassung eines Vortrags auf dem Alternativen Juristentag am 27.11.1992 in Hannover

Zirkel. Sie antwortet auf die Verletzung ihrer Regeln mit eigener Verfolgung. Die Gegenaktion droht eine Spirale sich selbst verstärkender Destruktivität in Gang zu setzen.

Die andere Reaktion auf normwidriges Verhalten, bei der die Antriebskraft des Eros überwöge, zieht Bestrafung nur als *ultima ratio* in Betracht. Sie bedenkt, daß Sanktion ursprünglich aus dem lateinischen *sanctio* stammt, was Heilung bedeutet. In dieser Blickrichtung steht die Hilfe für Wiedereingliederung obenan.

Das Schwanken zwischen den Motiven Strafen oder Helfen wird vielfach sinnfällig im Zusammenwirken von Richter und psychiatrischem Gutachter. Gelegentlich wird der Psychiater ja bereits präventiv vorgeschaltet, so wie es lange beim Paragraphen 218 der Fall war und zum Teil immer noch ist. Sogar in Zeiten sehr eingeengter medizinischer Indikation gab es in vielen deutschen Ländern eine stille Duldung dafür, daß Psychiater Frauen, die in psychosozialer Not abtreiben lassen wollten, eine Legitimation verschafften.

Ich habe über Jahrzehnte als psychiatrischer Gutachter nur ausnahmsweise Frauen angetroffen, die eine Unterbrechung aus oberflächlichen Motiven ohne schwerwiegende Bedrängnis und ohne Leiden angestrebt haben. Die Gesellschaft benutzt in solchen wie in anderen Fällen die Psychiatrie, wenn unangebrachte Gesetze mit Kriminalisierung Menschen bedrohen, denen nach mehrheitlichem Empfinden Hilfe statt Zwang oder Strafe gebührt. Aber es kann natürlich nicht längerfristig die Aufgabe der Psychiatrie sein, Schäden an Menschen durch Gesetze zu verhüten, die geändert oder abgeschafft zu werden verdienen.

Es gibt Zeiten, in denen die Tendenz zum Diskriminieren überwiegt, aber es kommt auch vor, daß die Stimmung eher einer Entkriminalisierung zuneigt. Eine solche günstige Periode hatten wir in den siebziger Jahren. Vorausgegangen war eine Phase großer innenpolitischer Erschütterungen, ausgelöst durch die APO und die Studentenrebellion. Es scheiterte zwar der Anspruch, die Gesellschaft total zu verändern, aber der Aufstand klang in ein deutlich reformfreundliches Klima aus. Es war der psychologische Nährboden für die große Versöhnungs- und Friedenspolitik Willy Brandts und für viele soziale Projekte, etwa auf dem Gebiet der Humanisierung der Arbeitswelt. Konjunktur hatten die Antipsychiatrie und die psychosozialen Arbeitsgemeinschaften. In vielen Feldern war man darauf bedacht, soziale Ausgrenzungen zu vermeiden oder zu revidieren. Und so rang man auch um ein neues Strafvollzugsgesetz, das endlich 1977 beschlossen wurde. Der offene Vollzug sollte weit ausgedehnt werden, bezahlte Arbeit und Gewährung von Sozialversicherung sollten helfen, Ausschließungseffekten entgegenzuwirken. Ein großzügiger Ausbau der Sozialtherapie sollte den vielen zugute kommen, deren abweichendes Verhalten von schweren psychosozialen Traumatisierungen, Konflikten und Krankheiten herrührt.

Gleichzeitig hatten sich zahlreiche spontane Initiativen von unten aufgemacht, um sogenannte Problemgruppen zu unterstützen. Sie engagierten sich für eine Änderung der Bedingungen, die in vernachlässigten gesellschaftlichen Bereichen Dissozialität und Kriminalität begünstigen. Ich erinnere an die Hunderte von Basisinitiativen in Obdachlosen- und Armensiedlungen an den Stadträndern, wo Verwahrlosung, Prostitution, Drogenabhängigkeit, Alkoholismus, Gewalt und Kriminalität grassieren.

In einer solchen Siedlung, wo ich selbst zehn Jahre mitarbeitete, geriet die Hälfte aller Kinder in Sonderschulen. Schon die Neun-, Zehnjährigen schlossen sich Banden an, die oft aus Lust mehr zerstörten als raubten. Wir begannen mit Hilfe vieler Studenten, einen Kindergarten aufzubauen und eine Vorschule einzurichten. Es folgten Schularbeitenbetreuung und die Einrichtung eines Jugendclubs. Von uns angeregt, vereinigten sich die Bewohner zu einer Art Selbsthilfeorganisation. Sie kämpften erfolgreich für eine Verbesserung der Infrastruktur der Siedlung, erreichten mit unserer Vermittlung eine Sanierung ihrer Wohnungen, den Bau eines Gemeinschaftszentrums und einer Sportanlage. Die Frauen versammelten sich in einem Frauenclub, die Männer in einem Sportverein. Nach einigen Jahren verblieben fast alle Kinder in der Normalschule. Gewalt und Kriminalität gingen merklich zurück. Aus dem verrufenen Getto wurde ein nahezu unauffälliger Teil der Gemeinde.

Möglich war das alles in der spezifischen Stimmung jener Ära, als das Bedürfnis und der Mut vorherrschten, das soziale Zusammenleben nicht primär defensiv durch Abwehr und Bekämpfung von Bedrohungen, sondern umgekehrt durch Hilfe für die Schwächeren und die Förderung von Integration zu verbessern. Einige Jahre herrschte mehr soziales Vertrauen als Mißtrauen. Es war ein vorläufiger Durchbruch durch das System der kreisförmigen Selbstverstärkung von Bedrohungs- und Verfolgungsdenken.

Daß diese Ära zu Ende ging, war sicherlich durch die sogenannte Großwetterlage mitbedingt. Es verschärften sich der kalte Krieg und die horrende atomare Hochrüstung. Das Prinzip der Destruktivität fand seinen schaurigsten Ausdruck in den infernalischen Risiken der sogenannten atomaren Abschreckungsstrategie. Deren psychologisches Korrelat im Innern der Gesellschaft waren Angst und Mißtrauen. Die Glaubwürdigkeit der Abschreckung setzte ja voraus, daß die Menschen für den Ernstfall in eine sogenannte atomare Verteidigung einwilligten, das heißt in ihren eigenen Untergang und in einen Völkermord unfaßbaren Ausmaßes.

Daß in diesem gespannten Klima Maßnahmen der Entkriminalisierung und der Liberalisierung stockten und daß zum Beispiel die Ziele des Strafvollzugsgesetzes von 1977 erst einmal wieder in weite Ferne rückten, war die logische Konsequenz. Aber dann kam das Ende der Blockkonfrontation und nach der Vereinigung der beiden ehemaligen Frontstaaten die leider verpaßte große Chance, den Reformgeist der siebziger Jahre wiederzubeleben und die Sozial- und Rechtspolitik aus dem Denksystem der Destruktivität zu befreien.

Wiederum spielte die Großwetterlage eine unheilvolle Rolle. Betrogen wurde die Erwartung der Menschheit, nach der endlichen Ost-West-Versöhnung könnte es gelingen, zu einer kooperativen friedlichen Lösung der gewaltigen globalen Gemeinschaftsaufgaben aufzubrechen. Der monatelange Aufmarsch der Hunderttausende zum Golfkrieg und dessen Verwüstungen bedeuteten ein immer noch weit unterschätztes psychisches Trauma, speziell für unsere Jugend, die damals von einhelliger Verzweiflung auf die Straßen getrieben wurde. Der Einfluß dieser Tragödie auf das politische Bewußtsein wurde daran deutlich, daß zum ersten Streitpunkt unter unseren großen Parteien nach der Vereinigung die Frage wurde, ob die Bundeswehr bei der nächsten Aktion Wüstensturm mitschießen solle oder nicht.

Man bedenke, da hat dieses von der Mauer befreite Deutschland erstmalig seit 1945 die Möglichkeit, sich selbst und seine Verantwortung frei zu definieren. Vor sich sieht es die gewaltigen Aufgaben, aus der formalen eine soziale Vereinigung zu machen, mit gewachsener Verantwortung die internationale Umweltpolitik zu fördern und an gewaltfreien Konfliktlösungen in der Welt mit gestärktem Einfluß mitzuarbeiten. Statt dessen macht man sogleich den Begriff »erweiterte Verantwortung« zum Synonym für Erweiterung der Bundeswehrpräsenz.

Zum zweiten Testfall wurde das Flüchtlings- und Asylbewerberproblem. Erneut geht es im Freudschen Sinne darum, ob eher paranoid mit Bedrohungsgefühlen und Ausstoßungstendenzen reagiert wird oder primär mit einfühlender Anteilnahme und Solidaritätsbereitschaft, also um die Entscheidung zwischen Destruktivität und Eros. Unverkennbar wurden von oben zunächst vorzugsweise negative Gefühle geschürt. Nicht die Bekundung von Mitgefühl mit den Opfern der Anschläge im Herbst 1991 stand obenan, sondern das Verständnis für den Argwohn derer, welche die Flüchtlinge des listigen Mißbrauchs des Artikels 16 zum Zwecke hiesiger sozialer Verwöhnung bezichtigten. So haben sich dann die geängstigten Opfer scheinbar in die eigentlich abzuwehrenden Täter gewandelt.

Erstaunlich ist es nicht, daß die Änderung des Artikels 16 die Anschläge gegen Flüchtlinge und Ausländer nicht vermindert hat. Denn natürlich empfinden die rechten Scharfmacher die Bonner Entscheidung als Nachgeben in ihrer Richtung, das heißt als grundsätzlichen Erfolg des paranoiden Festungsdenkens. Mag die Tat von Solingen auch von einigen jugendlichen Wirrköpfen begangen worden sein – sie hat nur sichtbar gemacht und obendrein verschärft, was an explosiven Spannungen schon verdeckt vorhanden war. Wenn man dem paranoiden Geist nachgegeben hat, wird man ihn so schnell nicht wieder los. Das funktioniert dann wie eine sich selbst kreisförmig verstärkende Dynamik, die nur darauf wartet, durch neue Anstöße Angst und Aggression in Wechselwirkung eskalieren zu lassen: Sympathisanten der Opfer verlieren aus Verzweiflung die Beherrschung – und liefern prompt den Ausländerhassern Vorwände für neue Gewalt. Es ist wie bei der Verfeindung im echten Krieg. Sie ist, wenn sie erst einmal, wie sinnlos auch immer, entfacht ist, sehr viel leichter von Hetzern weiter aufzustacheln, als von einer großen gutwilligen Mehrheit zu befrieden. Was die Verantwortlichen des Feldzuges gegen den Artikel 16 angerichtet haben, wird ihnen jetzt vorgeführt, aber sie werden es nicht begreifen.

In vergleichsweise kleinerem Maßstab hat das *Stasi-Problem* Ansätze zu einer paranoiden Entsolidarisierung sichtbar gemacht. Auch hier kam der Sündenbock-Mechanismus zu verhängnisvollem Einsatz. An Stelle eines gemeinsamen selbstkritischen Lernprozesses verbreitete sich die Neigung, eigene Lebenslügen mit Hilfe der Projektion auf einzelne skandalierte Symbolfiguren zu verteidigen. Noch ist die Gefahr keineswegs gebannt, daß der Impuls zum Bestrafen den Blick auf die eigene Mitschuld eines großen Bevölkerungsteils verlegt, der gegen besseres Wissen schweigend mitfunktioniert hat.

»Einen Stein auf einen Sünder zu werfen, dazu bin ich nicht in der Lage!« schreibt Jens Reich als einer aus der glaubwürdigen Minderheit, die am ehesten dazu ein Recht hätte. Der Teufelskreis der Destruktivität wird daran deutlich, daß die einstigen Stasi-Täter persönlich oder mit ihren Akten Auferstehung als Kronzeugen gegen diejenigen feiern, die sie ehedem verfolgt hatten. Fällig ist vielmehr eine gemeinsame Trauerarbeit. Nötig ist schmerzliche Aufklärung der Wahrheit, auch offene Auseinandersetzung mit den Schuldigen, aber mit dem Ziel der Versöhnung, da man weiterhin doch im gleichen Boot sitzen wird.

Wer indessen grundsätzlich eher auf das Steinewerfen nach Schuldigen statt auf Versöhnung sinnt, tut das in der Regel freilich nicht, weil er an die Läuterungswirkung des Strafens glaubt, sondern weil er Stellvertreter sucht, an denen er seine eigenen destruktiven Impulse ebenso wie seine verdrängten Selbstzweifel abreagieren kann. Es ist nicht ganz richtig, wenn Paul Reiwald und Herbert Jäger bei dieser von der Psychoanalyse studierten Reaktionsform lediglich die Kanalisation der eigenen Aggression hervorheben. Das wäre das simple Prügelknaben-Muster. Bei diesem sucht sich einfach nur unterdrückte Aggression stigmatisierte Ersatzobjekte zur Abfuhr.

Der Sündenbock-Mechanismus hingegen ist komplizierter. Hier wird an dem Opfer stellvertretend auch vermiedene Selbstbestrafung vollzogen. Der eigene Schuldkonflikt wird dem Bestraften aufgebürdet. Die Projektion hat also zwei Aspekte. Sie befriedigt einerseits unmittelbar und direkt eigenen unausgelebten Haß. Andererseits fügt sie dem Opfer eine Bestrafung zu, die ursprünglich das Über-Ich dern eigenen Ich androht. Das Leiden, das man selbst zu verdienen glaubt, soll der Sündenbock austragen. Von dieser Komponente, also der Verschiebung von Selbstbestrafungsimpulsen, ruht ja gerade der inquisitorische Eifer her, der die typischen Hexenjäger auszeichnet.

* * *

Als idealtypisch habe ich in meinem Buch »Eltern, Kind und Neurose« einen gallenkranken höheren Kriminalbeamten geschildert, dem der Kampf gegen das Verbrechen über alles ging. Er war selbst Opfer einer überharten Erziehung, hatte früher seinen Gesellenlohn, anstatt ihn zu Hause abzuliefern, heimlich beiseite gelegt. Noch zu der Zeit, als ich ihn kennenlernte, naschte er wie in der Kindheit heimlich aus der Speisekammer und dem Kühlschrank. Keineswegs beklagte er sich aber über die Schläge und andere Drangsalierungen, die er als Kind seitens der Eltern erlitten hatte. Vielmehr sang er dieser Strenge begeisterte Loblieder und legte die ansteigende moderne Jugendkriminalität ausschließlich einer Verweichlichung der Sitten zur Last. Er galt seinerzeit als der gnadenloseste Vernehmungsbeamte in dieser Großstadt. Erbittert focht er für eine Verschärfung der Verbrecherjagd und des Vollzugs. In einer achtjährigen Familientherapie war die Bearbeitung seines projizierten Selbsthasses ein zentrales Thema. Zugleich hatte ich alle Mühe, ihn davon abzubringen, seinen sensiblen Sohn durch ständige Verdächtigungen und kleine Verhöre zu einem potentiellen Kriminellen zu präparieren. Wenn er den in die Enge getriebenen Jungen bei einer Notlüge ertappte, pflegte er ihm zu drohen: »So wie du haben alle Verbrecher einmal angefangen!« Mit Eifer versuchte er seine Frau und mich zu überzeugen, daß eine nachsichtige Erziehung den Sohn auf die schiefe Bahn bringen würde. Dieser war schon dicht daran, das auf ihn vom Vater projizierte Negativbild zu verinnerlichen, so wie es Max Frisch an der Hauptfigur seines Stückes »Andorra« so eindrücklich beschrieben hat. Dem Vater klarzumachen, daß er Hilfe für seine eigenen unbewältigten Konflikte benötigte, war ein hartes, aber lohnendes Stück Arbeit.

An diesem Fallbeispiel, das ich hier nur andeutend skizzieren konnte, wird ein allgemeiner psychologischer Zusammenhang ablesbar:

1. Wer immer mit fanatischer Unbeirrbarkeit nach dem Schlechten fahndet und dieses durch Strafen ausrotten will, hat allemal Grund, es in sich selber aufzuspüren und sich damit auseinanderzusetzen.
2. Ohne diese innere Verarbeitung wird er um sich herum gerade die Destruktivität fördern, die eliminieren zu wollen ihm vorschwebt.

Wenn man sich unter den prüdesten Sittenrichtern umsieht, wird man immer wieder gerade solche finden, die selbst von unterdrückter massiver Triebhaftigkeit bedrängt werden. Wer Homosexualität unbedingt kriminalisieren will, bekämpft damit zumeist, was er in sich selbst unterdrückt. Manche von denen, die sich heute als lauteste Ankläger von solchen gebärden, die sich mit dem SED-Regime auf Kompromisse eingelassen hatten, waren einst selbst leidenschaftliche Kommunisten gewesen. Konvertiten waren und sind bis heute die unnachsichtigsten Inquisitoren ihrer ehemaligen Glaubensbrüder.

Ob es stimmt, daß der ehemalige BKA-Chef Horst Herold über den Terroristen Andreas Baader gesagt hat: »Ich habe ihn geliebt«, kann ich nicht belegen. Immerhin hat Friedrich Christian Delius diesen angeblich verbürgten Ausspruch zum Thema eines unlängst erschienenen interessanten Romans gemacht, in dem die Affinität des ranghöchsten Verfolgers zu dem prominentesten Terroristen psychologisch überaus plausibel und eindrucksvoll ausgemalt wird. Seines durch Selbstmord geendeten Partners beraubt, sieht sich der große Kriminalist im Roman vom Leben ausgeschlossen. »Er erschrickt«, so heißt es, »wie er verkümmert und bitter wird, wie er dahinwelkt im Dienst, festgeschnürt in der Bleiweste, wie ihm die Falten in die Haut schneiden, wie das Herz stockt, wie er ungetröstet in den Tod gleitet.« – Als Psychoanalytiker sehen wir jedenfalls immer wieder Menschen, die prompt in Depression fallen, wenn ihnen ihre Sündenböcke entschwinden, ohne daß sie schnell Ersatz finden.

So taucht zwangsläufig die grundsätzliche Frage auf, ob die Gesellschaft denn ohne Absturz ins Chaos überhaupt davon ablassen könnte, sich an Verbrechern bzw. an echten oder auch nur phantasierten Verfolgergruppen abzureagieren. Wäre das so, gliche ein Großteil der Gesellschaft jenem Kriminalbeamten aus meinem Fallbeispiel. Demnach wären große Gruppen mit sich selbst so wenig versöhnt, daß sie unentwegt Böses entlarven und mit Strafen verfolgen müßten. Sie könnten nicht aufhören, andere zu hassen, um sich nicht selbst zu martern. Sogar der Club of Rome gelangt in seinem jüngsten Bericht zu der resignativen Annahme, die Menschheit könne wohl nicht ohne Feindbilder auskommen, da sie andernfalls kaum solidarisch kooperieren könnte.

Aber dies ist ja wohl kaum unser unabwendbares Schicksal. An der Biographie jenes Kriminalbeamten, den ich als idealtypisches Beispiel angeführt habe, läßt sich ablesen, wie sich Argwohn und Rachsucht aus Schuldgefühlen entwickeln, die erst durch traumatische Erfahrungen übermächtig werden. Umgekehrt können wir in Psychoanalysen rekonstruieren, daß eine Atmosphäre von Wärme und Verläßlichkeit in der Kindheit ein Grundvertrauen in sich selbst und in die Welt fördern kann, das die Anfälligkeit für Schuldprojektionen und Ressentiments deutlich herabsetzt. Des weiteren können wir in Therapien mitunter verfolgen, wie Menschen fähig werden, ihre paranoide Fixierung an Sündenböcke weitgehend aufzugeben, indem sie sich mit denjenigen inneren Konflikten auseinanderzusetzen lernen, die sie bislang immer nur nach außen verlagert hatten. Wofür sie sich selbst nicht mehr unbewußt hassen müssen, das brauchen sie dann auch nicht mehr um sich herum zu verfolgen.

Nach diesem Prinzip könnte man sich vorstellen, wie auch in kollektivem Maßstab ein Prozeß ablaufen könnte, der eine eher auf Strafen ausgerichtete Gesellschaft in eine versöhnlichere wandelt. Mir scheint, es ist nicht abwegig, zu vermuten, daß die genannte klimatische Tauperiode der siebziger Jahre aus einer ungefähr vergleichbaren inneren Auseinandersetzung hervorgegangen ist. Wie war das damals?

Die selbstgerechte Gesellschaft der Wirtschaftswunderjahre war von einer rebellischen Jugend zutiefst verunsichert worden. Radikale Kritik hatte der amtierenden Generation vorgehalten, die Vergangenheit verdrängt und mit autoritären Mitteln Prozesse der sozialen Befreiung und Emanzipation verhindert zu haben. Eltern mußten sich vor ihren Kindern, Lehrer vor den Schülern, Professoren vor der studentischen Jugend rechtfertigen. Alle gesellschaftlichen Bereiche wurden argwöhnisch durchleuchtet. Es wurde entlarvt, angeprangert, verletzt, auch manches unnötig kaputtgemacht. Es war ein schmerzlicher, aber aufrüttelnder Prozeß, der zwar nicht zu der gewünschten repressionsfreien Gesellschaft führte, aber immerhin eine bemerkenswerte Bewußtseinsveränderung einleitete. Bezeichnenderweise avancierten vorübergehend linke Psychoanalytiker wie Reich, Fromm und Bernfeld zu Kultfiguren der Bewegung.

Was von der erschöpften Rebellion dann zurückblieb, war jene geschilderte vorübergehende Humanisierung des Klimas. Es entwickelten sich sanftere Lebensstile und ein Engagement für Helfen statt Strafen.

Ich habe diesen historischen Fall noch einmal aufgegriffen, weil sein Studium mir dafür Hinweise zu geben scheint, welche inneren Prozesse etwa dazu führen können, daß sich eine eher paranoide und strafende in eine eher helfende Gesellschaft zu wandeln vermag. Blicken wir nun auf die letzten Jahre zurück, erkennen wir jedoch eine fatal zielstrebige Entwicklung in umgekehrter Richtung. Notwendig wäre gewesen, zuallererst die dringenden Aufgaben der Überbrückung des innerdeutschen Ost-West-Gegensatzes und der zu erbringenden gemeinsamen wirtschaftlichen Opfer in Angriff zu nehmen. Statt dessen schürte die ablenkende Artikel-16-Debatte die paranoide Phantasie, die endliche Änderung dieses Artikels werde durch Abwehr der bedrohenden Asylbewerber Erlösung von aller Not bringen. Wie unbeabsichtigt auch immer, hat der Parteienstreit um diesen Artikel das Ressentiment einer beachtlichen Minderheit angeheizt, die der inzwischen ausgebrochenen brutalen rechten Gewalt Rückhalt gibt.

Immerhin regt sich jetzt endlich eine zutiefst erschrockene Mehrheit. Die Welle der spontanen Solidarisierung mit den Ausländern und des Protests gegen die mörderischen Anschläge erreichte bereits ähnliche Ausmaße wie seinerzeit die Anti-Atom-Demonstrationen und die pazifistische Bewegung gegen den Golfkrieg. Bis in die Schulen und die kleinsten Gemeinden hinein dringt die Erregung. Die Menschen spüren, daß die spektakulären Anschläge inzwischen bereits Ausdruck eines latenten Krieges gegen Minderheiten in unserem Land geworden sind, gegen Ausländer, Juden, Schwache und Behinderte. Ob sich hier nun wirklich der große Gegenspieler der Destruktivität erfolgreich behaupten wird, ist noch nicht absehbar.

Immerhin ist jetzt eine Auseinandersetzung von unten in Gang gekommen – unter ganz anderen Vorzeichen als Ende der sechziger Jahre. Sie könnte zu einer Repolitisierung von wichtigen Bevölkerungsgruppen führen, denen klar wird, daß unser friedliches demokratisches Zusammenleben aktiv beschützt werden muß. Entscheidend ist, die feste Verbundenheit mit den Bedrohten und Verfolgten zu bekunden. Diese Solidarisierung hat Vorrang. Natürlich macht sie eine energischere Überwachung der militanten Rechten und eine konsequente Bestrafung der Gewalttäter nicht entbehrlich. Aber auf die Rangordnung der Aufgaben kommt es an: Wenn eine entschlossene Mehrheit sich vor die gefährdeten Minderheiten stellt, bewirkt dieser Wall von Sympathie und Zusammenhalt auf die Dauer deren einzig wirksamen Schutz, den Polizeigewalt und verschärfte Strafgesetze niemals garantieren könnten.

Die Gewalt des Rechtsterrorismus wird so lange der Gegengewalt von Polizei und Justiz trotzen, als sich die Täter der klammheimlichen Zustimmung oder gar Bewunderung einer breiteren Anhängerschaft sicher sein können. Hier muß nun vor allem die junge Generation ihren Demokratie-Test bestehen. Nach manchen neuen Untersuchungen, etwa der Shell-Studie und einer eigenen Studentenerhebung, scheint die Hoffnung durchaus berechtigt, daß in der Jugend ein beträchtliches demokratisches Widerstandspotential bereitliegt und daß sie in großer Mehrheit wohl weiß, welches gefährliche Gedankengut vor einem Wiederaufleben bewahrt werden muß.

Aber es ist auch zu bedenken, daß die junge Generation von heute – anders als ihre Vorgänger vor zwanzig Jahren – in einer Gesellschaft heranwächst, die mit einer schrecklichen Form von eigener Kriminalität konfrontiert ist. Unsere gemeinsame Kriminalisierung drückt sich darin aus, daß wir täglich Hunderte von lebenden Arten vernichten, durch Giftmüll und Ozonverdünnung umweltbedingte Massenkrankheiten erzeugen und eigenem Lebenskomfort zuliebe die Bedürfnisse künftiger Generationen sträflich mißachten. Bisher hat sich die ältere Generation nicht aufraffen können, ihre Produktions- und ihre Lebensformen so radikal zu verändern, daß ein Ende der kriminellen Unverantwortlichkeit absehbar wäre. Im Gegenteil herrscht noch immer eine Verdrängung der unangenehmen Wahrheit vor, und es ist die Gefahr, daß aufgestaute unbewußte Schuldgefühle nur wieder neuem Sündenbock-Denken Vorschub leisten.

Also weist uns die Frage, wie wir mit normwidrigem Verhalten umgehen sollten, zunächst auf uns selbst zurück. Die ehrliche Erkenntnis unserer Verstrickung in eine kriminelle industrielle Zivilisation und das Leiden daran könnten uns vielleicht, zumindest der Jugend, noch zu einem heilvollen Lernprozeß verhelfen. Das ist keine Einsicht, die über Freuds Beschwörung der Kräfte des Eros hinausreicht. Aber mehr weiß ich dazu nicht zu sagen.

Der Westen und die Stasi-Debatte*

Am Stasi-System erschreckt besonders, mit welcher unheimlichen bürokratischen Penibilität es, unterstützt von Hunderttausenden unmittelbarer und mittelbarer Helfer, über viele Jahrzehnte funktionieren konnte. Was bringt Menschen massenweise dazu, eine derart menschenverachtende Maschinerie so lange reibungslos in Gang zu halten?

Diese psychologische Frage sollte man stellen, weil sie zur Auseinandersetzung mit einem Motiv hinleitet, die zur Vorbeugung von Rückfällen nötig erscheint. Aber man hütet sich vor dieser Frage oder frisiert sie so um, daß die Antwort nicht kränkt, vielmehr eher Genugtuung stiftet. Man lenkt davon ab, daß eine beträchtliche Minderheit der Bevölkerung aus allen Schichten verwickelt war, aus Kirche und Universitäten, aus Justiz und Wirtschaft, Kunst und Sport, empört sich lieber dankbar über einzelne von den Medien gelieferte prominente, oft nicht einmal überführte Informelle Mitarbeiter (IMs). Man will nicht gern wahrhaben, daß zu dem Massenphänomen Stasi eine weitestverbreitete menschliche Anfälligkeit beigetragen hat.

Als der Amerikaner Milgram vor dreißig Jahren an der Yale-Universität mit seinem berühmten Experiment einwandfrei nachwies, daß eine Mehrheit der Menschen – Frauen wie Männer – bereit ist, anderen Schmerzen zuzufügen, nur um einem (vorgespiegelten) wissenschaftlichen Experiment zu dienen, brachte ihm seine peinliche Entdeckung mehr Unwillen als Sympathie ein. Daß sich hierzulande bei einer Wiederholung des Experimentes die deutschen Versuchspersonen als noch weniger widerstandsfähig erwiesen als die amerikanischen, wurde gar nicht erst breiter bekannt. Dabei

* Überarbeitete und erweiterte Fassung eines Artikels in der »Wochenpost« vom 26.3.1992

bedurfte es bei diesem Milgram-Experiment nicht einmal besonderer Einschüchterung, um die freiwilligen Teilnehmer zu gefügigen Tätern zu machen. Es genügte ihr Eindruck, daß eine achtenswerte Institution ihnen die Verantwortung abnahm. Totalitäre Systeme wiederholen das Milgram-Experiment millionenfach unter wesentlich verschärften Bedingungen:

1. Sie betreiben von der Kindererziehung an eine systematische Entmündigung der Menschen, indem Staat und Partei sich an die Stelle einer absoluten moralischen Instanz setzen. Sie maßen sich an, etwa ein »sozialistisches Gewissen« zu definieren. Echte Gewissensangst soll sich in Angst vor Untreue und Ungehorsam gegenüber der Staatsmacht und ihren Organen verwandeln.
2. Jedes totalitäre System schafft mit Bedacht ein paranoides Klima. Es lehrt, der eigene unfehlbare Heilsweg unterliege ständiger Bedrohung durch einen verfolgenden Feind, den es außerhalb, besonders aber auch im Innern zu bekämpfen gelte. Zu jeder Zeit sei der hundertprozentige Einsatz aller notwendig, um die gute Sache vor Schaden durch Verräter und Opponenten zu bewahren. So verschafft sich der totale Überwachungs- und Bedrohungsapparat eine vermeintliche Berechtigung, während er sich als der wahre Verfolger der eigenen Gesellschaft etabliert.

Das System produziert mit seiner Heilslehre »Gläubige« – deren Anteil im Hitler-Staat allerdings zweifellos weit höher war als in der ehemaligen DDR –, daneben eine Vielzahl von Gehorsamen à la Milgram, die sich dem totalitären Druck mehr oder weniger widerwillig beugen. Nur eine Minderheit erkühnt sich zu einer konsequenten Protesthaltung, die in der Regel mit brutalen Schikanen und Strafen bezahlt werden muß. Die zögernd Nachgebenden der großen mittleren Gruppe vollziehen häufig eine Art Spaltung: Sie machen oberflächlich mit, auch was ihnen zuwider ist, aber bewahren sich eine innere Reserve: »Ihr könnt mit mir vieles anstellen, aber mein anderes Denken könnt ihr mir nicht nehmen!« Diese Widersprüchlichkeit durchzuhalten ist indessen schwierig. Man kann sich auf die Dauer die Schwäche fortgesetzter Anpassung leichter verzeihen, wenn man mit den Umständen, denen man sich ergibt, allmählich weniger hadert. Dann wird das Übel schließlich zu einer »Realität«, mit der man sich halt zu arrangieren habe. Die moralischen Wertvorstellungen schwinden nicht aus dem Kopf. Aber sie werden in der Routine des bereitwilligen Taktierens unverbindlicher.

Die Suggestivkraft des amtlichen Paranoids (die nur ganz ermessen kann, wer selber einmal in einem paranoiden System oder einer paranoiden Gruppe gelebt hat) verstärkt die psychische Deformation. Welcher moralischen Korruption sie erlegen sind, wird dann vielen IMs und anderen Verwickelten erst nach Verschwinden der Diktatur klar. Der Gedanke: Das kann ich damals gar nicht gemacht haben, das paßt nicht zu mir, ich wollte doch keinem schaden, kann dem ehrlichen Eindruck entspringen, daß man einer Art Entmündigung erlegen war. Man findet sein Selbstbild in dem, wie man seinerzeit gehandelt hat, heute nicht mehr wieder. Man möchte sagen: Das war ich damals eigentlich gar nicht selbst. Das hat man mit mir gemacht. Aber eben diese Selbstpreisgabe, die gehorsame Abtretung der Verantwortung bleibt auch und gerade angesichts des Umstands beschämend, daß diese psychologische Reaktion in zwei hiesigen Diktaturen als Massenphänomen aufgetreten ist.

Am Verhalten anderer kann man immer nur verstehen, was man auch in sich selbst aufzuspüren bereit ist. Man erinnere sich nur daran, welchen Verlogenheiten, Verdrängungen und Sündenbock-Mechanismen wir im Westen nach 1945 erlegen sind. Wie unzulänglich waren wir fähig – was uns Jaspers und Mitscherlich bis in die späten sechziger Jahre vorgehalten haben –, selbstkritisch zurückzuschauen, das Geschehene offen zu bereden, Schuldige von hohen Positionen fernzuhalten. Vergleichbar sind nicht die vom Hitler-Regime begangenen Ungeheuerlichkeiten mit den Verbrechen des SED-Staates, aber vergleichbar sind Mechanismen, die es erschwert haben und neuerdings erschweren, sich im nachhinein mit einem totalitären System ehrlich auseinanderzusetzen. Und da hätten wir im Westen aufgrund unserer Erinnerungen allen Grund, an dieser aktuellen Aufgabe im Osten des Landes auf behutsamere Art Anteil zu nehmen – anstatt durch selbstgerechtes Anprangern, Zensieren und Belehren.

Genau diese Tendenz stach aber anfänglich in peinlichem Maße hervor. Das Bemühen zielte weniger auf Verständnis, Einfühlung und Mittragen der östlichen Erblast, eher auf Ablenkung von den eigenen Beschwernissen und Peinlichkeiten. Man nutzte den Osten ungeniert als eine Art von psychosozialer Deponie nach dem unselig bewährten Sündenbock-Prinzip.

Dieses Verhaltensmuster erinnerte an eine spezifische Konfliktform in Zweierbeziehungen, die ich vor zwei Jahrzehnten bereits in »Patient Familie« beschrieben habe: Der eine Teil – oft der Mann – steigert sich unter Verdrängung eigener Schuldgefühle und Defekte in ein grandioses Selbstgefühl hinein, während der andere Teil – oft die Frau – kompensatorisch in Selbstzweifel und Schwermut versinkt. Ist der Mann der manisch Überhebliche, hält er die Frau in ihrer Depression fest, damit sie stellvertretend für ihn ausdrückt, was er bei sich nicht sehen will. Sie wiederum bleibt in der Falle ihrer Minderwertigkeitsgefühle und ihrer Verzweiflung sitzen, solange sie sich masochistisch gefallen läßt, daß er alles positive Selbstgefühl für sich vereinnahmt. Erst wenn sie ihn konkurrierend herausfordert und er es fertigbringt, sich für die eigenen unterdrückten Probleme zu öffnen, haben beide für ein erträgliches Zusammenleben eine Chance. Dabei kann eine Paartherapie hilfreich sein.

Aber Ost und West können ihren Beziehungskonflikt nur selbst bzw. miteinander kurieren. Da genießt der Westen nun allerdings schon längst nicht mehr die anfängliche blauäugige Idealisierung aus dem Osten, und die Kette der heimischen Skandale drängt ihn, vor der eigenen Tür zu kehren. In der Tat: Nicht nur Korruption, Propagandalügen und Sport-Doping sind gemeinsame Übel. Auch über die verdeckten Unfreiheiten im »Reich der Freiheit« ist zu diskutieren, etwa über das Diktat sozial und ökologisch unverträglicher Strategien industrieller Macht. Auch freiwillige Unfreiheiten lassen sich entdecken: Entlarven nicht dort, wo es die Politik nicht tut, Werbung, Moden, gesteuerte Trends eine Hörigkeit von Mehrheiten, die im Sinne Erich Fromms der »Furcht vor der Freiheit« erliegen?

Natürlich ist es auch Sache des Westens, sich an der Stasi-Aufklärungsarbeit angemessen zu beteiligen. Aber eben nicht in Form eines publizistischen Enthüllungswettlaufs, der – wie man im Osten genau spürt – nicht so sehr Verarbeitungsprozesse fördern, als von den eigenen Sünden ablenken will. Es ist genug der Vorverurteilungen, gestützt auf Aktenindizien und Bezichtigungen durch Stasi-Offiziere. Sich einerseits der westlichen Errungenschaften des demokratischen Rechtsstaates zu brüsten, andererseits ebendiese Prinzipien ungeniert durch voreilige rufmörderische Skandalierungen zu verletzen, ist nicht nur schändlich, sondern schafft genau das exzorzistische Klima, das vielen Verwickelten, die reden müßten und vielleicht auch möchten, den Mund verschließt.

Manche haben schon zu Recht gesagt: Zu reparieren ist doch zuallererst die paranoide Zerstörung des Vertrauens zwischen den Menschen, die das Stasi-System gezielt betrieben und bewirkt hat. Dieses Paranoid unter umgekehrten Vorzeichen wiederzubeleben bedeutet, systematisch zu verhindern, was man zu erstreben vorgibt – nämlich eine *gemeinsame* Aufklärung der Wahrheit. Der Abbau des über Jahrzehnte gezüchteten Mißtrauens ist ungeheuer schwierig und ohnehin nicht heute oder morgen zu erreichen. Die Belasteten benötigen den Mut zu reden und die Gewißheit, daß man ihnen auch zuhören will, daß man sie braucht, um die Vergangenheit besser zu begreifen und gefährlichen Rückfällen vorzubeugen.

Was man wieder und wieder entdecken wird, wenn diese Dialoge erst intensiver in Gang kommen (sicherlich leichter abseits vom Markt und am wenigsten vor dem Fernsehen), ist jene besprochene ubiquitäre Anfälligkeit für unverantwortliches, »gewissenloses« Handeln unter dem Druck autoritärer Strukturen. Diese verhängnisvolle Bereitschaft ernst zu nehmen und in der Konsequenz mehr Mühe auf die Erziehung zu moralischer Selbstbestimmung und Zivilcourage zu verwenden, ist jedenfalls eine in ihrer Bedeutung für den Schutz unserer Demokratie vielfach unterschätzte Aufgabe.

Ralph Giordano hat es präzise formuliert: »Die Deutschen müssen erst noch lernen, daß sie sich nicht nur für ihre Befehle, sondern auch für ihren Gehorsam verantworten müssen.«

DIE AUSLÄNDER UND DIE DEUTSCHEN

Die verpasste Chance der Politik

Schon ein Jahr vor Rostock und Mölln ereigneten sich die blutigen Anschläge von Hoyerswerda und Hünxe. Die Tätergruppen bildeten, wie leicht erkennbar war, nur die Vorhut einer wachsenden Minderheit, die sich im Hintergrund um rechtsradikale und nationalistische Parolen sammelte. Anstatt sich nun auf der Stelle eindeutig vor die Opfer und die bedrohten ausländischen Minderheiten im Lande zu stellen, drehten die Bonner Regierenden das Thema herum und machten stracks die SPD als den eigentlichen Feind aus, als provoziere diese die Ausländerfeindschaft, indem sie das Asylgesetz verteidige.

So kam es am 9. November 1991 dazu, daß Friedensinitiativen, jüdische Bürger, Grüne, Ausländer und Menschenrechtsgruppen zusammen mit 80 000 Berlinerinnen und Berlinern – ohne Bonner Unterstützung – zu einer Großdemonstration in den Lustgarten am Reichstag zogen. Es war der spontane Aufschrei einer vielgestaltigen Bürgerbewegung, die den Ausländerinnen und Ausländern, die im Lustgarten hauptsächlich das Programm bestritten, mit ihrer Teilnahme und ihrem gewaltigen Applaus ihren Beistandswillen bekundeten. Für die Medien war es ein marginales Ereignis, linksverdächtig und scheinbar eher unbegründet, da die paar kriminellen Täter – so die amtliche Version – derartiges Aufhebens angeblich keinesfalls rechtfertigten.

Genau in diesem Augenblick hätte dieser Protest, der das Empfinden einer breiten Mehrheit artikulierte, entschlossener Unterstützung aus Bonn bedurft. Dort hielt man es indessen noch für opportun, die Aktivitäten der Neonazis im Blick auf das Ausland herunterzuspielen. Diese fühlten sich statt dessen durch die angeheizte Asyldebatte nur bestätigt. Mit Genugtuung konnten die Republikaner registrieren, daß sie der Union – am Ende auch der SPD – das Thema Fremdenangst aufzudrücken vermochten. So grassierten dann bald wieder alte Ressentiments, Überfremdungssorgen, ethnozentristische Nationalgefühle; und die SPD wähnte sich aufgerufen, ihre sozial verunsicherte Anhängerschaft gegen eine scheinbar existenzbedrohende Flüchtlingsinvasion verteidigen zu müssen. So vermochten sich die gewaltbereiten rechtsradikalen Gruppen am Ende einzubilden, daß sie nur offen ausdrückten und in Aktionen umsetzten, was in einem breiten Umfeld heimlich gedacht werde.

Zur Zeit der schlimmen Anschläge in Rostock und Mölln 1992 war die SPD schon auf dem kleinlauten Marsch zum Asylkompromiß, und so stand nunmehr einer Allparteienempörung über die Täter nichts mehr im Wege. Zwar bemühte sich Bonn immer noch, die Verbrechen von ihrem politischen Hintergrund sorgfältig zu trennen, aber immerhin rief man jetzt endlich das Volk dazu auf, für den »Schutz der Würde des Menschen« zu demonstrieren. Genau ein Jahr nach der spontanen Großkundgebung der Basisgruppen im Lustgarten trommelten nun die Volksparteien und die Medien zum Aufmarsch an gleicher Stelle. Es war den 300 000 Teilnehmern recht, daß sie auf diese Weise ihren Willen, die Demokratie zu verteidigen, artikulieren konnten. Aber die Marschkolonnen wurden auch von vielen »Heuchler!«-Rufen und von zahllosen Transparenten begleitet, die »Hände weg von Artikel 16« forderten. Warum waren die Veranstalter nicht schon vor einem Jahr mitmarschiert? Hatten sie nicht mit der Asyldebatte der Fremdenangst neue Nahrung gegeben, als der Rechtsradikalismus längst als die eigentliche große Gefahr erkennbar war, der die zerstrittenen großen Parteien zu gemeinsamer demokratischer Bekämpfung hätte mobilisieren sollen?

Die erste große Bewährungsprobe nach der Vereinigung ist für unser Gemeinwesen noch lange nicht ausgestanden. Die großartige Lichterketten-Bewegung beweist zwar, daß eine bedeutende Mehrheit entschlossen ist, sich einem Rückfall in Denkmuster aus schrecklicher Vergangenheit zu widersetzen. Aber inzwischen legen Rechtsradikale neue Brände, morden weiter. Angst grassiert unter vielen Ausländern, auch wieder unter jüdischen Mitbürgern. Aber weit über diese Gruppen hinaus hat sich Unsicherheit verbreitet, ob die demokratischen Widerstandskräfte ausreichen werden, die gewachsene Gewaltbereitschaft angesichts der anstehenden wirtschaftlichen Schwierigkeiten und des ungelösten internationalen Flüchtlingsproblems zu stoppen. In der Beunruhigung über unsere gesellschaftliche Verfassung, die in den Wochen der Lichterketten und nach den neuen rechtsradikalen Gewalttaten stark angeschwollen ist, drängen sich viele Forderungen auf, was die Politik jetzt schnell tun sollte.

Aber wie steht es denn mit uns selbst? Brauchen wir nicht erst auch Klarheit darüber, was in unserem eigenen Innern vorgeht, wie sich unsere Position aus Erinnerungen, Empfindungen und Visionen zusammensetzt? Sind wir nicht vorschnell dabei, nur von oben zu erwarten, was wir vielleicht auch von unten bewegen könnten? Was hindert uns, uns einzumischen, anstatt nur ohnmächtig zuzuschauen? Warum drücken wir etwa unsere Überzeugung nur öffentlich aus, wenn neben uns tausend andere mit Kerzen stehen? Manches können wir über uns selbst lernen, wenn wir uns mit anderen austauschen, die vielleicht ähnliche Konflikte in sich spüren oder uns darin voraus sind, daß sie sich mit mehr Courage gesellschaftlich engagieren.

Zu den Angeboten, solche klärenden Gespräche zu fördern, gehören Gruppenseminare, in denen Teilnehmer beliebiger Herkunft ungezwungen darüber sprechen können, was etwa Ereignisse wie Rostock, Mölln und Solingen in ihnen auslösen, welche Gefühle und Ideen in ihnen hochkommen, welche Chancen sie sehen, etwas davon in konstruktive Praxis umzusetzen. Zusammen mit Mitarbeiterinnen und Mitarbeitern habe ich zwei solche Seminare moderiert. Aus den Erfahrungen ist ausschnittsweise nachfolgend zu berichten.

Rostock, Mölln, Solingen und wir

Über die Wurzeln der eigenen Einstellung

Im Rahmen eines größeren Forschungsprojekts des Hamburger Instituts für Sozialforschung wurden fünfzig Bürgerinnen und Bürger zu einem zweitägigen Wochenendseminar mit dem Thema: »Wie reagieren wir auf Rostock?« eingeladen. Eine Hamburger Zeitung gab die Einladung bekannt. Unter der großen Zahl der Interessenten wurden die ersten fünfzig Bewerberinnen und Bewerber ausgewählt.

Durchgeführt wurde das Seminar von zehn psychoanalytisch und – überwiegend – gruppendynamisch vorgebildeten Moderatorinnen und Moderatoren. Eingerahmt von einem Eingangs- und einem Schlußplenum erfolgte die Arbeit in Zehnergruppen.

Erwartungsgemäß hatten sich vorzugsweise Leute gemeldet, denen die ausländerfeindlichen Überfälle Angst und Abscheu eingeflößt hatten. Manche hatten in ihrem Beruf als Lehrer/innen, Sozialarbeiter/innen oder Erzieher/innen mit Ausländern und Flüchtlingen zu tun. Aber es waren auch solche darunter, die in der Familie oder in ihren Jobs Kontakt mit Reps oder mit Skins hatten. Frauen waren in der Überzahl – nicht verwunderlich, da Männer erfahrungsgemäß weniger spontan geneigt sind, ihre politischen Einstellungen nach psychologischen Motiven zu befragen.

Es kam zu spannenden Diskussionen. In der von einer Kollegin und mir geleiteten Kleingruppe entwickelte sich am Rande des Austauschs über politisch-psychologische Erfahrungen ein typischer gruppendynamischer Konflikt. Ein älterer deutscher Teilnehmer und seine noch sehr jugendliche deutsche Freundin fühlten sich eine Zeitlang in der Gruppe wie stigmatisierte Ausländer. Daran gewöhnt, daß man ihre ungleiche Beziehung befremdlich fand, unterstellten sie der Gruppe, wie sich später herausstellte, ähnliche Vorbehalte. Ihre ängstliche Zurückhaltung wurde von den anderen indessen als mangelnder Kontaktwille ausgelegt. So redete man über

Fremde und hatte bald im eigenen Kreis zwei Fremde, denen man in etwa bedeutete: Was wollt ihr hier eigentlich noch bei uns? Die Bearbeitung dieses Konfliktes half uns, die Entstehung von sozialen Vorurteilen in uns selbst besser zu verstehen. Meine Komoderatorin resümierte: »So haben wir gesehen, daß in uns allen Täter und Opfer, Verfolger und Verfolgte nahe beieinander sind.«

Indessen soll hier nicht die Spiegelung des Themas in der Gruppendynamik näher erläutert, sondern anhand von drei Selbstdarstellungen von Mitgliedern untersucht werden, wie lebensgeschichtliche Erfahrungen das politische Denken, speziell die Einstellung zum Ausländerproblem, beeinflussen können.

* * *

Ein 36jähriger Sozialarbeiter, Herr F., der Religionspädagogik studiert hat, beschäftigt sich in einem Randgebiet Hamburgs mit einer Gruppe von Skinheads. Ich frage ihn, wie er den Einfluß seiner Biographie auf seine politische Position einschätze.

Herr F.: Ich krieg' das, glaube ich, ziemlich kurz in Stichworten hin. Also, ich glaube, die Grundlage ist eine streng religiöse Erziehung in und neben meinem konservativen Elternhaus und die Abgrenzung und Ablösung von beiden. Dann kam meine Neigung zum religiösen Sozialismus. Ich habe Religionspädagogik studiert. Da hinein kam, das fiel mir gerade ein, die vierteilige Serie vom Holocaust. Dann gab's schon die Zuwendung zu den Grünen. Gorleben habe ich heftig miterlebt, ja, und dann gab's bereits die Friedensbewegung – natürlich.

Verf.: Natürlich?

Herr F.: Ja, natürlich die Friedensbewegung. Und dann gab's für mich schon als Berufsanfänger in der Sozialarbeit die ersten Ost-West-Kontakte, und das hat sich immer weiter vertieft. Das ist inzwischen fast zu einer Notwendigkeit geworden.

Verf.: Was sind Sie für ein Jahrgang?

Herr F.: 1956.

Verf.: Haben Sie das Gefühl, Sie könnten noch irgendwann mal geknackt werden, oder sind Sie endgültig abgefahren?

Herr F. (lachend): Man hat mich immer wieder gewarnt, daß ich eines Tages auch noch politisch nachdunkeln würde. Aber ich glaube, daß der Zug abgefahren ist.

Verf.: Und Ihre Familie? Ihre Eltern waren streng religiös?

Herr F.: Ich bin in 'nem evangelikalen Jugendwerk groß geworden, als Jungscharler und dann als Mitarbeiter.

Teilnehmerin: Das war von Ihren Eltern schon vorgeformt?

Herr F.: Das war ein traditionell frommes, konservatives Elternhaus.

Teilnehmerin: Wohl auch politisch konservativ?

Herr F.: Hm, wobei ich auch immer Wert darauf lege, mein Nest nicht zu beschmutzen, weder das Jugendwerk noch mein Elternhaus, weil beide mir die Grundlage gegeben haben zu der Entwicklung, für die ich jetzt dankbar bin.

Verf.: Obwohl die evangelikale Position doch besagt, daß man es dem da oben überläßt, was passieren soll, und daß man nicht so vermessen sein sollte, durch politische Einmischung der Bestimmung in den Arm zu fallen.

Herr F.: Ja, genau, also Luthers Theologie habe ich damals schon so verstanden: Im Schaukelstuhl sitzen und die Hände gefaltet zu halten und zu warten. Aber genau das hat mich dann ja auch bewogen, mich umzuorientieren. Dazu hat mein Studium wohl in erster Linie beigetragen und die Schritte, die ich beschrieben habe. Also, es war ein Ablösungsprozeß rundum.

Wenn ich analysieren würde, wo ich heute bin, dann versuche ich, die Dinge, die ich denke, fühle und betreibe, undogmatisch zu machen. Also – der erste Schritt war, daß ich aus der konservativen Dogmatik eine alternative Dogmatik entwickelt und gelebt habe, bis ich gemerkt habe, daß ich damit ganz nahe an eine Kleingärtnermentalität rangekommen bin mit meiner Öko-Dogmatik. Und seitdem bin ich jetzt auf dem Weg, das sanfter und freier bewegen zu wollen.

Verf.: Ich fand ja für uns auch einleuchtend, wie Sie vorher erzählt haben, bei den Skins könne nur eine Haltung etwas bewirken, daß man da sei, ohne Pädagogik, nur verläßlich da sei und Räume biete.

Herr F.: Ja, Spielräume. Im wahrsten Sinne des Wortes Räume anbieten, in denen die sich entfalten und entwickeln können. Was übrigens, glaube ich, für die gesamte Jugendarbeit zutrifft, daß wir nicht selber die Räume füllen als Profis, sondern sie nur bieten. Um das zu wiederholen, was ich schon gesagt habe, was ich selbst mit den Skins erlebt habe: Ich glaube, daß tatsächlich der einzige Zugang die Empathie ist, weil jede Argumentation nur provoziert und Widerstand entstehen läßt.

Teilnehmerin: Also warten, solange da sein und warten, bis ...

Herr F.: Eines Tages wird in irgendeiner Runde nachts um ein Uhr die Frage nach dem Sinn des Lebens gestellt. Dann bin ich da, und dann kann ich Zeugnis geben ...

Teilnehmerin: Ich bin keine Pädagogin und keine Psychologin. Es fällt mir unendlich schwer, mir das so liebevoll vorzustellen. Ich kann auch schwer begreifen, was deren Ängste sind ...

Herr F.: Ich habe auch gar nicht von Liebe gesprochen. Liebe habe ich auch nicht für die Skins, manchmal geht's bei mir auch bis zur Verachtung. Aber dann besinne ich mich darauf, daß ich nur ihre Taten verachten möchte und das, was sie dazu getrieben hat, und nicht sie selbst als Menschen. Also, Empathie muß nicht Liebe sein. Die müssen nicht an meiner Schulter ruhen, aber ich möchte gern ...

Teilnehmerin: Ich habe auch nicht einmal Empathie. Ich frage mich, was macht ihr mit mir, warum müßt ihr das machen, was ich abscheulich, ekelhaft, widerwärtig finde?

Herr F.: Ich fühle mich vielleicht auch an eigene Anteile erinnert.

Kommentar: Die knappe, aber klare Selbstdarstellung läßt bei dem Sozialarbeiter einen mehrstufigen Entwicklungsprozeß erkennen, der beeindruckende Konsequenz enthält. In konservativem religiösem Dogmatismus erzogen, ist er zunächst zu einem antiautoritären Rebellen, dann zu einem – ja was eigentlich? – humanistischen Begleiter, Betreuer, heimlichen Seelsorger von Skins geworden. Aus jeder Durchgangsphase hat er etwas Wichtiges bewahrt, anderes abgestreift. Er ist religiös geblieben, hat sich aber vom evangelikalen Dogmatismus entschieden gelöst. Sein Öko-Pazifismus hat sich von einer kämpferisch vertretenen Ideologie in eine stille, mit Geduld und Toleranz vertretene Überzeugung gewandelt. Seine Einfühlung in die Skins, mit denen er unbeirrt Kontakt hält, wirkt so aufreizend, daß er damit andere Mitglieder unserer Gruppe aggressiv macht.

Man möchte seine Wut spüren, wenn diese Horde genau das denkt und tut, was ihm zutiefst zuwider sein muß. Aber da kommt seine Antwort von den eigenen inneren Anteilen. Er kann sich einfühlen, weil in ihm offenbar noch ein Stück von dem radikalen Protestler seiner Jugendjahre steckt. Und da ist auch noch etwas Missionarisches: die Hoffnung, daß bei den Jungen irgendwann doch die Ratlosigkeit durchbricht und daß er ihnen dann vielleicht helfen kann, einen anderen Sinn zu finden als das Ausagieren gewaltträchtiger Impulse.

Hält man sich an das Textprotokoll, klingen manche seiner Äußerungen geradezu provozierend selbstgewiß, als sei er sich über sich, die anderen und die Welt endgültig im klaren. In der Gruppenarbeit erwies er sich indessen durchaus offen und bereit, sich in Frage stellen zu lassen, obwohl er offenbar schon daran gewöhnt war, darüber Rechenschaft ablegen zu sollen, warum er sich ausgerechnet mit Skinheads eingelassen habe – als wäre dies vielleicht ein Symptom heimlicher Identifizierung. Aber im Verlauf des Seminars erntete er überwiegend hohen Respekt für sein außerordentlich schwieriges, dennoch ungemein überzeugendes Engagement. Man wünschte sich, daß es viele Sozialarbeiter dieser Art gäbe, die in der derzeitigen Orientierungskrise so manchen jugendlichen Wirrkopf vielleicht davor bewahren könnten, sich für rechtsradikale Heilsideen instrumentalisieren zu lassen.

* * *

Es schließt sich eine 41jährige Lehrerin an, die an einem Hamburger Gymnasium tätig ist.

Frau G.: Auch ich denke an Kindheitserlebnisse, wenn ich herausfinden will, warum ich mich mit diesen Fragen beschäftige. Bei mir geht es ja noch nicht so weit, daß ich in der Arbeit mit Ausländern praktisch tätig bin (sie denkt da offenbar an eine Teilnehmerin, die mit einer kurdischen Familie zusammenarbeitet). Aber ich grüble viel über Verfolgte und Minderheiten nach und suche dabei nach meiner Position. Mein Elternhaus war überhaupt nicht liberal, ja, ich würde nicht nur konservativ sagen, sondern kleinbürgerlich-faschistisch. Mein Vater, Jahrgang 1920, war in der Hitlerjugend aktiv. Dann hat er Konditor gelernt – also, eine ganz einfache Ausbildung. Aber dann war er im Krieg zum Offizier aufgestiegen, sogar zu einem höheren Dienstgrad. Welcher es war, weiß ich nicht genau. Im Rußlandfeldzug hat er mehrere Auszeichnungen erworben. Dann kam das Kriegsende, das war für ihn ein verheerender Karrierebruch. Er konnte dann später nicht mehr ansetzen. Er hatte dann auch gesundheitliche Probleme. Ich denke, das hing mit seinen Schwierigkeiten nach Kriegsende zusammen. Er machte dann noch einen Versuch, in der Bundeswehr Fuß zu fassen, scheiterte aber dabei.

Er hat dieses Hitler-Deutschland immer weiter idealisiert und alle Vorurteile aus jener Zeit beibehalten. Mir wurde schon früh irgendwie deutlich, daß da etwas nicht stimmte, und zwar an zwei Dingen:

Ein Haus weiter wuchs ein Mädchen auf, ein sogenanntes Mischlingskind, das in meinem Alter war. Mir wurde verboten, mit ihm zu spielen. Ich habe mich an diese Verbote nicht gehalten. Wenn wir uns auf der Straße sahen, haben wir miteinander gesprochen und auch gespielt. Mein Vater hat mich danach geprügelt, wenn er mich erwischt hat. Er hat seine Verbote damit ganz massiv durchgesetzt. Da gab es bei mir Trotz. Aber zur Wehr habe ich mich nur innerlich gesetzt, äußerlich ging das ja nicht.

Das andere war, ich glaube, in der 7. Klasse. Wir hatten damals einen amerikanischen Austauschlehrer. Der kam eines Tages in die Klasse und fragte, ob wir Interesse hätten an Brieffreundschaften mit einer Schule in Kalifornien, an der er unterrichtete. Wir haben uns alle gemeldet und dem Lehrer unsere Adressen gegeben. Ich bekam dann eines Tages einen Brief nach Hause in englisch von einem Jungen, der hatte ein Bild dazugelegt – ein schwarzer Junge. Also, ich war ganz begeistert. Mein Vater kann kein Englisch. Er sah nur das Bild, den schwarzen Jungen, nahm Foto und Brief, und eh' ich mich versah, war alles in Stücke gerissen und in den Ofen geworfen. Das war das zweite, was mich aufgebracht hat. Das ging mir Tage nach. Jetzt hatte ich einen Briefpartner, aber auch keinen. Die Adresse war auch weg. Mit dem Lehrer zu sprechen, traute ich mich nicht, also ich dachte: diese Schande!

Aber da wuchs dann der Widerstand. Ich bin gleich nach dem Abitur weggegangen und hab' hier 1967 angefangen zu studieren. Ich bin in die Studentenbewegung rein, und damit war sowieso der Bruch klar. Eigentlich war es aus dem Widerstand vor allem meinem Vater gegenüber.

Verf.: Was dachte Ihr Vater denn über Juden?

Frau G.: Ja, also, Juden, das war für ihn auch was ganz Schlechtes und Schlimmes, ohne daß er es je begründen konnte. Ich denke, er hat einfach nur die Vorurteile übernommen. Er kommt aus sehr schwachen Verhältnissen. Mein Großvater war wohl überwiegend arbeitslos, eine sehr kinderreiche Familie. Meine Großmutter hat mit Gelegenheitsarbeiten, mit Waschen und Putzen, sich und die Kinder über Wasser zu halten versucht. Und mein Vater hat sehr früh, was er uns immer vorgehalten hat, Zeitungen austragen und Botengänge machen müssen. Unter Hitler ging es solchen Familien dann besser, da wurden kinderreiche Familien gefördert. Und so hat mein Vater gedacht, die Ideale der Hitler-Jugend und alles, was propagiert wurde, könnten nicht schlecht sein. Und dann war er im Kriege einige Jahre ganz oben – bis dann alles kaputtging.

Teilnehmerin: Man muß sich die Frage stellen: Was ist denn kaputtgegangen? Ich kenne Offiziere, die ganz anders ...

Frau G.: Was ich gesagt habe, ist ja ein Stück Interpretation. Ich weiß zum Beispiel auch nicht, was mein Vater im Kriege genau gemacht hat. Ich habe ihn gefragt, und er ist mir die Antwort schuldig geblieben. Der Kontakt war dann ja auch über fünfzehn Jahre weg.

Verf.: Die Mutter konnte sich dagegen nicht durchsetzen?

Frau G.: Nein. Meine Mutter ist eine recht schwache Person, die, denke ich, für mich keine Rolle gespielt hat. Das war von Anfang an eine Auseinandersetzung zwischen meinem Vater und mir, in der meine Mutter keine Rolle spielte.

Teilnehmerin: Haben Sie Geschwister?

Frau G.: Ich habe noch zwei Brüder. Ich bin die Älteste. Ein Bruder ist zwei Jahre jünger. Der hat sich in der Zeit, als ich mich abgewandt habe, auch abgewandt. Der hat das aber in anderer Weise noch aufgearbeitet, über Analyse. Der ist Psychotherapeut. Der ist, denke ich, ein Stück befreiter als ich davon. Und dann habe ich noch einen jüngeren Bruder, der ist in die Fußstapfen des Vaters getreten. Der macht mit seinen Kindern – er hat auch früh eine Familie gegründet –, was mein Vater mit uns gemacht hat. Der hat auch die gleichen Parolen. Vor der letzten Landtagswahl hat er mir erklärt, er wähle jetzt NPD oder Republikaner, weil die hier endlich mal aufräumen. Ich war entsetzt, aber da war kein Gespräch mehr möglich.

Verf.: Haben Sie selber Familie?

Frau G.: Nein. Ich denke, das hat auch damit zu tun, da waren Ängste da. Also, ich war eigentlich ... Also, diese Abnabelung, die hat bei mir bis weit in die dreißiger Jahre gedauert – im Kopf ja, aber emotional nicht. Ich war einfach nicht in der Lage – und dann, Heirat hätte für mich auch bedeutet, auch Kinder zu haben, und dazu war ich nicht in der Lage. Ich wußte, also ich weiß, ich habe 'ne ganze Menge Anteile von meinem Vater in mir, psychische Anteile, und ich hätte Angst gehabt, das so weiterzugeben – bestimmte Mechanismen.

Verf.: Das klingt ja so, daß Sie, wenn Sie Kinder bekommen hätten, mit denen Ähnliches gemacht hätten wie ...

Frau G.: Erziehungsarbeit, da läuft ja nicht alles nur über den Kopf, und da sind ja auch sehr viele unbewußte Anteile. Da hat sich bei mir in den Jahren, in denen ich tätig bin, immerhin einiges entwickelt, worüber ich sehr froh bin. Aber bei fremden Kindern ist man ja nicht so präsent. Bei eigenen spielt man eine ganz andere Rolle.

Teilnehmer: Wenn Sie und Ihre Geschwister sich so unterschiedlich entwickelt haben, war doch vielleicht die außerfamiliäre Sozialisation noch prägender?

Frau G.: Außerfamiliäre Sozialisation?

Verf.: Also die Frage, warum Kinder in der gleichen Familie sich so unterschiedlich entwickeln.

Frau G.: Ich denke, es hat was mit der unterschiedlichen Haltung der Eltern zu den Kindern zu tun. Mein jüngster Bruder, das war kein Wunschkind mehr. Der hat das Familienbudget schon überstrapaziert. Und das ist ihm in der Haltung meiner Eltern auch vermittelt worden. Er bekam sehr früh Probleme mit der Schule. Er machte auf sich aufmerksam mit kleinen Diebstählen und Betrügereien, was von meinen Eltern völlig mißverstanden wurde. Wenn ich sage Eltern – mein Vater hat ganz brutal darauf reagiert mit ganz wilden Strafen.

Verf.: Aber dann hat dieser Bruder doch Ähnliches erlebt wie Sie. Und trotzdem ist der wie der Vater geworden, und Sie haben sich in der entgegengesetzten Richtung entwickelt.

Frau G.: Ich habe von meinem Vater ja auch mehr bekommen als das Negative. Ich denke, ich hab' auch 'ne ganze Menge Wärme und Liebe bekommen.

Mein Vater ist auch ein sehr emotionaler Mensch. Das hat es ja gerade so schwer gemacht. Der hat mich geherzt und auf den Schoß genommen und alles mögliche mit mir angestellt, was er bei den beiden Brüdern nicht gemacht hat. Also, die Zuwendung war schon unterschiedlich.

Bei dem nächstjüngeren Bruder hat die Mutter eine große Rolle gespielt, die hat da viel kompensieren können, aber bei dem dritten, da war wohl einfach nichts mehr übrig. Also, meine Eltern würden das nie so sagen, aber der Jüngste war halt immer hinten dran, der hat es einfach schwer gehabt.

Verf.: Als der Vater diesen englischen Brief von diesem amerikanischen Jungen zerriß, war er da auch eifersüchtig?

Frau G.: Der war auch auf meine Freunde, da war immer 'ne Eifersucht da. Also, dieses Nicht-loslassen-Wollen, Die-Tochter-nicht-weggeben-Wollen.

Verf.: Dann sind Sie ihm ja vielleicht doch auch treu geblieben.

Frau G. (lachend): Ja, so könnte man es sehen, ja.

KOMMENTAR: Noch deutlicher als bei dem Sozialarbeiter Herrn F. entwickelt sich bei Frau G. das politische Denken aus einem ödipalen Konflikt heraus. Offenbar hat ihr der Vater mit seinem faschistischen Autoritarismus und seinen rassistischen Verboten immerhin die »Abnabelung im Kopf«, wie sie es nennt, möglich gemacht. Die Studentenbewegung unterstützte sie darin, sich dem Vater zu widersetzen und die intellektuelle Befreiung fortzuführen. Aber die Flucht aus der inzestuösen Bindung gelang nur fragmentarisch. Insgeheim blieb sie dem Vater eine treue Partnerin. Wenn sie die Mutter zunächst zur Bedeutungslosigkeit entwertet (»schwache Person, die für mich keine Rolle gespielt hat«), so steckt darin wohl auch eine ödipale Verleugnung. Denn dem nächstjüngeren Bruder war die Mutter doch anscheinend eine wichtige Stütze.

Aus intellektueller Distanz kann Frau G. die Entstehung und die Persistenz der faschistischen Identifikation des Vaters wie eine Fallgeschichte erläutern, während zugleich herauskommt, daß sie insgeheim ihm zuliebe ehe- und kinderlos geblieben ist. Daß sie eigene Kinder hätte ähnlich wie der Vater malträtieren können, wie sie andeutet, erscheint nach dem Eindruck ihres besonnenen, sensiblen Verhaltens in der Gruppe eher als eine Rationalisierung. Entscheidend dürfte eine fixierte Gefühlsbindung gewesen sein.

Bemerkenswert erscheint noch, wie sie den Werdegang des jüngsten Bruders skizziert, der dem faschistischen Vater nachgeraten ist: Von der Mutter benachteiligt, vom Vater gepeinigt, verfällt dieser auf kleine Diebereien und Betrügereien – von Frau G. als Verzweiflungsakte verstanden, »um auf sich aufmerksam zu machen«. Statt dessen erntete er – ohne Einschreiten der Mutter – vom Vater nur noch größere Härte. Aber als Produkt der Verinnerlichung propagiert er nun als Erwachsener eben die autoritäre Gewalt, unter der er gelitten hat. NPD oder Republikaner sollten »hier endlich mal aufräumen«. So wird in wenigen Strichen sichtbar gemacht, wie in ein und derselben Familie durch einsichtige unterschiedliche Beziehungskonstellationen bei einem Kind einer kritischen Verarbeitung faschistischen Denkens der Weg gebahnt wird, während auf ein anderes Kind genau diese Mentalität unverändert tradiert wird.

* * *

Die 43jährige Frau A. betreibt in Hamburg selbständig ein kleines Beratungsunternehmen. Anfangs irritiert sie die Gruppe durch ihr dominant wirkendes Auftreten, bis sie, darauf angesprochen, ihr Verhalten selbstkritisch anzuschauen und zu besprechen bereit ist. Von Kindheit an zur Parteinahme für diskriminierte Minderheiten erzogen, betreut sie neuerdings in ihrer Freizeit eine Flüchtlingsfamilie.

Frau A.: Ich bin in einer Familienkonstellation aufgewachsen, die sehr wenig traditionell war, das heißt ohne Vater. Meine Mutter war sehr liberal eingestellt und hat mir, als ich aufwuchs, das war direkt nach dem Krieg, eigentlich immer vermittelt, daß auch die Juden ihre Freunde waren.

Verf.: Ihr Vater war tot, oder?

Frau A.: Nein, mein Vater und meine Mutter waren nicht verheiratet. Mein Vater hat, nachdem er aus dem Balkan von der Front wiedergekommen war, bald das Weite gesucht. Auf jeden Fall war mein Vater nie anwesend. Er ist nach dem Krieg in die USA emigriert, und ich bin bei meiner Mutter aufgewachsen. Bis zu meinem achten Jahr waren noch eine Patentante da und mein Großvater, der fast täglich kam. Ich hatte auch noch eine Kinderfrau, da meine Patentante und meine Mutter beide selbständig gearbeitet haben.

Es herrschte eine sehr liberale Einstellung: Alle Menschen sind gleich, die Juden sind genauso gute Menschen wie wir. Im Haus meines Großvaters gingen immer jüdische Bürger ein und aus. Das war ganz normal. Meine Mutter hat mir vermittelt: Die Nazis sind schrecklich. Wenn die in Hamburg aufmarschiert seien und sie die Hand hätte hochhalten müssen, sei sie jedesmal verschwunden. Als ich neun war, hat meine Mutter einen Juden geheiratet. Wir sind dann in die USA gezogen – für zwei Jahre, bis zur Scheidung meiner Mutter von diesem Mann. Sie wollte in Freiheit leben und hat insofern diese Einstellung in die Tat umgesetzt. Das habe ich alles unmittelbar mitbekommen.

Verf.: Ihre Mutter scheint eine ziemlich starke, aktive Frau zu sein.

Frau A.: Meine Mutter ist eine sehr starke Frau, sehr dominant, sehr kompliziert. Ich finde sie als Mutter für mich sehr schwierig. Ich habe jetzt ihre positiven Seiten geschildert und auch diese Werte, die sie mir vermittelt hat und die ich auch voll übernommen habe – und eigentlich sehr viel weiter geführt habe als sie selbst.

Ich kam dann mit vierzehn in eine private Internatsschule, damals und heute noch für ihre besondere Liberalität bekannt. Ich hatte einen jüdischen Mann, der war Lehrer für Französisch und Politik und ...

Verf.: Sie haben gesagt: einen jüdischen Mann.

Frau A.: Nein, nein, ein Mann, der Lehrer war.

Verf.: Aber in der Formulierung ...

Frau A.: Ich wollte damit nur andeuten: Es war keine Frau, sondern ein Mann, und er war Jude – einer der ersten, der nach Deutschland zurückgekehrt war. Er hat uns sehr viel vermittelt über das Dritte Reich. In dieser Schule habe ich gelernt, sehr kritisch zu sein, kritisch, das war ein hoher Wert, auch die Presse hinterfragen. In der Schule wurde auch mein Interesse an Sprachen und Geisteswissenschaften sehr bestärkt. Ich habe dann später in Amerika Amerikanistik und Germanistik studiert, eigentlich, um an einer amerikanischen Hochschule zu unterrichten. Bin mit Anfang Zwanzig in die USA – und habe dort dann einen regelrechten Kulturschock erlebt ...

Die Amerikaner waren mir hochgehalten worden als unsere Retter, unsere Befreier vom Dritten Reich, die Guten, die Demokratie dieser Welt. Und nun fand ich dort einen entsetzlichen Rassismus vor. Allerdings auf der anderen Seite auch Civil Rights Movement, Women's Liberation Movement und Black Power Movement, und dann die Bewegung gegen den Vietnamkrieg. Und meiner Linie getreu habe ich mich auf diese Seite geschlagen. Allerdings habe ich dafür eine Weile gebraucht.

In den USA habe ich meinen Mann kennengelernt, und wir waren uns da sehr einig. Ich könnte mich auch heute nie mit einem Partner zusammentun, der nicht einen Großteil meiner Meinungen teilt. Hab' mich in Amerika immer assoziiert damit, was man dort *left liberal* nennt, war damit natürlich auch 'ne Minderheit. War auch 'ne Minderheit in der Familie, in die ich hineingeheiratet hatte, die also hauptsächlich extrem kapitalistisch dachten, sehr provinziell, aber vor allem auch sehr patriarchalisch, und hab' ich überhaupt nicht hineingepaßt. Bei jedem Familientreffen gab es Streit.

Als ich nach Deutschland zurückgekommen bin, habe ich durch Scheidung und Umzug eine Zeitlang sehr viel mit mir selbst zu tun gehabt ... Einfach aus Not heraus bin ich dann doch in eine Position in der Industrie. War da von Anfang an sehr unglücklich. Ich kann mir diese Werte einfach nicht aneignen. Ich bin nicht in der Lage, mein Inneres von meiner äußeren Aktivität derart tagtäglich zu trennen – dieses Schickimicki-Theater, dieses Sich-gegenseitig-Hofieren, nur die beste Position zählt. Es handelte sich ja immer um Positionen von Anfangsgehältern von hunderttausend aufwärts ...

Ich hatte dann das große Glück, gefeuert zu werden, weil mein Arbeitgeber wahrscheinlich meine Einstellung irgendwie mitgekriegt hat, habe mich dann selbständig gemacht mit meinem Beratungsinstitut. Ich mache das seit 1988.

Ich habe mich immer empört über das, was hier in Deutschland vor sich geht, genauso, wie es in Amerika war. Aber nun bin ich ja hier, also ich hab' mich hier empört über Ausländerhaß, den Golfkrieg und ähnliches mehr. Und nun habe ich Anfang des Jahres den Entschluß gefaßt: Es reicht mir nicht mehr, darüber nur zu lesen, darüber zu reden, mich zu empören, alles schrecklich zu finden, sondern ich will etwas tun. Da kam mir der Gedanke, das Elend ist schon bei mir um die Ecke. Fünf Minuten zu Fuß ist ein Asylbewerberlager. Ich bin eines Tages einfach dort hin – und seit dieser Zeit betreue ich eine Flüchtlingsfamilie, wobei mir das Wort betreuen eigentlich nicht gefällt. Ich hab' mich mit denen angefreundet. Die Kinder haben mich quasi adoptiert. Ich lerne unendlich viel von diesen Menschen. Ich bewundere diese kurdische Frau, die nicht lesen und schreiben kann, mit sechs Kindern in einem Zimmer lebt, ihre Nerven behält und abends noch putzen geht. Da kann ich nicht einfach schweigen, wenn Leute sagen, das sind Wirtschaftsflüchtlinge, wenn ich das Schicksal dieser Familie aus türkisch Kurdistan kennenlerne, ja, da wird meine Empörung nur noch größer.

Verf.: Warum ist diese Familie geflüchtet?

Frau A.: Der Mann sollte zum Dorfschützer gemacht werden. Mir ist bis heute nicht ganz klar, was das eigentlich heißt. Offensichtlich richtet sich der Dorfschützer gegen die eigene ethnische Gruppe.

Verf.: Also als Handlanger der türkischen Verwaltung?

Frau A.: Ja, der türkischen Sicherheitskräfte. Und das wollte der Mann nicht. Er saß schon dreimal im Gefängnis, zum letzten Mal drei Monate, und wurde dort gefoltert. Er sagt, er ist kein PKK-Mitglied. Aber alle Kurden sagen mir, daß es schlimm genug ist, wenn man nur Kurde ist. Jedenfalls wurde er auch gefoltert. Sein Dorf ist völlig zerbombt worden. Er ist dann in eine andere Stadt gezogen. Da wurde die Familie oft auch nachts herausgeholt. Es hieß: Wir sind hier, um Terroristen zu suchen. Und dann ist er mit den sechs Kindern geflüchtet ... Jetzt sitzt er hier seit eineinhalb Jahren und hat gar nichts.

Verf.: Ich möchte noch etwas ansprechen. Sie haben als Gründe für Ihr Handeln angegeben, daß Sie von Jugend auf gelernt hätten, mehr Partei zu ergreifen für die Opfer von Unterdrückung und

Unrecht. Andererseits wurde Ihnen von der Gruppe ein dominantes Verhalten vorgeworfen, also ein Verhalten, das andere als Unterdrückung empfinden. Und dann sind Sie an die Decke gegangen und haben gesagt: ›Das trifft bei mir einen wunden Punkt‹.

Frau A.: Ich habe diese Anfeindungen ja auch von meiner Mutter bekommen und bekomme sie heute noch.

Verf.: Was wirft sie Ihnen vor?

Frau A.: Ich sei zu bestimmend. Das war ja für mich im Zusammenleben mit ihr auch wichtig gewesen. Ich denke, ich bin mindestens so bestimmend wie sie, wobei ich, glaube ich, 'ne bessere Ausbildung bekommen habe, so daß ich alles noch anders formulieren kann. Da sehe ich bei meiner Mutter ein bißchen – ich würd's fast Neid nennen. Ich glaube, daß sie sich dann etwas minderwertig fühlt. Das ist gar nicht meine Absicht ...

Verf.: Sie scheint Ihnen auch ganz schön zu schaffen gemacht zu haben.

Frau A.: Auch heute noch. Ich habe ja schon gesagt: Ich habe die positive Seite meiner Mutter geschildert. Ansonsten erlebe ich sie als extrem egozentrisch, sehr wenig einfühlsam, hauptsächlich ihren eigenen Interessen lebend, auch sehr launisch bis zum Hysterischen, wo alles zum Problem wurde. Ich als ihr einziges Kind und über viele Jahre als ihr einziger Ersatzpartner habe das alles immer abgekriegt, das heißt in jeder Form.

Verf.: Die Art, wie die Mutter ihren Mann verloren hat ...

Frau A.: Ihren Freund!

Verf.: Der sie mit dem Kind allein gelassen hat, da waren Sie ihr wohl sehr wichtig als Stütze.

Frau A.: Ich weiß nicht. Sie sagt zwar immer, sie sei sehr froh gewesen, habe mich sehr geliebt und sich gefreut, daß ich gekommen bin. Aber da war immer ein Kontrast zwischen dem, was sie heute sagt und was sie sicherlich damals auch gesagt hat, und ihrem Verhalten mir gegenüber. Ich erlebe sie als sehr inkonsequent, launisch. Sie hat selber eine sehr schwierige Kindheit gehabt, eine Mutter, die sich umgebracht hat, einen Bruder, der sich auch umgebracht hat.

Kommentar: Während Herr F. und Frau G. sich im Zuge eines Ablösungskampfes von ihren jeweils anerzogenen Weltbildern freigemacht haben – dem evangelikal-konservativen bzw. dem klassisch faschistischen – ist Frau A. geradlinig der liberalen Position ihrer

Mutter treu geblieben. Überhaupt wirkt ihr Lebenslauf wie eine direkte Kopie oder Fortsetzung des mütterlichen. Die Mutter hat einen Juden geheiratet. Frau A. nennt einen Juden als Schlüsselfigur, und zwar den Lehrer, von dem sie per Fehlleistung sagt: »Ich hatte einen jüdischen Mann.« Nach dem Vorbild der Mutter hat sie eine kurze Ehe in Amerika verbracht, die sie wie jene aktiv auflöste. Heißt es von der Mutter, daß diese ihren Mann als Akt der Befreiung verließ, stellt sie die eigene Scheidung ähnlich souverän als ihren Entschluß dar, sich von dem provinziell-kapitalistischen Milieu der Familie des Mannes zu trennen.

Die ambivalente Identifizierung mit der Mutter verweist auf die Zeit zurück, in der die Mutter mit der kleinen Tochter allein dastand, vom Partner verlassen und das Kind »als einzigen Ersatzpartner« stark an sich bindend. Nicht eigentlich geliebt, aber in eine narzißtische Symbiose gezwängt, fühlte sich Frau A. damals – also in der klassischen »Rolle als Abbild« – genötigt, die Mutter permanent narzißtisch zu bestätigen, um sich ihre Zuwendung zu verdienen. Inzwischen zieht sie offensichtlich Befriedigung daraus, daß sie als Abbild das Original überholt und die Mutter neidisch gemacht hat.

Auf den ersten Blick erstaunt bei beiden Frauen der Kontrast zwischen einem eher souverän dominanten Sozialverhalten einerseits und ihrer leidenschaftlichen Parteinahme für Unterdrückte und Minderheiten andererseits. Man kann annehmen, daß auf diese Weise die Verbindung mit dem eigenen verdrängten schwachen Selbstanteil gesucht wird, repräsentiert durch die rassistisch Verfolgten, die Vietnam-Opfer, die drangsalierten Kurden.

Nachdem Frau A. die mütterliche antifaschistische Position per Identifizierung noch vor eigenem kritischem Nachdenken übernommen hatte, ist sie nun, so scheint es, auf dem Wege, sich in den Repräsentanten ihres eigenen abgespaltenen Anteils allmählich wiederzuerkennen. So kann sie, wie sie sagt, von der armen Kurdin mit den sechs Kindern viel für sich selbst lernen. Und so erlebt sie den Umgang mit dieser Flüchtlingsfamilie nicht mehr als Betreuungs-, sondern als Freundschaftsverhältnis.

* * *

Welche Gemeinsamkeiten enthalten die drei Biographien? In jedem Fall reichen die Wurzeln des gegenwärtigen politischen Denkens und Verhaltens deutlich bis in die Kindheit zurück. Herrn F.s unbeirrbare geduldige Zuwendung zu den Skins scheint ohne die religiösen Prägungen seines evangelikalen Kindheitsmilieus undenkbar. Frau G. erkennt selbst in ihrer Sympathie für die Ausländer und die Verfolgten die Nachwirkung des kindlichen Traumas, daß sie ihre Mischlingsfreundin und später ihren schwarzen Brieffreund verraten mußte. Schwerste Kränkungen dieser Art waren es, die ihr offenbar eine partielle innere Flucht aus der inzestuösen Bindung an den faschistischen Vater möglich machten. Frau A. wiederum hat sich ihre Anti-Nazi-Gesinnung fast schon mit der Muttermilch einverleibt. Von der Mutter in der unentbehrlichen Rolle als »Abbild« festgehalten, setzte sie deren politische Position konsequent fort. Für ihre Emanzipierung von der Mutter blieb ihr nur die Chance, diese auf dem gleichen Weg zu überholen.

Für alle drei war das Judenproblem irgendwann eine entscheidende Wegmarkierung. Herr F. nennt ausdrücklich die Holocaust-Filmserie als Schlüsselerlebnis. Frau A. wuchs mit Juden als Repräsentanten des Guten auf, während Frau G. umgekehrt im geheimen Trotz gegen den Rassismus des Vaters ihre ödipale Verstrickung mit ihm ein Stück weit entschärfen konnte. Da spürte sie, daß sie etwas Wertvolles in sich gegen ihn schützen mußte, und dabei ist sie geblieben.

Was kommt bei solchen Rückbesinnungen heraus? Ist es nur die Genugtuung über die historische Rekonstruktion der Meinungsbildung? Es kann auch mehr geschehen. Es kann eigentümlich aufwühlend wirken, wenn man entdeckt, daß man heute so ist und so denkt, weil im Inneren Erfahrungen, Gefühle, Phantasien aus alter Vergangenheit noch so wirken, daß man seine heutigen Antworten auf brennende Fragen ohne diese Wurzeln gar nicht verstehen kann. Beim sprachlichen Austausch solcher Entdeckungen kann etwas in Bewegung geraten. Etwa das Bedürfnis, irgendwelche sinnvollen Handlungsansätze fortzuführen oder wiederaufzunehmen. Von verschiedenen Teilnehmern und Teilnehmerinnen dieser Gruppenseminare wurde bekannt, daß sie im nachhinein neue Aktivitäten begonnen oder an alte angeknüpft haben. Einer hat eine Initiative zur Hilfe für ausländische Familien gegründet. Ein zweiter hat sich einem Betreuerkreis für ein Flüchtlingswohnheim angeschlossen. Eine dritte ist dabei, zusammen mit anderen eine erlahmte Friedensgruppe neu zu beleben. Wieder eine andere, die ohnehin in Ausländerarbeit engagiert ist, hörte ich sagen: »Es ist ja nur wenig, was ich als einzelne machen kann, aber ich würde es nicht aushalten, nur ohnmächtig zuzugucken, was mir das Fernsehen über die Morde von Solingen oder Berlin oder oder ... vorführt, wenn ich mir nicht sagen könnte, daß ich ein bißchen was probiere, was dagegen ist.«

Gegen Rassismus und Gewalt*

Wir haben kein Recht, uns über die Apartheid in Südafrika aufzuregen, da wir Deutschen zusammen mit den übrigen Industriel ändern selbst unentwegt eine rücksichtslose Apartheidspolitik gegenüber der sogenannten Dritten Welt betreiben.

Wir sind heute eine Menschheit in einer Welt mit untrennbaren wirtschaftlichen und ökologischen Aufgaben. Statt dessen sind die Reichen immer noch dabei, ihren Wohlstand auf Kosten der Milliarde Menschen zu verteidigen, die im Süden in gigantischen Armutsgettos vegetieren. Unter Mißbrauch ihrer Macht haben sie die Armutskluft gegenüber jenen Völkern immer noch erweitert. Lumpige fünfzig Milliarden zahlen sie Entwicklungshilfe an die sogenannte Dritte Welt, kassieren aber jährlich bereits einen höheren Betrag netto aus dem Schuldendienst der armen Länder. Dort schüren sie mit dieser Apartheidsstrategie Not, explosive Konflikte und Gewalt. Ein automatisches Resultat ist die Flüchtlingsbewegung.

Die erste Antwort auf diese muß lauten: *Umkehr zu einer neuen Weltwirtschaftspolitik*, in der die reichen Länder sich endlich partnerschaftlich nach den Bedürfnissen und Interessen der armen richten und nicht umgekehrt. Wer gegenüber diesen Völkern mit egoistischer Machtpolitik fortfährt und glaubt, wir könnten in einer Art Festung durch Abschottungsgesetze das Elend von uns fernhalten, handelt verantwortungslos und wirkt daran mit, den Nord-Süd-Gegensatz zu einem Drama zuzuspitzen, das irgendwann nicht nur viele Millionen Opfer fordern, sondern die gesamte Menschheit ihrem Ende ein großes Stück näher bringen würde.

Aber was wir von der Politik fordern, *müssen wir selbst überall in unseren Städten und Dörfern vorleben*. Es ist eine Schande, daß

---

* Ansprache am 9.11.1991 auf der Veranstaltung gegen Rassismus und Gewalt im Berliner Lustgarten

34 Prozent der Deutschen laut Umfrage Verständnis für Rechtsradikalismus im Zusammenhang mit dem Ausländerproblem bekunden. Es ist ja richtig, daß es auch im Ausland fremdenfeindliche Minderheiten gibt. Aber wir sind das Volk, das eine Geschichte des rassistischen Völkermordes zu verarbeiten hat. *Wir* sind *das* Volk, das mit der Reichspogromnacht eine Politik unterstützt hat, die zum Holocaust geführt hat. Und wir sind das Volk, das sich in West und Ost seit Jahrzehnten gebrüstet hat, für alle Zeit gegen den Ungeist gefeit zu sein, der jetzt wieder hochkommt.

Vielleicht ist es aber heilsam, daß wir uns nun offen mit den Kräften auseinandersetzen müssen, die aus ihren dunklen Verstecken auftauchen. Bisher waren wir in die Blöcke des kalten Krieges eingebunden und nicht gefordert, selbständig Farbe zu bekennen. Das hat nun ein Ende. Jetzt haben wir zu beweisen, wieviel von rechtsradikalem Denken in den vergangenen Jahrzehnten nur oberflächlich verdrängt war und wieviel davon wir echt überwunden haben.

Ich bin überzeugt, wir stehen hier als Vertreter der Mehrheit, die Demokratie gelernt hat. Aber das müssen wir deutlicher als in den letzten Wochen beweisen. Es genügt nicht, daß wir uns über den Terror gegen die Ausländer nur als Zuschauer empören. Wir müssen uns aktiv schützend vor die Angegriffenen hinstellen. Wer bedroht denn unsere Demokratie? Etwa die, die aus Not und Verfolgung bei uns Zuflucht suchen? Nein, es sind allein die anderen, von denen die Flüchtlinge mit Molotowcocktails, mit Messern und Knüppeln drangsaliert werden. Und es sind die klammheimlichen Fans der Täter im Hintergrund.

Aber wir müssen uns auch gegen die Politiker offen zur Wehr setzen, die schon allzu deutlich nach dem Wählerpotential der Unbelehrbaren schielen. Wir sollten uns noch genau an den Eiertanz um die Polengrenze erinnern, als die Republikaner vor ein paar Jahren im Aufwind waren. Schon kommen aus Bonn verräterische Töne. Da beschwört zum Beispiel der Leiter der Verfassungsabteilung im Bonner Innenministerium in einer quasi offiziellen Rede das Gespenst der Überfremdung der Heimat. Er spricht von der Gefahr, die Deutschen könnten ihren Wir-Zusammenhang auflösen oder gar die eigenen Wertvorstellungen aufgeben. Das sollte man nicht als törichtes Geschwätz abtun. Meine Generation kann sich noch gut an ähnliche Wendungen mit ihren verhängnisvollen psychologischen und politischen Auswirkungen erinnern. Wir dürfen uns solche Töne nicht noch einmal gefallen lassen.

Im übrigen: Was die Bedrohung deutscher Wertvorstellungen anbetrifft, da empfehle ich diesem Herrn und seinesgleichen, sich einmal näher auf die Menschen in der Türkei, in manchen armen Ländern Afrikas, Lateinamerikas oder Asiens einzulassen, um zu erleben, was Toleranz, Achtung der Menschenwürde und vor allem Gastfreundschaft heißen.

In diesen Tagen wird immer wieder von der gewachsenen deutschen Verantwortung gesprochen. Deutsche Verantwortung war der Vorwand, mit siebzehn Milliarden D-Mark Geld und Sachleistungen zu helfen, daß im Irak Hunderttausende, darunter mehr als 100 000 Kinder, umgebracht wurden oder noch umkommen.

Ein Skandal! Deutsche Verantwortung, so sagt der Kanzler, gebiete eine Änderung der Verfassung, damit deutsche Soldaten im nächsten Wüstenkrieg mitschießen können.

Ein weiterer Skandal! Nein, das waren und das wären Schritte zu einem Rückfall in deutsche militaristische Unverantwortlichkeit. Mehr Verantwortung ja! Aber das heißt für uns ausschließlich mehr Engagement für eine gewaltfreie Friedenspolitik, die im eigenen Land anfangen muß mit dem unbedingten Schutz der Ausländer und aller Minderheiten sowie mit der Verwirklichung einer *toleranten multikulturellen Gesellschaft*, von der wir noch weit entfernt sind.

Wir Deutschen sollten es wissen!*

In Kürze wird eure Generation die Verantwortung in diesem Land übernehmen. Aber ihr habt jetzt schon ein Bild davon, was bei uns in Ordnung und was in Unordnung ist. Ihr macht euch Vorstellungen davon, was wir in unserer Gesellschaft besser machen sollten, zumal jetzt, da unser Zusammenleben nicht besonders gut funktioniert.

Ihr seht täglich Bilder eines furchtbaren Krieges in unserer unmittelbaren Nähe. Ihr erfahrt im eigenen Land von Gewalt gegen Ausländer, gegen Flüchtlinge, gegen Frauen, und vielleicht umgibt euch Brutalität auch in manchen eurer Schulen. Es entgeht euch zudem gewiß nicht, daß die Politik zur Zeit mit den dringendsten Problemen wie Wirtschaft, Umwelt, Asyl, Ost/West nicht gut fertig wird und viel an Vertrauen eingebüßt hat.

Da entsteht eine Gefahr, die euch und viele andere beunruhigt. Mich hat man wohl eingeladen, einige Worte an euch zu richten, weil ich in eurem Alter erlebt habe, wohin diese Gefahr führen kann – ein Grund für mich, euch in eurer Wachsamkeit zu bestärken.

Geschichtliches Erinnern tut zum Vorbeugen not. Wenn in einem wirtschaftlichen Tief die sozialen Konflikte zunehmen und die schwerfällige Demokratie mit ihrem Parteienstreit keine schnellen Lösungen anbietet, breitet sich Mißstimmung aus. Manche sagen: Ich tue nur noch, was mir unmittelbar nützt oder Spaß macht. Wenn die da oben schlecht für uns sorgen, dann soll man mir nicht mehr mit sozialer Verantwortung und gesellschaftlichen Verpflichtungen kommen. Ich spiele nicht mehr mit. Politik ohne mich!

Andere verkriechen sich nicht in solche passive Verdrossenheit,

---

* Am 23.3.1993 Rede vor 12 000 Schülern und Schülerinnen aus allen Gesamtschulen und Gymnasien der Stadt Wiesbaden, die auf dem Schloßplatz für »Die Unantastbarkeit der Würde des Menschen« demonstrierten

sondern wollen ihren Frust abreagieren. Sie fangen Feuer, wenn man sie aufhetzt und ihnen einredet: Ihr müßt euch nur kräftiger wehren gegen die Feinde, die euer Ungemach verursachen. Das sind die fremden Eindringlinge, die sich in unserem Land breitmachen und unsere großzügigen Gesetze mißbrauchen. Früher benannte man die Juden, jetzt die Flüchtlinge und die Ausländer. Man sagt: Wenn ihr nicht aufpaßt, werden sie unsere deutsche Kultur bald zurückdrängen. Man sagt: Laßt euch nicht von den eigenen Minderheiten unterkriegen, etwa den Schwulen, die euch mit Aids bedrohen, und von den Kriminellen, mit denen ihr viel zu anständig und liberal umgeht.

In allen Völkern gibt es eine Anfälligkeit für solch primitives Sündenbock-Denken, das heißt für die Bemühung, ein angeschlagenes Selbstbewußtsein durch aggressive Abreaktion an diskriminierten Gruppen zu reparieren. Viele Deutsche scheinen leider, wie die Geschichte lehrt, mit besonderer Vorliebe für diese Reaktion ausgestattet zu sein. Sie schwanken leicht zwischen nationalen Minderwertigkeitsgefühlen und nationaler Selbstverherrlichung im Blick auf böse Verfolger, derer die Deutschen sich angeblich erwehren müßten. Aus diesem Schwanken kann ein Teufelskreis werden. Ich habe in meiner Schulzeit erlebt, wie solches Sündenbock-Denken sich zu einer rassistischen Verfolgungspsychose gesteigert hat und wie sich Antisemitismus und nationalistische Größenideen zu jener zerstörerischen Kraft verbunden haben, die schließlich zum Holocaust geführt hat.

Heute ist kein Hitler in Sicht. Aber ihr erkennt an beunruhigenden Anzeichen, daß unsere Demokratie störanfällig ist. Lange hat es gedauert, ehe sich in unserer Bevölkerung fühlbarer Widerstand gegen die Welle der Brand- und Mordanschläge gegen Ausländerheime regte. Allzu lange ließen uns allerdings auch die Regierenden zweifeln, ob ihnen am Beistand für die bedrohten Flüchtlinge mehr gelegen war als an Zugeständnissen an das aufgekommene Unbehagen über die Asylbewerber. Gerade von dieser Uneindeutigkeit hat der neue Rechtsradikalismus profitiert, der klipp und klar mit dem Fremdenhaß paktiert.

Natürlich wäre es zu einfach, vor allem solchen zwiespältigen Signalen aus Bonn das Aufleben einer nationalistischen und fremdenfeindlichen Stimmung zur Last zu legen. Die offizielle Politik spiegelt allemal zugleich den inneren Zustand einer Gesellschaft. Nachlassende soziale Empfindsamkeit zugunsten eines egoistischen

Ellbogenprinzips treffen wir in vielen Bereichen an in der Wirtschaft, in den Organisationen, auf der Straße wie in euren Schulen. Wenn die Gesellschaft offenkundig überall diejenigen mit Erfolg belohnt, die sich am robustesten und schamlosesten in der Konkurrenz durchsetzen, wie sollte es dann in der Politik anders zugehen?

Die Krankheit Unverantwortlichkeit kann durch keinen Eingriff von oben kuriert werden. Sozialer Verantwortungssinn muß vielmehr durch einen gemeinsamen Selbstheilungswillen erstarken.

Eure Generation kann allerdings mit Recht den Älteren vorwerfen, daß sie die Werte der Solidarität und der Achtung vor fremdem Leben nur mangelhaft verwirklicht haben. Ihr selbst bekommt einiges von dieser Unverantwortlichkeit zu spüren. Etwa indem ihr die riesigen Schulden erbt, mit denen die amtierende Generation ihren Lebenskomfort erkauft, und indem ihr mitansehen müßt, wie die Zerstörung der Natur und damit die Gefährdung eurer künftigen Lebensbedingungen immer noch voranschreitet.

Alle Gewalt gegen Menschen wie gegen die Natur kommt aus dem egoistischen Mißbrauch von Macht. Die Gefahr ist, daß sich dieser Mißbrauch von einer Generation zur nächsten undurchschaut wiederholt, wenn seine Ursachen nicht aufgearbeitet werden. Diese Reaktionskette zu durchbrechen, ist eure Chance. Ihr werdet sie nur wahrnehmen, wenn ihr euch ein für allemal davon überzeugt, daß es ein längerfristiges Überleben auf unserer Erde nur geben wird, wenn wir uns alle noch rechtzeitig in West und Ost, in Nord und Süd als gleichberechtigte Partner einer Weltgemeinschaft begreifen, die zur Lösung ihrer global verflochtenen Probleme zusammenhalten und ihre internen Interessengegensätze friedlich regeln muß.

Etwa dies versuchte ich zusammenfassend in ein paar Sätzen auszudrücken, die ich kürzlich im Rahmen des großen Rock-Konzertes gegen Ausländerfeindlichkeit und Rassismus in Frankfurt vorgetragen habe. Ich wiederhole sie für euch zum Abschluß:

Wir Deutschen sollten es wissen:
Wer heute die anderen zum Feind erklärt, macht sich morgen selbst zum Feind für alle anderen.
Wer heute nicht in Freundschaft teilen will, wird morgen Haß und Zerstörung ernten.
Wenn wir heute nicht lernen, in Solidarität zu leben, werden wir übermorgen auf der bedrohten Erde gemeinsam zugrunde gehen.

Aber Solidarität fällt nicht vom Himmel. Jede und jeder muß sich für sie engagieren – heute und nicht erst morgen!

Deutsches Schwanken zwischen Minderwertigkeitsgefühlen und Überkompensation*

GLM: Der Schriftsteller Günter Grass hat die gegenwärtigen Zustände in Deutschland einen »zutage tretenden Rückfall in die Barbarei« genannt. Ist diese Charakterisierung übertrieben?

Verf.: Was die Gewalttaten anbetrifft, ist diese Charakterisierung durchaus nicht übertrieben. Sie ist nur dann übertrieben, wenn man der Mehrheit der Deutschen unterstellt, daß sie diese Gewalttaten billigt und dahintersteht.

GLM: Die hintergründige und auch offene Aggression gegen Minderheiten in der deutschen Gesellschaft schafft Tag für Tag neue Opfer. Es scheint sich eine Atmosphäre von Antisemitismus, von Mord und Totschlag gegen Andersdenkende auszubreiten. Gewöhnt sich die deutsche Öffentlichkeit an solche Brutalitäten? Ist sie selbst einem Prozeß der Brutalisierung ausgesetzt?

Verf.: Diese Atmosphäre war schon in der zweiten Hälfte der achtziger Jahre spürbar, als in Westdeutschland immer häufiger rechtsradikale Parolen auftauchten und jüdische Friedhöfe geschändet wurden. Aber das wurde nicht ernst genommen. Es hieß, das alles hätte keine besondere politische Bedeutung. Erst die Gewalttaten der allerneuesten Zeit haben nun große Teile der Öffentlichkeit aufgeschreckt. Im Augenblick geht eine Welle der Solidarität und des Mitgefühls mit den ausländischen Mitbürgern und anderen bedrohten Minderheiten durch das Land.

GLM: Erlauben Sie uns bitte, einen Blick in die Anfangszeit der westdeutschen Bundesrepublik zu werfen, um die gegenwärtigen Ereignisse zu verstehen. Wesentliche Strukturen dieser deutschen Nachkriegsgesellschaft wurden ja von Teilen der ehemaligen nationalsozialistischen Elite aufgebaut. Wir nennen als Beispiel den Kommentator der antijüdischen Rassegesetze ...

---

* Ein Interview mit dem »General Liberal Monitor«

Verf.: Herr Globke ...

GLM: ... der in den fünfziger Jahren Staatssekretär im westdeutschen Bundeskanzleramt war. Es gab einen am Bau von Konzentrationslagern beteiligten deutschen Bundespräsidenten, dann einen hochrangigen NS-Propagandaspezialisten, der in den sechziger Jahren Bundeskanzler wurde, usw.

Immer wieder wurde damals dem Ausland versichert, diese Personen wären nach 1945 zu Demokraten geworden, und die Anschuldigungen hätten sich überlebt. Können solche Erklärungen auf dem Hintergrund der aktuellen Ereignisse eigentlich aufrechterhalten werden?

Verf.: Es waren damals falsche Versicherungen. Und gewiß hatten jene recht, die beklagten, daß von einer Verarbeitung der deutschen Vergangenheit wenig zu spüren gewesen ist. Ich nenne den deutschen Philosophen Karl Jaspers und den Psychoanalytiker Alexander Mitscherlich. Beide waren sich in dieser Diagnose über die fünfziger und die beginnenden sechziger Jahre einig.

Aber dann kam die Studentenrebellion: Es war ein wesentliches inneres Moment dieser Rebellion junger Deutscher, daß sie protestierten gegen die verschleierte Aufrechterhaltung von Strukturen aus der Nazizeit. Und infolge dieser Rebellion entwickelte sich in den siebziger Jahren eine unübersehbare Erinnerungsarbeit ... an den Universitäten, wo Studenten das Schicksal der jüdischen Professoren dokumentierten ... in vielen Gemeinden, wo die nationalsozialistische »Gleichschaltung« der Verwaltungsbehörden aufgedeckt wurde und ...

GLM: Aber diese Erinnerungsarbeit wurde von einer verschwindenden Minderheit geleistet ... gegen den Widerstand der offiziellen Gesellschaft ...

Verf.: Leider entspricht es den Tatsachen, daß neben dieser Erinnerungsarbeit eine andere verdeckte Tendenz fortexistierte: der Versuch nämlich, altes nationalsozialistisches Gedankengut unter der Titulatur des kalten Krieges in die Gegenwart zu retten. Der kalte Krieg war in vielen deutschen Köpfen eigentlich eine Fortsetzung der Konfrontation mit der Roten Armee, gegen die die ältere deutsche Generation bereits unter Hitler gekämpft hatte. Der offizielle Antikommunismus bot ethnozentristischen Ideen einen hervorragenden Unterschlupf.

GLM: Erklärt dieser Hintergrund auch die beschämenden Ereignisse in den achtziger Jahren, zum Beispiel den Besuch eines deutschen Bundeskanzlers an den Gräbern von SS-Soldaten?

Verf.: In den achtziger Jahren meldete sich in Deutschland eine breite Schicht zu Wort, die weder zur Gruppe der alten Nazis noch zu den erneuerungswilligen Erinnerungsbereiten gehörte. Diese breite dritte Schicht spielte im offiziellen politischen Leben eine bestimmende Rolle. Von dem nazistischen Gedankengut fühlte sie sich nicht infiziert. Sie machte keine Anstrengungen, die Last der deutschen Vergangenheit innerlich zu tragen. Ihr Motto war: Wir haben es jetzt als Deutsche nicht länger nötig, uns zu verstecken; wir fühlen uns durch den Aufbau unserer Demokratie rehabilitiert, gewissermaßen wie nach dem Ende einer Bewährungszeit.

Geradezu symbolisch für dieses Denken war der von Ihnen angesprochene Besuch auf einem deutschen Soldatenfriedhof zum 40. Jahrestag der Beendigung des Zweiten Weltkriegs 1985. Der deutsche Kanzler stellte sich mit dem dafür eigens eingeflogenen US-Präsidenten vor SS-Gräber und wollte damit demonstrieren: Das haben wir endgültig hinter uns. Jetzt wollen wir nur noch nach vorn blicken. Es war wie ein Aufruf zur Beendigung der Erinnerungsarbeit.

GLM: Verstehen wir richtig, daß in den achtziger Jahren Riegel geöffnet wurden und daß dahinter die gegenwärtig zu beobachtende Barbarei langsam hervorquoll?

Verf.: Es gab in den achtziger Jahren in der Tat viele offizielle Bemühungen für eine »Beerdigung« der vergangenen Schuld. Es gab diese unsäglichen Reden, die Jugend solle gefälligst nicht mehr »herumwühlen« in der Vergangenheit, dies sei »masochistisch« usw. Es gab vielbeachtete Veröffentlichungen, in denen mehr deutscher Nationalstolz angemahnt wurde. Laufend wurde die Nationalhymne gespielt. Der Politiker Oskar Lafontaine erntete wütende Proteste, als er sich über die ausbrechende »Deutschtümelei« mokierte. Dies waren scheinbar nur kleine atmosphärische Signale, aber sie waren zu beachten, da Nationalstolz und Ethnozentrismus hierzulande nahe beieinander liegen.

GLM: Die tägliche Nationalhymne im Radio oder die Nationalflagge im Garten: Das sind ja doch in Großbritannien oder in den skandinavischen Staaten ganz selbstverständliche Identitätsbekundungen.

Verf.: Aber nicht ohne weiteres in Deutschland, wo die Hymne im Hitler-Krieg laufend als Siegeshymne erklungen war. Der deutsche Nationalstolz, wie er seit Mitte der achtziger Jahre wieder systematisch gepflegt wurde, hieß zugleich: Die uns auferlegte

»Bewährungsfrist« ist abgelaufen. Wir wollen uns nicht mehr erinnern! Es war eine trotzige Überkompensation der Minderwertigkeitsgefühle nach Hitler und Auschwitz.

Das Problem der Deutschen ist immer wieder, eine stabile Balance zu finden zwischen Minderwertigkeitsgefühlen und ethnozentristischer Selbstidealisierung und Größenideen. Diese Selbstunsicherheit konnte Hitler nach den Kränkungen des verlorenen Ersten Weltkrieges und in der Wirtschaftsdepression zur Zeit seiner Machteroberung ausnützen. Ethnozentrismus, wie ihn Theodor W. Adorno 1950 beschrieben hat, enthält bei nationaler Selbstvergötterung immer zugleich eine Ablehnung und Dämonisierung von Fremden und Minderheiten.

GLM: Man hat den Eindruck, die regierungsoffizielle deutsche Politik würde in den neunziger Jahren die Geister nicht wieder los, die sie selbst gerufen hat. Das Vertrauen hochrangiger deutscher Politiker in das eigene Volk scheint stark zu leiden. So hat zum Beispiel der deutsche Außenminister nach dem Brandanschlag auf eine KZ-Gedenkstätte dem Ausland fast beschwörend zugerufen: »Laßt uns jetzt nicht allein!« Wenn die deutsche Regierung die Kontrolle über ihre innenpolitischen Handlungen verloren haben sollte, so empfinden wir das eher als Bedrohung und nicht als hilfswürdig.

Verf.: Ja, ich stimme Ihnen zu. Wir erleben zur Zeit sehr viele Peinlichkeiten.

Deutsche Spitzenpolitiker haben sich bis vor wenigen Monaten noch ganz hartnäckig bemüht, dem Ausland gegenüber den Anschein zu erwecken, es handele sich bei den Überfällen auf Ausländer lediglich um Einzeltaten ohne politischen Hintergrund. Das Ausland sollte nicht durch falsche oder gestellte Fernsehbilder oder andere gezielte Bemühungen ein Panorama rechtsextremer Gefahren malen, das der Wirklichkeit nicht entspreche. Und jetzt bricht diese Verschleierung, diese Bagatellisierung zusammen ...

GLM: ... und führt zu maßlosen Forderungen nach Gesetzesänderungen, Einschränkungen der Verfassungsrechte, zum Ruf nach illiberaler Repression. Was für ein Deutschland wird eigentlich gegenwärtig in Bonn und Berlin geformt? Auf was sollte man sich im Ausland einrichten?

Verf.: Das vereinigte Deutschland hat jetzt seine erste große demokratische Belastungsprobe zu bestehen, seitdem es von seiner doppelten Satellitenrolle im kalten Krieg befreit ist. Wie es sie bestehen wird, ist noch offen. Ich hoffe, daß die demokratische Mehrheit, die jetzt in allen Städten gegen Ausländerfeindlichkeit und rechten Terror demonstriert, ein für allemal aus ihrer Gleichgültigkeit aufgewacht ist und dauerhaft beweisen wird, daß sie aus der Erinnerung gelernt hat. Es kommt darauf an, daß sich diese Kräfte einem aufkommenden Nationalismus erfolgreich widersetzen, den ein Psychoanalytiker als paranoid kennzeichnen würde. Der besagt: Die Deutschen müßten sich vor allem gegen Gefährdung ihres Wohls und ihrer Sicherheit durch fremde Mächte von außen und im Innern verteidigen. Solche Gedanken hat der Leiter der Verfassungsabteilung im Bonner Innenministerium ganz offen in einem der Presse übergebenen Papier 1991 formuliert, in dem er die Gefahr einer Überfremdung der deutschen Heimat beschwor und davor warnte, daß die Deutschen ihren Wir-Zusammenhang auflösen und ihre kulturellen Wertvorstellungen aufgeben könnten. Das sind charakteristische Begriffe aus dem von Adorno beschriebenen Geist des Ethnozentrismus, den es zu überwinden gilt.

GLM: Sollte diese Denkstruktur in der deutschen politischen Führung vorherrschen, so wäre eine friedliche und hoffnungsvolle Selbstdefinition der Deutschen eher unwahrscheinlich.

Verf.: Es kommt darauf an, daß wir Deutschen uns nicht primär *gegen* Bedrohungen, sondern primär *für* etwas definieren, nämlich *für* Kooperation und Zusammenhalt im Innern und innerhalb der internationalen menschlichen Gemeinschaft. Das heißt von einem Denken loszukommen, das nach Freud vom Prinzip der Destruktivität beherrscht wird.

GLM: Um Sigmund Freud zu retten, haben die USA und Großbritannien 1938 im Nazi-Berlin diplomatisch interveniert. Freud durfte ausreisen, und die NS-Barbarei blieb seinem Leben erspart. Bedauerlicherweise mußten Zehntausende meist namenloser Emigranten damals ohne diese Hilfe auskommen. Tun die offiziellen deutschen Bündnispartner in Europa und Übersee eigentlich genug, um die Wiederholung einer solchen Entwicklung unmöglich zu machen?

Verf.: Ich kann nicht beurteilen, was deutschen Regierungsvertretern hinter den verschlossenen Türen der internationalen Diplomatie gesagt wird. Es scheint mir aber an der Zeit, daß man ihnen deutlich und kritisch begegnet, wie zum Beispiel unlängst in Israel.

Aber darüber hinaus verdienen meines Erachtens die Kräfte in unserem Land vom Ausland her mehr Beachtung und positive Unterstützung, die sich seit langem energisch gegen diese Gefahr von rechts engagieren. Dieses »andere Deutschland« sollte nicht unterschätzt werden.

Vorurteile über die Gewaltbereitschaft Jugendlicher*

STNA: Ist dieses neue Gewaltphänomen treffend beschrieben mit der Charakterisierung »Jugendrevolte von rechts«?

VERF.: Es ist keine eigentliche Jugendrevolte. Die sichtbare Gewalt hat ihre Wurzeln in einer breiteren Strömung. Rund ein Drittel der erwachsenen Deutschen bekundet Verständnis für den Rechtsradikalismus. Deshalb konnte kürzlich ein gewaltbereiter Jugendlicher im Fernsehen sagen: »Wir machen doch nur mit der Hand, was ihr mit dem Kopf denkt!«

STNA: Ist der Rechtsradikalismus vergleichbar mit dem linken Protest der sechziger Jahre?

VERF.: Anders als heute handelte es sich 1968 um einen echten Jugendprotest, ausgehend von der studentischen Jugend. Die bemühte sich – ein weiterer Gegensatz – um ein theoretisches Konzept und hatte führende Köpfe wie Rudi Dutschke. Die Studenten hatten eine Utopie. Hoffnung auf eine veränderte Gesellschaft ohne Repression. Der derzeitige Protest hat keine eigenen Ideen, geschweige denn kühne Hoffnungen. Ihn bewegen nur aufgewärmte ethnozentristische Ressentiments.

STNA: Manche sehen in der antiautoritären Erziehung die Wurzel der Gewalt?

VERF.: Zur Gewalt neigen erfahrungsgemäß die Jugendlichen, die als Kinder selber Gewalt oder zumindest Lieblosigkeit erlitten haben. Die Jugendpsychologie hat keine Belege dafür, daß ein liberaler Erziehungsstil Gewaltbereitschaft fördern würde.

STNA: Welche gesellschaftlichen Deformierungen äußern sich dann in dieser Brutalität?

VERF.: Es hat sich im Lande ein Klima sozialer Kälte entwickelt. Vergleichsstudien in den alten Bundesländern zeigen, daß sich Ego-

---

* Interview mit den »Stuttgarter Nachrichten«

Kult und Rivalitätsdenken in den letzten zwanzig Jahren deutlich verstärkt haben. Die Vereinigung hat bisher mehr Enttäuschung und Verunsicherung als Zusammenhalt bewirkt. Die wirtschaftliche Rezession verschärft die sozialen Konflikte.

STNA: Warum wird Frustration gerade an den Schwachen der Gesellschaft abreagiert?

Verf.: Das ist typisch für ethnozentristische Ressentiments. Man erklärt sich bedroht und verfolgt durch Minderheiten, die objektiv gesehen schwächer sind. Das galt und gilt für den Antisemitismus wie für den Haß auf Asylbewerber. An den Schwächeren sich abzureagieren soll helfen, das lädierte Selbstwertgefühl zu stabilisieren.

STNA: Soll man der eskalierenden Gewalt mit schärferen Gesetzen begegnen, oder schaffen Knast und Verbot nur Solidarität?

Verf.: Wie ich von kundigen Sozialarbeitern höre, feiern manche rechtsextreme Gruppen eingesperrte Täter als Kings und erleben deren Bestrafung nicht als Abschreckung. Aber das darf nicht etwa davon abhalten, Gewalt zu bestrafen und den militanten Rechtsradikalismus mit den ausreichend vorhandenen Mitteln zu bekämpfen. Entscheidend ist indessen, daß die demokratische Mehrheit aus ihrer Passivität erwacht und ihre Solidarität mit den bedrohten Gruppen aktiv bekundet. Die Lichterketten der letzten Wochen sind ein Versprechen, das eingelöst werden muß.

STNA: Martin Walser warnt, man dürfe die gewaltbereiten Leute nicht zu neuen Unmenschen degradieren, nur weil sie blödsinnige Naziembleme trügen.

Verf.: Er hat insofern recht, als wir uns hüten sollten, uns von dem primitiven Feindbild-Denken der Rechtsradikalen infizieren zu lassen. Unter den jugendlichen Tätern gibt es zweifellos zahlreiche unreife Wirrköpfe, die imstande sind, sich aus der Szene auch wieder zu lösen. Gefährlicher ist das Potential im Hintergrund. Das sind die abgebrühten Unbelehrbaren, die auf Weimarer Zustände hoffen, um mit ihren wiederbelebten nationalistischen und rassistischen Ideen zum Durchbruch zu kommen.

STNA: Ist der Rechtsradikalismus nur ein Modetrend, oder droht der Republik ein organisierter Rechtsterrorismus nach RAF-Muster?

Verf.: Der Zulauf zu den Rechtsradikalen dürfte nachlassen, wenn ihnen weiterhin überall massive Ächtung, wie in den letzten Wochen, entgegenschlägt. Sie haben eine Weile von der fatalen Artikel-16-Debatte und von den lahmen Reaktionen auf ihre Aktivitäten profitiert. Das psychologische Durchschnittsprofil dieser Leute spricht dafür, daß sie es schwer aushalten, wenn es mit ihnen nicht ständig aufwärtsgeht. Aber daß es unter ihnen zähe Fanatiker gibt, die eher zu verstärktem Terror als zum Aufgeben bereit sind, damit ist immerhin leider zu rechnen.

FRIEDENSBEWEGUNG
UND
MILITARISMUS

Was können, was sollen die »Friedensärzte« für den Frieden tun?*

Wenn Menschen zu uns Psychoanalytikern kommen, um zu klären, wo sie hinwollen, bieten wir ihnen zunächst an, gemeinsam mit uns darüber nachzudenken, wo sie herkommen. Regeneration aus Verarbeitung der analysierten Erinnerungen lautet das Rezept. Unsere Ärztebewegung für Frieden und soziale Verantwortung befindet sich zwar nicht in einem Patientenstatus, aber unleugbar in einer Orientierungskrise. Was wir auch immer in letzter Zeit an beachtlichen Initiativen und vernünftigen Erklärungen zum Balkankrieg und zu der internen kriegerischen Gewalt gegen Ausländer hervorgebracht haben – es gibt in den Medien eine Tendenz, uns nicht mehr zu registrieren, wenn nicht gar, uns totzusagen. Darin steckt eine Tendenz. Wir passen schlecht in ein Mobilmachungsklima hinein, das eine Erweiterung der Bundeswehraufgaben, ein schärferes Vorgehen gegen Asylbewerber und eine Stärkung der Polizei anzielt.

Um unsere Position in der gegenwärtigen Situation genauer zu verstehen, werfe ich zum Vergleich einen Blick zurück in die fünfziger Jahre. 1954 waren die ersten Wasserstoffbomben explodiert. Da trat 1956 ein Detmolder Arzt auf den Plan und ergriff die Initiative zur Gründung eines »Kampfbundes gegen Atomschäden«. Diesem Arzt Bodo Manstein verdankt die erste deutsche Organisation ihre Entstehung, die sich ausschließlich der Bekämpfung der Atomgefahren widmete. Es waren einige hundert, wahrscheinlich sogar mehrere tausend Ärzte, Wissenschaftler und Intellektuelle, die in diesem Kampfbund mitwirkten. Vorerst war die SPD mit von der Partie. Sie verlangte 1957 im Deutschen Bundestag von den Atommächten, auf alle Versuchsexplosionen zu verzichten. Die Bonner Regierung solle die Zustimmung zur Lagerung von Atom-

---

* Rede auf der Mitgliederversammlung der deutschen IPPNW-Sektion 1992

bomben auf dem Gebiet der Bundesrepublik ein für allemal verweigern. Der Antrag wurde abgelehnt. Obwohl 1958 sogar 52 Prozent der erwachsenen westdeutschen Bevölkerung einen Streik zur Verhinderung der Atomausrüstung der Bundeswehr befürworteten, leiteten maßgebliche Kräfte der SPD und des DGB eine Kursschwenkung ein. Zwar wurde noch 1959 ein SPD-Deutschlandplan verkündet, der eine Räumung von Fremdtruppen und von Atom- und Wasserstoffbomben vorsah. Aber ebendiesen Plan erklärte Herbert Wehner 1960 als eine Sache der Vergangenheit. Diese Kapitulation war die von der CDU geforderte Eintrittskarte für die Vorbereitung einer großen Koalition, die dann 1966 Wirklichkeit wurde.

Wer genau hinsieht, erkennt Parallelen zur Gegenwart. Wieder wird eine große Koalition anvisiert. Wieder gehört die Zustimmung zur Ausweitung des militärischen Engagements offenbar zum Eintrittspreis für die SPD neben dem Einlenken zu Artikel 16. Nun sagen manche, es gehe diesmal doch nur um ein bißchen mehr Freiraum für deutsche Soldaten und um ein bißchen mehr Schutz gegen sogenannte Wirtschaftsflüchtlinge. Aber in kritischen Kreisen der deutschen Öffentlichkeit wird sehr wohl gespürt, daß die Wendung von grundsätzlicherer Art ist. Eingeschwenkt wird auf einen Kurs, der seit der Vereinigung von den Regierungsparteien klar vertreten wird.

Als das vereinigte größere Deutschland, befreit von seinem doppelten Satellitenstatus im kalten Krieg, über seine neue Verantwortung in der Welt nachzudenken hatte, bestimmte der Kanzler, worin diese Verantwortung zuallererst bestehe, nämlich angeblich in der Erweiterung seiner militärischen Aufgaben. Ohne das Adjektiv militärisch kommt das Wort Verantwortung in seinem und seiner Getreuen Sprachschatz kaum mehr vor. Die offizielle Politik definiert sich durch soziale Kälte und paranoide Positionen. Mehr Militärpräsenz, höhere Festungsmauern gegen Flüchtlinge, Mobilmachung gegen Kriminalität, Jagd auf Stasi-IMs und Spione – alle diese Strategien stehen im Zeichen der Abwehr oder Bekämpfung von Feinden. Es ist in modifizierter Form das alte Denkmuster von Bedrohtwerden und Bedrohen, vom Verfolgen und Verfolgtwerden aus der Zeit des kalten Krieges. Mit paranoid ist gemeint, daß alle Konzepte von Mißtrauen bestimmt werden, nicht vom »Für«, sondern vom »Gegen«. Die Destruktivität beißt sich nur immer wieder in den eigenen giftigen Schwanz.

Als der alte Freud vor 62 Jahren über die Chance der Menschheit nachdachte, der Selbstzerstörung noch zu entgehen, drückte er seine Hoffnung in einer mythologisierenden Formulierung aus. Er erwartete, daß der ewige Eros sich gegen die Destruktivität behaupten werde. Mit Eros meinte er – so in seinem Brief an Einstein – »alles, was Gefühlsbindungen unter den Menschen herstellt«. Er meinte den Drang nach positivem Frieden, nach Versöhnung, nach Beistand für die Schwächeren, nach Überwindung von Trennendem, nach einem umfassenden Gemeinschaftssinn.

Warum definieren wir uns nicht – wie der SPD-Politiker Hans Wallow fordert – primär als *helfendes Volk*? Warum denken wir nicht statt an Feinde, Asylmißbraucher, Seilschaften und Kriminelle zuallererst an den Schutzanspruch der bedrohten Ausländer, an den Hilfebedarf der Armen und Verarmenden im Innern und in der Elendshälfte der Welt, an die Solidaritätserwartungen der Unterlegenen im egoistischen wirtschaftlichen Machtkampf, an den Notruf der zerstörten Natur?

Jens Reich fürchtet, wie er in seinem wichtigen neuen Buch über die »Lebenslügen« schreibt, daß solidarisches Denken erst erwachen werde, wenn es in der Bedrängnis auch aus egoistischen Gründen geboten erscheine. Bei Hochrechnung des gegenwärtigen Verhaltens ist diese Prognose schwer zu widerlegen. Aber wer, wenn nicht wir Ärzte, hat Grund, sich dennoch der Hoffnung von Freud anzuschließen, daß das Motiv des *Helfens* sich gegen das Prinzip der *Destruktivität* durchsetzen könnte? Schließlich gehört diese soziale Antriebskraft, verbunden mit dem Instinkt des Mitfühlens – neben der Aggression –, zu unserer psychischen Grundausstattung. Erinnern wir uns nur an die Vergangenheit der siebziger Jahre, als dieses Motiv wie selbstverständlich eine große gesellschaftliche Strömung prägte, an das Aufbegehren gegen die Vietnam-Massaker, an Willy Brandts Versöhnungspolitik, an die Phase der großen Unterstützungsinitiativen für die psychisch Kranken und die gesellschaftlichen Randgruppen, an die Ausstrahlung der basisdemokratischen Initiativen und der Selbsthilfebewegung.

Mein Buch »Lernziel Solidarität« erreichte 1975 nicht deshalb phantastische Auflagen, weil es besonders gut war, sondern weil sich in diesem Begriff eine große Zahl der Menschen wiederfand. Es setzten sich dann aber wieder als Gegenbewegung das Ellbogendenken und die Politik des Stärkekults durch. Noch einmal belebten Gorbatschows Neues Denken und der Humanismus Sacharows den Glauben, daß sich die Menschen und Völker zu einer großen Verantwortungsgemeinschaft zusammenfinden könnten. Das Ende des kalten Krieges, die friedlichen Revolutionen in Osteuropa und Ostdeutschland und die Vereinigung unseres Volkes waren Anlässe, die im Sinne Freuds als Bewährung des Eros gegen die Macht der Destruktivität hätten gedeutet und genutzt werden können. Statt dessen hat sich Resignation breitgemacht. Symbolhaft hat sich Gorbatschow von einer globalen Heilsfigur in einen gescheiterten Illusionisten verwandelt, auf den gebaut zu haben sich heute im Westen viele Millionen schämen. In Wirklichkeit schämen sie sich der eigenen verdrängten Ideale, die ihnen bei der Anpassung an den Zeitgeist im Wege wären, der ihnen einredet, antisozialer Egoismus als individuelle oder kollektive Energie sei nun einmal die das gesellschaftliche Leben bestimmende natürliche Triebkraft, alles andere sei romantische Träumerei, Gesinnungsschwärmerei, moralischer Utopismus oder Gemütskitsch.

Diesem Trend des Zynismus, der sich als nüchterner Realismus ausgibt, laufen momentan die beiden großen Parteien, teils aus Überzeugung, teils aus wahltaktischem Opportunismus, nach. Für unsere Position als IPPNW-Ärzte sind meines Erachtens zwei Momente von ausschlaggebender Bedeutung:

1. Als Nichtteilhaber an der politischen Macht sind wir vom Zwang des Buhlens um Wählermassen befreit.

2. Unsere Einflußkraft ist allein geistig-moralischer Art.

Als Vertreter eines helfenden Berufs mit sehr hohem Moralprestige beruht unsere Autorität allein auf der Eindeutigkeit, mit der wir für das Prinzip der mitmenschlichen Solidarität eintreten, das heißt für partnerschaftliche Versöhnung im Innern und international, andererseits entschieden gegen alle auf militärische Gewalt fixierten Tendenzen, angefangen bei der Rüstungsproduktion (Jäger 90) über den verheerenden Rüstungshandel bis hin zu den Bonner Vorhaben, deutsche Truppen für Kampfeinsätze in aller Welt anzubieten. Wir müssen unsere Bevölkerung dringend warnen, sich von der gescheiterten *innenpolitischen Friedenspolitik* durch eine *militarisierte Außenpolitik* ablenken zu lassen. Die Militarisierung des politischen Denkens fixiert unweigerlich die Selbsteskalation der Destruktivität im Teufelskreis von passiven und aktiven Bedrohungskonzepten.

Wenn sich die beiden großen Parteien, in wie kleinen Schritten auch immer, in der paranoiden Denkrichtung treffen, werden sich freilich kritisch-humanistische Kräfte auf der Gegenseite sammeln. Nach dem Umkippen der SPD in der Atomrüstungsfrage wuchs zwischen 1960 und 1967 die Ostermarschbewegung, die dann in die Außerparlamentarische Opposition überging, stetig an. Eine ähnliche Entwicklung könnte sich leicht wiederholen, würde die SPD den Militärplänen der Union, wie schon angedeutet, weiter entgegenkommen. In einer anschwellenden Protestbewegung würden sich erneut die Befürworter einer sanften Sicherheits-, Sozial- und Umweltpolitik sammeln. Wir als IPPNW würden mit großer Wahrscheinlichkeit von der Mitgliederzahl her einen großen neuen Aufschwung erleben. Aber es wäre ein Scheinerfolg im Schatten eines Versagens der politischen Machtschicht. Daran kann uns genausowenig gelegen sein wie einst an der Stationierung der Pershing II, die damals unser schnelles Wachstum begünstigte. Unsere Macht ist nicht eine Frage der Zahl, sondern der moralischen Eindeutigkeit und der Überzeugungsfestigkeit.

Nein zu Feindbilddenken und Rüstung

*Laudatio für Helmuth Prieß**

Kürzlich wurde in London jenem Marschall Sir Arthur Harris ein Denkmal gesetzt, der 61 deutsche Großstädte hatte bombardieren, einen Teil von ihnen in Schutt und Asche legen lassen. Wäre das Hitler-Reich nicht in Elend und Schande untergegangen, würde längst derjenige deutsche Marschall als Statue manche hiesigen Marktplätze verunzieren, der den Bombenterror gegen britische Städte einst eröffnet hatte. So hat die Kriegsniederlage, die zweite im zu Ende gehenden Jahrhundert, uns Deutschen diesen Anblick erspart und uns darüber hinaus eindringlich nahegelegt, nicht nur über die Verklärung militärischer Taten, sondern über die Rechtfertigung des Krieges als Mittel der Politik überhaupt gründlich neu nachzudenken.

Unsere heutige Veranstaltung – eine Art Gegenstück zu der Londoner Denkmalsenthüllung – dokumentiert ein Ergebnis dieses Nachdenkens, an dem wesentliche Teile unserer Bevölkerung teilgenommen haben. So ehren wir heute einen Soldaten, der in der Bundeswehr eine Gruppe der Friedensbewegung aufgebaut und sich gegen atomare und konventionelle Aufrüstung bereits eingesetzt hat, als diese im kalten Krieg noch offiziell die Politik bestimmte.

Über die Voraussetzungen der heutigen Ehrung ist noch zuvor ein Wort zu sagen. Aus Umfragen wissen wir, daß Millionen unserer Landsleute die Expansion der deutschen Rüstungsindustrie, die wachsenden deutschen Rüstungsexporte und erst recht die nukleare Aufrüstung auf deutschem Boden von Anfang an mit Mißtrauen bis Widerwillen verfolgt haben. Im Gefühl ihrer politischen Ohnmacht ließen sich viele gefallen, was sie innerlich mißbilligten. Andere wagten zu protestieren und nutzten ihre beschränkten Freiräume

---

* Zur Verleihung der Clara-Immerwahr-Auszeichnung 1992

aus, um kritische Texte zu verbreiten, an Friedensmärschen teilzunehmen und atomare Waffenlager symbolisch zu blockieren.

Aber wo sie sich auch immer rührten, stießen sie auf eine machtvolle, auf Einschüchterung bedachte Gegenpropaganda. Bestenfalls fanden sie sich als romantische Phantasten oder utopische Traumtänzer porträtiert, häufiger als gefährliche Werkzeuge feindlicher Interessen. Es gab solche äußeren Einflüsse, aber eine infame Verleumdung war es, das Gros der humanistischen Friedensbewegung als fremdgesteuert zu bezichtigen. Viele tausend erklärte Anhänger der Friedensbewegung erlebten sich bedroht mit sozialen und ökonomischen Repressalien. Die sehr unterschiedlichen Anteile der diversen Berufsgruppen an der Bewegung spiegeln ziemlich genau den Grad der Abhängigkeit bzw. Unabhängigkeit in den einzelnen Berufsfeldern wider.

So ist es nur teilweise ein Verdienst von uns Ärzten, daß wir in Deutschland wie in zahlreichen anderen Ländern als verhältnismäßig große Organisation der IPPNW eine hervorstechende Rolle in der Friedensbewegung einnehmen konnten. Unstreitig haben wir Ärzte durch unseren Auftrag zum Schutz von Leben und Gesundheit ein besonders triftiges Motiv für unser Friedensengagement. Daß wir uns mit unserer kritischen Aufklärungsarbeit leichter als andere sichtbar machen können, verdanken wir indessen spezifischen Privilegien unseres Berufes, deren Mangel viele andere genauso ernsthaft Motivierte in ihrem Handlungsspielraum erheblich stärker einengt. Mit der Clara-Immerwahr-Auszeichnung, an die große Vorkämpferin gegen die Entwicklung und Anwendung von Giftgas erinnernd, will die deutsche Sektion der Internationalen Ärzte für Frieden und soziale Verantwortung den Blick der Öffentlichkeit nun gerade auf solche Persönlichkeiten und Gruppen lenken, die sich unter dem besonderen Druck persönlicher Risiken oder auch einschneidender Benachteiligungen ungebeugt für die Ziele der Friedensbewegung einsetzen, also für gewaltfreie Konfliktlösungen, für Völkerverständigung, gegen Krieg, gegen Rüstung und sonstige große Bedrohungen der gemeinsamen Lebensgrundlagen.

Diese Kriterien erfüllt der Mann in hervorragendem Maße, auf den die Wahl des Vorstandes der IPPNW für die Vergabe der Auszeichnung 1992 gefallen ist. Helmuth Prieß ist Sprecher des Arbeitskreises »Darmstädter Signal«. Es ist dies eine Gruppe von Zeit- und Berufssoldaten, hervorgegangen aus einer Protestinitiative 1983 gegen die Stationierung neuer Atomraketen in Ost und West. Seitdem ist der Arbeitskreis auf zweihundert Offiziere und Unteroffiziere angewachsen. Er tritt beharrlich für eine Eliminierung aller Massenvernichtungswaffen, für einen Stopp der Rüstungsexporte und Militärhilfen, für eine Beibehaltung des ausdrücklich defensiven Auftrags der Bundeswehr, für eine konsequente Verwirklichung des Leitbildes vom »Staatsbürger in Uniform«, für eine Demokratisierung der Bundeswehr und für den Abbau von Feindbildern ein.

Die Widerstandskraft und der besondere soziale Verantwortungssinn des Helmuth Prieß bildeten sich in seiner Kindheit, die durch frühen tragischen Verlust der Mutter, durch erzieherische Härte und Auseinandersetzung mit mancherlei Unrecht geprägt war. Helmuth Prieß bescheinigt sich eigenes autoritäres Gebaren als junger Leutnant, bis es bei ihm zur Zeit der aufkommenden Studentenbewegung zu einem politischen Erwachen kam. Als junger Personaloffizier lud er Journalisten in die Kaserne ein, um mit ihnen über die Pressefreiheit zu diskutieren. Gespannt verfolgte er die Kontroverse über die Notstandsgesetze. Tief beeindruckte ihn Gustav Heinemann, von dem er insbesondere einen Satz im Kopf behielt: »Die Bundeswehr muß sich um einer besseren Lösung willen auch in Frage stellen lassen.« Eine zweite große Leitfigur wurde für ihn Willy Brandt als brückenbauender Ostpolitiker, insbesondere auch als engagierter Reformer. »Mehr Demokratie wagen!« Diesen Appell nahm Helmuth Prieß begeistert auf, und so sah er sich als ein »Staatsbürger in Uniform« dazu ermutigt, im Kasernenunterricht zu bestreiten, daß die Entscheidung für einen Atomkrieg je zu rechtfertigen sei. Das nahm man ihm übel. Er verlor seine Position als Inspektionschef an der Schule der Technischen Truppe in Bremen und wurde ans Heeresamt nach Köln versetzt.

Aber dieser Konflikt habe ihn nicht eingeschüchtert, versichert er, sondern ihm erst vollends deutlich gemacht, wo er stehe und wofür er konsequent einzutreten habe. Ungeachtet seiner Beschattung durch den MAD exponierte er sich weiter mit kritischen Äußerungen. Auf dem Kirchentag 1983 in Hannover sagte er ein lautes Nein nicht nur zu den Massenvernichtungswaffen, sondern auch zur konventionellen Aufrüstung. Und er fuhr fort: »Ich sage nein zu Rüstungsexport und zur Ausbildung von Soldaten der Dritten Welt in der Bundeswehr. Ich sage nein zum Feindbilddenken.« Und: »Rüstung tötet schon heute in der Dritten Welt millionenfach Leben.«

In den Folgejahren organisierte er Besuche des Arbeitskreises Darmstädter Signal bei der tschechoslowakischen und der ostdeutschen Volksarmee sowie bei den sowjetischen Streitkräften, die jeweils mit Gegenbesuchen antworteten. Es waren auf dem Höhepunkt des kalten Krieges bemerkenswerte Versuche, zu einem gegenseitigen Feindbildabbau beizutragen. Statt Anerkennung erlebte Prieß jedoch, daß man seine Beförderung zum Major fünf Jahre hinauszögerte. Als man ihm wie 1 200 weiteren Stabsoffizieren anbot, vorzeitig in Pension zu gehen, lehnte er ab: Er denke nicht daran, diejenigen zu unterstützen, die sich nur allzu gern einen kritischen »Staatsbürger in Uniform« vom Halse schaffen würden.

Neuerdings machen sich Helmuth Prieß und seine Kameraden des Arbeitskreises dadurch mißliebig, daß sie sich genau wie wir Ärzte der IPPNW gegen die erklärte Absicht des Bundeskanzlers wenden, die Voraussetzungen dafür schaffen zu wollen, daß deutsche Soldaten bei der nächsten »Aktion Wüstensturm« mitschießen könnten. Der Einwand lautet: Dieses Deutschland mit seiner speziellen Geschichte hat künftig sehr wohl mehr Verantwortung zu übernehmen. Es erweitern sich unsere politischen und wirtschaftlichen Aufgaben etwa bei der Förderung der Abrüstung und der Ökologisierung der internationalen Politik. Indessen erwächst für uns nicht die mindeste Verpflichtung, deutsche Soldaten künftig *out of area* zu präsentieren, was uns übrigens auch noch keiner unserer Nachbarn nahegelegt hat.

In diesen Monaten sind nun Bestrebungen erkennbar, die kritische Friedensarbeit des Helmuth Prieß und seiner Freunde in der Bundeswehr endgültig zu blockieren. Anlaß sind Auseinandersetzungen um eine Äußerung des Frankfurter Arztes Dr. Peter Augst, Mitglied der IPPNW, aus dem Jahre 1984. Jeder Soldat sei ein potentieller Mörder, hatte Dr. Augst im Verlaufe einer hitzigen Podiumsdiskussion gesagt, die der Vorführung eines Films gefolgt war. In dem Film hatte es geheißen, daß Westdeutschland und die DDR komplett vernichtet werden würden, falls die USA und die UdSSR auch nur zwanzig Prozent ihrer taktischen Atomwaffen einsetzen würden.

Nach Verurteilung in der ersten Instanz 1986 wurde Dr. Augst 1987 von der 14. Großen Strafkammer des Landgerichts Frankfurt freigesprochen. In einer Revisionsverhandlung 1989 bestätigte das Landgericht sein freisprechendes Urteil. Dagegen empörten sich zahlreiche konservative Politiker. Der Vorsitzende der CDU-Fraktion sprach von einem Justizirrtum. Der Generalinspekteur der Bundeswehr scheute sich nicht, die Haltung des Gerichts als unerträglich zu bezeichnen. Der Bundesverteidigungsminister nannte Dr. Augsts Äußerung menschenverachtend. Gegen diese massive Urteilsschelte wandten sich Helmuth Prieß und zwanzig andere Soldaten des Darmstädter Signals und schrieben: »Wir begrüßen das sogenannte Soldatenurteil des Landgerichts Frankfurt«, und »wir halten die Aussage, ›alle Soldaten sind potentielle Mörder‹, für inhaltlich richtig«.

Der Wehrdisziplinaranwalt beim Heeresamt Köln, wo Helmuth Prieß beschäftigt war, kam in einem ausführlichen Votum zu dem Schluß, daß dem Major für seine kritische Äußerung kein disziplinarischer Vorwurf zu machen sei. Daraufhin zwang Verteidigungsminister Stoltenberg ebendiesen Disziplinaranwalt gegen dessen ausdrückliche Stellungnahme, Helmuth Prieß dennoch beim Truppendienstgericht unter Anklage zu stellen. Es war dies, wie Hans Schueler in der »Zeit« schrieb, ein in der deutschen Rechtspflege bisher schier unvorstellbares Vorgehen, nämlich »daß ein in seinem Ressort über eine Anklagebehörde gebietender Minister diese gegen ihre erklärte Überzeugung dazu anhalten dürfe, einen Menschen strafrechtlich oder disziplinarrechtlich zu verfolgen«.

Aber der Verteidigungsminister erreichte, was er wollte: Helmuth Prieß wurde vom Major zum Oberleutnant, Volker Thomas vom Major zum Hauptmann, Hauptmann der Reserve Klaus Mulch zum Oberleutnant der Reserve degradiert. Major Christian Schwarz wurde mit Gehaltskürzung, der Fahnenjunker Martin Elbe mit dreijähriger Beförderungssperre bestraft. Helmuth Prieß steht eine Berufungsverhandlung vor dem Wehrdienstsenat des Bundesverwaltungsgerichts München bevor. Verfahren gegen zwölf weitere Mitunterzeichner der inkriminierten Erklärung sind noch anhängig.

Meine Damen und Herren, ich enthalte mich an dieser Stelle der Versuchung, die psychoanalytische Erfahrungshypothese näher auszuführen und zu erläutern, daß die Erregung, die ein Vorwurf auslöst, nur seine Treffsicherheit zu bestätigen pflegt. Peter Augst, Helmuth Prieß und seine Freunde haben im übrigen nur wiederholt, was andere höchst integre und respektable Persönlichkeiten schon gesagt haben. Unter Hinweis auf Hiroshima und Nagasaki formulierte Martin Niemöller 1959 in einer Rede: »Aber das ist ja auch kein Krieg mehr, sondern das ist nun wirklich Massenmord und Massenselbstmord.« Eine der ehrwürdigsten moralischen

Autoritäten unseres Jahrhunderts, Albert Einstein, schrieb am 20. September 1952 in einem Brief an einen japanischen Journalisten, der ihn u. a. zu seiner Meinung über den Einsatz von Atomwaffen befragt hatte: »Töten im Krieg ist nach meiner Meinung um nichts besser als gewöhnlicher Mord.«

Jeder begreift, daß weder Niemöller noch Einstein noch Prieß im Sinne hatten, Soldaten durch Unterstellung mörderischer Motive persönlich zu beleidigen. Ihre aufrüttelnden Äußerungen sind ausschließlich als Gewissensbekenntnis zu interpretieren, nämlich unter dem Druck der furchtbaren Aussicht, daß ein moderner Krieg durch Einsatz von Massenvernichtungswaffen vor allem große Teile der wehrlosen Zivilbevölkerung, also Frauen, Kinder, Alte und Kranke, dahinzuraffen droht. Es muß schließlich nachzusprechen erlaubt sein, was Albert Einstein als moralische Leitfigur für viele Millionen in West und Ost klipp und klar gesagt hat.

Der Schutz der Freiheit, seinem Gewissen Ausdruck zu geben, muß in unserer Demokratie, wenn sie sich als solche bewähren will, gerade auch in der Bundeswehr unbedingt gewahrt bleiben. Deshalb haben wir Ärzte der IPPNW bereits in einer öffentlichen Erklärung auf unserem Kongreß im Februar in Berlin gefordert, die entehrenden und entwürdigenden Disziplinarurteile gegen Helmuth Prieß und seine Freunde vom Arbeitskreis Darmstädter Signal unverzüglich zurückzunehmen. Im Einvernehmen mit meinen Kollegen der IPPNW wiederhole ich an dieser Stelle unseren dringenden Appell. Der neue Verteidigungsminister möge damit zugleich den Vorwurf entkräften, durch die disziplinarrechtliche Intervention in Wahrheit der Friedensarbeit des Arbeitskreises Darmstädter Signal ein Ende setzen zu wollen.

Nachwort

Am 17. Dezember 1992 hat die Zweite Kammer des Münchner Wehrdienstsenats (Bundesverwaltungsgericht) die Degradierung von Helmuth Prieß aufgehoben. Ihm und seinen zuvor ebenfalls bestraften Kameraden wurde bescheinigt, daß sie aus achtenswerten ethischen Motiven gehandelt hätten. Die übrigen Verfahren in der Sache wurden eingestellt, einzelne schon in der ersten Instanz ergangene Freisprüche für rechtskräftig erklärt. Am 30. Januar 1993 wurde Helmuth Prieß rückwirkend zum Oberstleutnant befördert.

Warum schweigt die Friedensbewegung?

Immer wieder hören Vertreter der Friedensbewegung dieser Tage die Frage: Warum schweigt ihr zu den Kriegsgreueln in Bosnien und Kroatien? Gemeint ist oft weniger Kritik als Ratlosigkeit oder sogar Hilfesuche: Warum wird die Friedensbewegung, die doch im Fall der Atomraketen-Stationierung zu einer beachtlichen öffentlichen Gegenmacht aufgestiegen war, angesichts der Brutalitäten im zerfallenen Jugoslawien kaum sichtbar, geschweige denn wirksam? Das führt zu der weiter reichenden Frage: Was bedeutet die Friedensbewegung überhaupt im gesellschaftlichen Kräftespiel, und was kann sie leisten?

Sieht man von einigen außengesteuerten und einäugigen Elementen in der Phase des atomaren Rüstungswettlaufs ab, so kann man sagen, daß sie als eine Art kollektives Gewissen allen Formen politisch organisierter zerstörerischer Gewalt entgegentreten will. Natürlich ist sie diese moralische Autorität nicht aus sich heraus, sondern übernimmt nur per Delegation diese Rolle, je nach dem Grad, in dem die Gesellschaft eine Repräsentanz für ihr eigenes moralisches Potential sucht. Entsprechend wächst die Bewegung oder schrumpft mit dem schwankenden allgemeinen Glauben an eine gemeinsame Verantwortlichkeit für den Schutz des Lebens und der Menschenrechte. So wird sie gelegentlich zum Abbild von Hoffnungen aufgebaut, zu anderen Zeiten durch projizierte Resignation entwertet bis gelähmt.

Während des kalten Krieges zehrte die Friedensbewegung obendrein von massiven elementaren Bedrohungsängsten großer Bevölkerungsteile. Dagegen enthielt der mächtige pazifistische Protest gegen den Golfkrieg, der landesweit selbst die Schuljugend auf die Straßen trieb, in hohem Maße echte moralische Entrüstung über einen High-Tech-Krieg, der den Terror des Saddam Hussein mit einem unverhältnismäßigen Zerstörungswerk beantwortete. In

Konflikt wurden die Kriegsgegner dann weniger durch die suggerierte Illusion gestürzt, der »chirurgische« Krieg schone die Bevölkerung, als vielmehr durch die Kunde vom Beschuß Israels mit Hilfe deutscher Raketentechnik. Hinzu kam die massive Regierungspropaganda: Unmoralisch sei nicht der Krieg, sondern das deutsche militärische Beiseitestehen, das »Sichdrücken« vor der Mitverantwortung usw.

Man muß weiter ausholen, um zu verstehen, welche gesellschaftlichen Bewußtseinsprozesse sich in den Reaktionen der Friedensbewegung und den Reaktionen auf diese widerspiegeln. Die Friedensbewegung ist der strukturelle Gegenspieler von Kräften, welche die Lösung politischer Probleme mit militärischer Gewalt betreiben. Im High-Tech-Zeitalter werden diese Kräfte aber immer schwerer durchschaubar. Technische Ausmerzungskonzepte werden in den Labors nüchterner Wissenschaftler ausgebrütet. Die Physiker von Los Alamos gaben den Politikern die Atombomben für Hiroshima und Nagasaki in die Hand. Die strategischen Atomkriegspläne im kalten Krieg kalkulierten beiderseits Hunderte von Millionen Toten ein. Sich solche Szenarien auszudenken und damit im Rahmen offizieller Strategien zu hantieren, wirft psychologische Probleme auf, denen insbesondere R. J. Lifton (erst neuerdings wieder in seinem gemeinsam mit E. Markusen verfaßten Buch »Die Psychologie des Völkermordes«, Verlag Klett-Cotta) seit vielen Jahren nachgegangen ist.

Warum konnten moralische Gegenkräfte bisher die Produktion und Verbreitung von Massenvernichtungswaffen nicht entscheidend bremsen? Wie konnte eine regelrechte Ausrottungsmentalität wirksam werden, die sich unzweifelhaft hinter dem Horten von und dem Bedrohen mit (immer noch vorhandenen) Tausenden von nuklearen Sprengköpfen verbirgt? Sie beruht auf Mechanismen, »die den einzelnen davor bewahren, sich die unmittelbaren oder potentiellen Folgen des destruktiven Handelns vorstellen zu müssen«. Lifton und Markusen benennen als maßgeblich Dissoziations- und Spaltungsprozesse, die zu einer weitgehenden Abstumpfung führen. Ein Teil des Selbst löst sich ab und wird weitgehend eigenständig. Das Mitempfinden mit den realen oder potentiellen Opfern von Gewalt wird ausgelöscht. Nebenher funktioniert das ursprüngliche Selbst weiter und macht es möglich, daß der Betreffende sich als unauffälliger, fürsorglicher Partner und Familienvater benimmt. Erleichtert wird die Abstumpfung durch technische Systeme, die zwischen Schreibtischtätern, praktisch Ausführenden einerseits und Opfern der Destruktivität andererseits eine immer größere Distanz schaffen. Die Soldaten sehen nicht mehr die Opfer ihrer Raketen, Computer setzen Maschinen mit gewaltigen Zerstörungswirkungen auf Knopfdruck einzelner in Gang.

Die Absorption der Grausamkeit durch technische Abläufe funktioniert nach Art einer – wie ich es genannt habe – »Aggressionswaschanlage«.

Zum Unterschied von Geldwaschanlagen dient die Zerstörungstechnik allerdings nicht zur Täuschung anderer, sondern zur Selbstbetäubung. Die Transformation der Brutalität in militärisches High-Tech dient der eigenen Verdrängung. Von dem Grauen der Vernichtungsenergie ist nach ihrer Unterbringung in den selbsttätigen Tötungsmaschinen nichts mehr fühlbar. Teile der Bevölkerung vollziehen diesen psychologischen Spaltungsprozeß mit. Gezielt gefördert wird die Abstumpfung durch gesteuerte Medien. So ist sie – wie Lifton und Markusen feststellen – »in alle Strukturen der Gesellschaft eingedrungen und hat sich als Routine institutionalisiert. Niemand tritt offen für den Völkermord ein, doch die Ausrottungsmentalität wird zunehmend mit Dienst am und mit Treue zum Staat gleichgesetzt – die große Mehrzahl der Bürger protestiert nicht dagegen.«

Während der langen Phase der Blockkonfrontation hat sich in den Köpfen die Vorstellung vom Krieg als High-Tech-Massentötung festgesetzt. Als Träger der Gewalt erschien immer weniger der Mensch als seine technischen Vernichtungssysteme. Gleichzeitig hat es die Gesellschaft in den Hauptproduktionsländern dieser Waffen fertiggebracht, sich eine kontinuierliche moralische Höherentwicklung einzureden. Man forciert Kampagnen gegen Menschenrechtsverletzungen, ächtet den Rassismus in Südafrika, spendet für Hungernde im Sudan und Somalia und verleugnet gleichzeitig systematisch das eigene Destruktionspotential. Die von Lifton beschriebenen psychologischen Spaltungs- und Dissoziationsprozesse haben die Empfindsamkeit für die eigene an die Technik delegierte Brutalität weitgehend ausgelöscht.

Wer indessen die Abspaltung behindert und die Destruktivität beim Namen nennt, stiftet verständlichen Aufruhr. So erging es jenem Arzt aus der ärztlichen Friedensbewegung, der ungeniert öffentlich aussprach: Alle Soldaten seien potentielle Mörder – wobei er übrigens nur fast wörtlich eine Formulierung Albert Einsteins aus dem Jahre 1952 wiederholte. Er bezog seine Äußerung auf die Aussicht, daß taktische Atomwaffen große Teile West- und Ostdeutschlands vernichten könnten. Was man ihm als menschenverachtende Ungeheuerlichkeit ankreidete, war nur die Aufdekkung jener psychologischen Dissoziation, ohne die eine auf Massenvernichtungswaffen gestützte sogenannte Sicherheitspolitik in der Öffentlichkeit nicht durchsetzbar wäre. Soldaten des »Darmstädter Signals«, Offiziere und Unteroffiziere der Friedensbewegung, pflichteten dem Mörderausspruch bei und bekamen vom Bundesverfassungsgericht zu hören, sie hätten *besonders emotionsgeladene* Begriffe, also Mörder, zu unterlassen. Aber eben um die Reintegration der abgespaltenen Emotionalität geht es ja. Um die Wiedererweckung der Sensibilität, die atomare Bedrohung als menschenverachtend erkennt.

* * *

Nun tobt seit zwei Jahren im Herzen Europas ein Bürgerkrieg in barbarischen Formen, wie man sie endgültig in entlegene unterentwickelte Länder verbannt geglaubt hatte. Die Unfähigkeit, mit diesen Ereignissen umzugehen, hängt nicht zuletzt mit den beschriebenen Abspaltungsprozessen zusammen. Hier wird Krieg als horrende mörderische Gewalt zwar hautnah vorgeführt, dennoch von den zuschauenden Nachbarn wie ein grausig-exotisches Spektakel aus einer fernen Welt erlebt. Man möchte die Täter ebenso einer fremden, unkultivierten Spezies zuordnen, wie man jede psychische Verwandtschaft mit den Zehntausenden leugnen möchte, die Hitler aktiv beim Holocaust geholfen haben. An ihrer heillosen Verwirrung und Ängstigung könnten die Zuschauer indessen ablesen, daß sie selbst mit den auf dem Balkan entfesselten Kräften der Gewalt innerlich mehr zu tun haben, als sie sich einzubilden versuchen. Dort bricht die üblicherweise »technisch gewaschene« Destruktivität in ihrer radikalsten archaischen Form hervor, so wie sie in keinem Konzept europäischer Sicherheitspolitik mehr einkalkuliert war. Dabei rächt sich der eklatante Mangel an Vorkehrungen für friedliche Konfliktlösungen im Falle ethnischer und nationalistischer Spannungen. Auf eine rein militärische Sicherheitspolitik fixiert, verfügen die Regierungen über große strategische Planungsstäbe, aber kaum über ethnologisch, historisch und sozialpsychologisch geschulte Beratergruppen für präventive friedliche Interventionen im Falle ethnischer Konflikte. Allerdings ist es gerade *nicht* dieses Defizit, das manche Politiker dieser Tage vordringlich beunruhigt, eher das Dilemma, daß sie gern dazwischenschlagen wollen, aber wohl oder übel einsehen müssen, daß sie damit keinen Frieden stiften können.

Ähnlich reagiert ein Teil der internationalen und der deutschen Öffentlichkeit. Ein Blitzkrieg – so die Phantasie – sollte den gewalttätigen Nationalismus stoppen, den der alte stalinistische Herrschaftsapparat zur Rettung der eigenen Macht entfesselt hat. Dagegen fühlt ein anderer Teil, daß die Destruktivität nicht mit Mitteln der gleichen Art – mit Bomben oder Raketen – zu kurieren ist, sondern diese eher noch anheizen würde. In der Tat bedürfen statt dessen die Bevölkerungsgruppen, die als bisher ohnmächtige Opposition diesen Krieg und seine Drahtzieher hassen, einer vervielfachten Unterstützung. Zwar sind längst Dutzende von Einzelinitiativen der hiesigen Friedensbewegung damit beschäftigt, in der Region Antikriegsgruppen, Kriegsdienstverweigerer und Deserteure zu unterstützen sowie Hilfslieferungen zu organisieren. Wenig davon ist an die Öffentlichkeit gedrungen. Erst jetzt wird der Blick auf die große Welle von Hilfsbereitschaft gelenkt, zum Beispiel auf die vielen Familien, die den vertriebenen Obdachlosen Zuflucht bieten. Diese Strömung von fürsorglicher Solidarität speist sich aus den nämlichen Motiven, von denen die echte Friedensbewegung zehrt.

Aber bestehen bleibt die Tatsache, daß die internationale Gemeinschaft mit allen ihren Organisationen wie UNO, EG, WEU, KSZE ebenso wie die Friedensbewegung in Bosnien gescheitert ist. Alle äußeren Interventionen: Seeblockade, Überwachung, Zollkontrollen, Blauhelm-Aktionen, Ultimaten, Vermittlungsinitiativen konnten die Morde und die Vertreibungen nicht stoppen. Hunderttausende haben ihr Leben verloren oder verstümmelnde Verletzungen erlitten. Die bosnischen Moslems sind die Hauptopfer des Ausrottungskrieges mit seinen »ethnischen Säuberungen«.

Die Katastrophe nötigt uns alle zur Revision eines fatalen Vorurteils, des Glaubens nämlich, die internationale Gemeinschaft sei imstande, militärische Gewalt überall in der Welt zu unterdrücken und überfallene Völker zu befreien. Statt dessen müssen wir die Kriegsbereitschaft als ein Menschheits-Virus erkennen, das etwa wie die Neigung zu Krebs überall lauert und zur Zeit in mehr als vierzig Ländern zum Ausbruch militärischer Konflikte geführt hat.

Wir müssen das Übel wie eine Krankheit betrachten, die mit chirurgischen Mitteln, das heißt mit Waffen, genausowenig zu beherrschen ist wie ein metastasierender Krebs. Auch wenn die UNO über noch so große Truppen- oder Polizeieinheiten verfügte, könnte sie nicht die Gewalt in Schach halten, die überall dort entfesselt wird, wo die immunologischen Abwehrkräfte geschwächt sind. Mag auch der eine oder andere Regionalkonflikt durch UNO-Interventionen befriedet werden können, so ist der Erfolg nur der Eliminierung einer Metastase eines generalisierten Krebsleidens vergleichbar.

Ist die Kriegsanfälligkeit aber einer immunologischen Disposition ähnlich, so müßten alle Anstrengungen sich darauf richten, präventiv die Abwehrkraft des »Organismus Menschheit« mit seinen vielfältigen Subsystemen zu stärken. Als erstes muß der »Krankheitseinsicht« zum Durchbruch verholfen werden, daß das gemeinsame Überleben auf einer bis an den Rand bevölkerten Erde mit rasch schwindenden Ressourcen und massiver Naturzerstörung nur längerfristig möglich ist, wenn die Internationale Gemeinschaft ihre vereinten Kräfte für die Sicherung ihrer Gesamtexistenz bündelt. Eine elementare Erkenntnis muß die Notwendigkeit einer radikalen Unterbindung der immer noch florierenden Aufrüstung mit einem weltweiten Waffenhandel sein. Diese Maßnahme würde sich automatisch aus der endlich fälligen Einsicht ergeben, daß militärische Gewalt nirgends zur Lösung irgendeines politischen Problems taugt, vielmehr immer nur neuen Haß und ethnische Rachegefühle als Quelle ewig wiederkehrender Ausbrüche der Krankheit Krieg schafft.

Genau dies ist der Inhalt der Botschaft, welche die Friedensbewegung unentwegt zu verbreiten sucht. Natürlich muß sie das Gemetzel in Ex-Jugoslawien wie die anderen Kriege in der Welt als Rückschlag für ihre Aufklärungsarbeit hinnehmen. Es ergeht ihr ähnlich wie dem Arzt, der einem Patienten mit Immunschwäche nur wieder und wieder raten kann, gesundheitsschädliche Lebensweisen aufzugeben. Der Patient wird dem Arzt nur folgen, wenn ihm durch beunruhigende Symptome seine unmittelbare Gefährdung klar wird. So kann man hoffen, daß das grausige Drama in Ex-Jugoslawien inmitten des hochzivilisierten Europa genügend Entsetzen für die Stimulierung eines entschlossenen Vorbeugungs- und Selbstheilungwillens schafft. Die Einsicht, daß das Rezept »friedenschaffender« gewaltsamer Interventionen teils nicht anwendbar, teils kontraproduktiv ist, könnte der internationalen Friedensbewegung vielleicht endlich mehr Gehör verschaffen. Gelingt es ihr, die präventiven Kräfte zu stärken und das krankheitsfördernde militaristische Denken und Handeln zunehmend zu schwächen, erhöht sich die Aussicht, daß endlich dem eigentlichen gemeinsamen Feind wirksamer begegnet werden könnte, nämlich der Mißachtung unseres weltweit Aufeinander-angewiesen-Seins zur Erhaltung des Lebens auf der Erde.

Das Unheilsrezept des Militarismus*

»Ohne den deutschen Militarismus wäre die deutsche Kultur vom Erdboden getilgt!« Es scheint, als wäre dieser Glaube, im Oktober 1914 von 93 deutschen Prominenten in einem »Aufruf an die Kulturwelt« verkündet, unaustilgbar. Denn obwohl dieses Land zuerst unter der Kriegsflagge mit dem kaiserlichen Adler, dann unter der mit dem Adler und dem Hakenkreuz die Welt in die schrecklichsten Katastrophen des ausgehenden Jahrhunderts gestürzt hat, taucht getarnter oder offener militaristischer Stärkekult beharrlich als Heilsrezept gegen Identitätsunsicherheit und Minderwertigkeitsängste auf. Natürlich verleugnet dieser Kult seinen wahren kollektivneurotischen Ursprung, sondern feiert sich regelmäßig als hehre Tugend, als Kreuzzugsbereitschaft gegen diesen oder jenen Weltfeind, als Nibelungentreue gegenüber der großen Führungsmacht, gar als humanitäre Pflicht zur Rettung der Unterdrückten und Verfolgten.

Sitzen die Repräsentanten dieser deutschen Überkompensation an den Machthebeln, hilft ihnen nur eine konstante Pervertierung der Moralbegriffe, um die eigene Irrationalität gegen die Besorgten zu verteidigen, für die – aus der Erinnerung heraus – der Militarismus als solcher schlimmer ist als alle Übel, zu deren Eliminierung er sich als Rettungsstrategie auszugeben beliebt. So mußten sich diese Besorgten denn der Reihe nach die haarsträubendsten Verleumdungen gefallen lassen:

Zuerst waren sie, weil sie den beiderseitigen Wahnsinn des atomaren Wettrüstens anprangerten, angeblich allesamt Kommunisten. Sie galten als Sicherheitsrisiko, weil sie das echte Risiko der horrenden Bedrohung anprangerten. Als schließlich Saddam Hussein in

* Erweiterte und überarbeitete Fassung eines in der »taz« am 26.1.1993 erschienenen Textes

die verwaiste Menschheitsfeind-Rolle (Enzensberger) eingerückt und damit zum vorläufigen »Retter der NATO« (Züricher Tagesanzeiger) avanciert war, kamen sie gleich zwiefach in Verruf, weil sie der Führungsmacht des »Wüstensturms« die gehörige Solidarität zu verweigern verlangten und obendrein durch ihren Widerwillen gegen das Blutvergießen zwei unverzeihliche Untugenden zu verkörpern schienen: Drückebergerei und Weinerlichkeit. Hinzu kommt neuerlich der Vorwurf inhumaner Rücksichtslosigkeit, nämlich die militärische Beistandspflicht für notleidende Völker zu leugnen.

Heute sieht nun jeder, daß der Wettlauf der nuklearen Bedrohungen nackter Irrsinn war, dessen gefährliche Folgen – Nuklearexporte in unsichere Länder – keineswegs gemeistert sind. Kaum einen Schritt hat der Golfkrieg den Nahostkonflikt einer Lösung und Israel dem Frieden näher gebracht. Er hat Massen an Opfern nicht zuletzt unter der irakischen Zivilbevölkerung gefordert und riesige ökologische Zerstörungen angerichtet – ohne die Macht des erklärten Kriegsgegners Saddam nennenswert zu schwächen. Und Somalia? Wenn die somalischen Clans es wollen, werden sie nach Abzug der Fremdtruppen unentwegt weiter morden und rauben. Weder dort noch in Moçambique, Angola, Afghanistan, Kambodscha, BergKarabach, Abchasien, in Kurdistan wie in Bosnien werden Kampftruppen von außerhalb einen dauerhaften Frieden erzwingen können.

Immer wieder ist die Weltgemeinschaft durch Kriege überrumpelt worden, für deren Verhinderung oder schnelle Beendigung sie mehr hätte tun können mit Instrumenten präventiven Krisenmanagements, mit sofortiger Unterbindung aller kriegswichtigen Importe und gegebenenfalls weiteren Sanktionen. Aber dafür ist die UNO bisher zu schwach, zu arm, zu uneinig. Sie ist ja nicht einmal imstande, den internationalen Waffenhandel ihrer Mitglieder zu kontrollieren, der viele der brutalsten Kriege erst ermöglicht. Während die Deutschen selbstgerecht ihre Friedenspolitik seit langem als Know-how-Exportartikel anbieten, haben deutsche Firmen Saddam Hussein geholfen, Israel mit weittragenden Raketen zu beschießen. Um ein Haar hätte der aggressive Gaddhafi dank deutscher Unterstützung über mörderische Chemiewaffen verfügt. Es ist obszön, wenn die Rüstungsexportländer in heilige Entrüstung über die Destruktivität anderswo ausbrechen, für die sie selbst die Instrumente geliefert haben.

Die besondere internationale Verantwortung der starken Industriemächte läge darin, entschlossen zu einem raschen Umdenken, zu einer Entmilitarisierung der politischen Strategien beizutragen. Daß Kanzler Kohl unmittelbar nach der Vereinigung nichts Eiligeres zu tun hatte, als die gewachsene deutsche Verantwortung rein militärisch zu definieren, und daß ihm Rühe, Waigel, Wörner, Naumann und nunmehr selbst Bischöfe mit Eifer in der Forderung nach deutschen Kampftruppen für Einsätze in aller Welt folgen, ist bedrückend. Zuerst sollten wir Deutschen doch bemüht sein, daß wir mit der Feindschaft und mit der Gewalt gegen Ausländer und andere Minderheiten im eigenen Land fertigwerden; daß wir die massenhaft auftauchenden Reichskriegsflaggen in den rechten Quartieren und den Sportstadien wieder zum Verschwinden bringen; daß wir nicht länger andere durch Export von Waffen zu deren Gebrauch verleiten. Unsere besondere Verantwortung als wohlhabendes Land verpflichtet uns schließlich, für die Verfolgten, für die Verhungernden und die vergewaltigten Frauen in Bosnien unsere Hilfeleistungen drastisch zu steigern.

Und die UNO? Sie braucht dringend mehr Autorität und mehr Mittel, um wirksamere präventive Friedensarbeit zu leisten. Kriegerische Gewalt von riesigen Ausmaßen droht durch die Steigerung der Massenarmut in zahlreichen Regionen der Welt bei gleichzeitig fortschreitender Naturzerstörung. Entwickelt die Weltgemeinschaft keine Instrumente, um die astronomischen internationalen Ausgaben für militärische Zwecke zugunsten der Entwicklungshilfe für die Notleidenden und zur Rettung der lebensgefährlich verletzten Natur drastisch zu drosseln, wird es irgendwann überhaupt keine durchgreifend wirksamen Rettungsstrategien mehr geben. Die Chancen der UNO stehen und fallen mit der Vernunft ihrer Mitglieder und insbesondere mit dem Willen der einflußreichsten Industrienationen, ihre kurzfristigen Vorteile dem Gesamtwohl der gemeinsam in hoher Gefahr schwebenden Menschheit unterzuordnen.

Wären die Industrieländer derart von humanitären Sorgen beschwert, wie sie es in Somalia demonstrieren, würden sie längst Dutzenden von armen Ländern, wo täglich Abertausende an Unterernährung und vermeidbaren Seuchen sterben, mit einer echt partnerschaftlichen Wirtschaftspolitik und einer Entwicklungshilfe von glaubwürdiger Größenordnung entgegenkommen. Zumal die Deutschen könnten sich darin beispielhaft hervortun, anstatt sich dem UNO-Generalsekretär hartnäckig für die Nominierung zu hinreichend imposanten Militäreinsätzen aufzudrängen.

Richtige und falsche Thesen über internationale Aufgaben deutscher Sicherheitspolitik*

Seit der Ost-West-Entspannung überzieht eine Welle von regionalen Kriegen die Welt. Kaum vereint, stehen wir Deutschen vor der Frage, welche Verantwortung wir künftig wahrzunehmen haben, um im Rahmen der internationalen Gemeinschaft den Frieden zu fördern. Derzeit bewegen uns Ohnmachtsgefühl, Entsetzen und Wut über die unfaßbaren Kriegsgreuel mitten in Europa. Dennoch ist geboten, in Besonnenheit sorgfältig abzuwägen, wo nichtmilitärische oder militärische Mittel gegen ausgebrochene oder drohende kriegerische Gewalt tauglich oder untauglich erscheinen und welche Konsequenzen sich daraus für uns Deutsche ergeben.

These 1: Zur Beendigung der unerträglichen Greuel in Ex-Jugoslawien sollte sich die UNO zu einem militärischen Befreiungsschlag entschließen.

Falsch! Denn es ist eine Illusion, daß ein Angriff auf militärische Stellungen und Knotenpunkte oder gar Vergeltungsbombardements die Leiden der Menschen schnell beenden könnten. Vielmehr besteht die Gefahr, vor der auch der Generalsekretär der UNO Boutros Ghali warnt, daß solche militärischen Interventionen den Krieg noch ausweiten und viele zusätzliche Opfer fordern würden.

These 2: Aber wir dürfen doch nicht tatenlos zusehen!

Richtig! Statt Waffen nach Bosnien zu liefern, wie jetzt von unserer Regierung erwogen, sollten wir unsere Grenzen öffnen, um den Insassen von Internierungs- und Gefangenenlagern sowie den Flüchtlingen Zuflucht zu schaffen. Erweiterte humanitäre Hilfe und verstärkte Unterstützung von Antikriegsgruppen in der Region

---

* Gemeinsam mit Andreas Buro verfaßte Presse-Erklärung, die mit unterschrieben wurde von: *Inge Aicher-Scholl, Heinrich Albertz, Andreas Flitner, Stefan Heym, Margarete Mitscherlich, Jens Reich, Friedrich Schorlemmer, Dorothee Sölle.*

sind unerläßlich. Zur Ausstattung der UNO für ihre entscheidende Vermittlungsarbeit ist beizutragen. Sinnvoll ist auch der Vorschlag, die Kriegshetze über die Medien mit den verfügbaren technischen Mitteln soweit als möglich zu behindern. Viele weitere Schritte – man denke nur an eine sinnvolle Durchsetzung des Embargos – sind diesseits von Militärinterventionen möglich. Förderung verdient schließlich der Plan, in einem Weltgerichtshof die Hauptverantwortlichen für die Völkermord-Verbrechen zur Rechenschaft zu ziehen.

These 3: Wenn wir doch wenigstens deutsche Blauhelme nach Bosnien schicken würden, dann könnte die UN dort wirksamer arbeiten!

Falsch! Da deutsche Soldaten im Ersten und Zweiten Weltkrieg unermeßliches Leid über die Balkanvölker gebracht haben, sind sich fast alle einig: Deutsche Soldaten haben dort weder als Blauhelme noch als Interventionstruppen etwas zu suchen. Der humanitären Hilfe der UN ist darüber hinaus nicht mit zusätzlichen deutschen Blauhelmen gedient. Ihr fehlt es vor allem an der notwendigen Finanzierung, um ihre Möglichkeiten auszuschöpfen. Mit den bisher ausstehenden Beiträgen und einer wünschenswerten zusätzlichen finanziellen Unterstützung könnte sie wesentlich mehr leisten.

These 4: Deutschland muß insgesamt mehr tun, um die ausufernde kriegerische Gewalt in der Welt einzudämmen.

Richtig! Als erstes müssen wir uns mehr anstrengen, um im eigenen Land Haß und Gewalt und konfliktschaffende soziale Ungerechtigkeiten abzubauen. Sodann müssen wir, vorab durch eigenes Beispiel, entschlossen gegen den kriegsfördernden internationalen Waffenhandel angehen. Mit deutscher Rüstungshilfe konnte Saddam Hussein weittragende Scud-Raketen gegen Israel abfeuern. Deutsche Firmen haben sein Atomprogramm gefördert und Libyens Gaddhafi fast zu einer Chemiewaffenfirma verholfen. In Dutzenden von politisch unsicheren Regionen droht der Ausbruch neuer Kriege mit Waffen aus Lieferländern, die dann in der UNO Sanktionen gegen ihre Abnehmer beschließen.

These 5: Der Golfkrieg ist ein Beispiel für Fälle, in denen sich Deutschland an internationalen Kampfeinsätzen beteiligen sollte.

Falsch! Der Golfkrieg hat unmittelbar und mittelbar Hunderttausende von Irakern, allein Massen von Kleinkindern durch den

Zusammenbruch der Wasser- und der medizinischen Versorgung getötet. Der Krieg hat die Lage der Kurden dramatisch verschlimmert, für Israel den Frieden nicht näher gebracht und das Regime Saddam Husseins, des erklärten eigentlichen Kriegsfeindes, eher gefestigt.

These 6: Grundsätzlich sollte indessen die verfassungsmäßige Möglichkeit für die deutsche Beteiligung an Kampfeinsätzen im Rahmen der UNO, der EG oder der WEU geschaffen werden.

Falsch! Wir leben in einer Zeit fundamentaler Weichenstellung. Das Drängen nach deutscher Beteiligung an Kriegsaktionen (die irreführend als »Frieden schaffend« oder gar als »Nothilfe« umgetauft werden) verrät den Wunsch, unsere erweiterte internationale Verantwortung vorrangig militärisch zu definieren, anstatt die gewaltigen internationalen Aufgaben der Überwindung der Armut, des Umweltschutzes und der nichtmilitärischen Krisenbewältigung voranzustellen.

Die deutschen Soldaten sind belehrt, das eigene Land oder dasjenige eines NATO-Partners gegen Angriffe zu verteidigen. Sollen sie sich aber an Krieg in Kambodscha, Afghanistan, Krygystan, Abchasien, Bergkarabach, Sri Lanka, Angola, Moçambique oder Birma beteiligen, wo überall katastrophale Bedingungen wie in Somalia teils heute schon vorliegen, teils morgen vorliegen können?

Vernünftige militärische Zurückhaltung bedeutet für uns weder eine Buß- oder Reueposition noch pazifistischen Fundamentalismus, erst recht nicht Drückebergerei, sondern die schlichte, logische Konsequenz aus unserer Erinnerung und aus der Einsicht, daß *nicht eines* der großen Überlebensprobleme, die von der Weltgemeinschaft den konzentrierten Einsatz aller Energien fordern, militärisch gelöst werden kann.

GESUNDHEIT
UND
GESELLSCHAFT

Wieviel Gesundheit erlaubt unsere Zeit?

Auf den ersten Blick scheint es nicht sehr sinnvoll, danach zu fragen, wieviel Gesundheit unsere Zeit erlaube, denn eher scheint doch momentan die umgekehrte Vorschrift zu lauten: Halte dich fit, kontrolliere Gewicht, Blutdruck und Cholesterin! Trainiere deinen Kreislauf, achte auf schadstofffreie Nahrung, benutze Kondome, hüte dich vor zuviel Sonne! Raucher werden wegen des eigenen Risikoverhaltens und der Gefährdung der passiv mitrauchenden Umgebung zunehmend geächtet. Die sogenannten Aids-Risikogruppen, also Prostituierte, Fixer und Homosexuelle rangierten noch 1989 auf der Antipathie-Skala der Westdeutschen, die wir repräsentativ untersucht haben, vor Zigeunern und Asylbewerbern.

Wehe dem also, der die Gesundheit anderer echt oder vermeintlich bedroht. Auf Unwillen stößt bereits, wer als sichtbar chronisch Kranker oder Behinderter die Gesunden nervös macht. Gehäufte Attacken gegen Behinderte sind nur der sinnfällige Ausdruck einer schleichend verbreiteten Diskriminierungstendenz.

Das wirft die Frage auf, wie gesund ist denn die offizielle Gesundheits- und Fitneßmoral wirklich? Wieviel Angst steckt in ihr? Angst, die sich in verdecktem Haß auf Krankheit, Behinderung und letztlich auf die Sterblichkeit verrät? Ist die Vergötterung unversehrbarer Fitneß nicht nur die Kehrseite einer panischen Flucht vor der unerträglichen Erkenntnis der eigenen Zerbrechlichkeit?

Es gibt einen medizinischen Fortschritt, der diese Zwiespältigkeit besonders sichtbar macht. Die revolutionäre Entwicklung der Gentechnik eröffnet zunehmende Möglichkeiten, die Anlage zu Erbkrankheiten vorgeburtlich zu erkennen. Darunter sind dominante Erbleiden wie die Chorea Huntington, die meist erst in vorgerücktem Alter zum Vorschein kommen. Die Träger des Huntington-Gens können zwei, drei, manchmal sogar vier Jahrzehnte völlig gesund durchleben, ehe sich das unheilbare Leiden bemerkbar macht. Ich habe in den letzten fünf Jahren ein familientherapeutisches Projekt geleitet, das sich speziell Chorea-Huntington-Kranken und ihren Angehörigen widmete. Nun ist die Diskussion darüber entbrannt, ob man nicht mit Hilfe prädiktiver Diagnostik die weitere Übertragung dieses Gens unterbinden sollte.

Margery Shaw, Professorin für Gesundheitsrecht an der Universität Texas, schreibt: »Ausgestattet mit der heutigen Technologie ist es jetzt möglich, damit anzufangen, das Huntington-Gen aus der menschlichen Rasse auszurotten.« Und sie fährt fort: »Wissentlich unüberlegt oder fahrlässig ein defektes Gen zu übertragen, das Schmerz und Leiden und einen quälenden Tod für einen Nachkommen bedeutet, ist sicherlich moralisch falsch, wenn nicht sogar rechtswidrig.«

Es wird nicht mehr lange dauern, bis man gentechnisch die Anlage zu einer größeren Zahl von neurologischen, psychiatrischen und internistischen Krankheiten bestimmen können wird. Droht jungen Müttern dann also versteckte oder gar offene Diskriminierung, sollten sie sich künftig weigern, Kinder mit kranken Genen abzutreiben? Wird die Gesellschaft demnächst überhaupt noch schwere chronische Krankheiten erlauben, die man prinzipiell wegzüchten kann?

Margery Shaw steht mit ihren Ansichten keineswegs allein. Eine Stimmung wachsender Ambivalenz gegenüber Behinderten ist unverkennbar. So könnte die gewaltsame Verhütung vorhersehbarer Behinderung bald den Kreisen einleuchten, die bereits jetzt am liebsten alle HIV-Infizierten zwangsweise isolieren würden. Man kann zweifeln, wie lange hierzulande das Entsetzen wirksam bleiben wird, das der Nazifeldzug gegen das sogenannte unwerte Leben hinterlassen hat.

Deutlich ist jedenfalls die inhumane Komponente einer Leitvorstellung von Gesundheit, die Krankheit und Behinderung absolut ausschließt. Sie charakterisiert Menschen, denen Leiden von Grund auf verhaßt ist, die nicht mehr mitleiden und – in der Konsequenz – auch nicht mehr helfen wollen. Menschen, denen ein leidloses egoistisches Lebensglück vorschwebt und die den Anblick jeder Not scheuen, da sie ihnen die Seite des Lebens widerspiegelt, die sie in sich verdrängen.

Die Tendenz zu solchem Denken hat ihre tiefen Wurzeln in dem Mythos unserer Industriekultur von der machbaren fortschreitenden Überwindung unserer Grenzen und Schwächen. Dagegen schrieb vor 32 Jahren Arthur Jores, einer der Väter der deutschen Psychosomatik: »Der Mensch erlebt diese Welt, er erfährt sie, er *erleidet* sie, Leben ist ein *Erleiden*. Ich lebe nicht, sondern ich *werde gelebt*. Es lebt in mir.« Das klingt inzwischen nahezu rührend, wie die romantische Verklärung eines nur ärgerlichen Defizits. Es ist die Bejahung von Schwäche als Grundmerkmal unseres kreatürlichen Lebens. Schwäche aber eben nicht einseitig als Mangel gesehen, sondern unter dem Aspekt einer Fähigkeit, offen zu sein, sich hinzugeben, sich anzuvertrauen. Erleiden nicht nur als Bedrücktwerden, sondern ganz allgemein als Haltung des Empfangens, des Annehmens.

Als ich vor wenigen Jahren in meinem Buch »Leben statt Machen« ebenfalls das herrschende Ideal von machbarer Leidfreiheit kritisierte, stieß ich prompt auf das gewollte Mißverständnis, ich träte für eine Art Masochismus ein und würde etwa gar das Leid sozial Unterdrückter billigen. Ich sehe es genau umgekehrt: Nur wer sich in fremdes Leid einfühlt und es innerlich mitträgt, erlebt sich zum Helfen aufgerufen, vielleicht obendrein zum Kampf gegen die Urheber vermeidbarer Not. Aber dafür bedarf es eben einer *gesunden* Sensibilität, das heißt der Fähigkeit, sich erschüttern zu lassen, ohne in Ohnmacht und Lähmung zu verfallen. Wer sich diese innere Widerstandskraft nicht mehr zutraut, versucht sich abzustumpfen und seine antrainierte Unsensibilität als angeblich gesunde Robustheit zu rationalisieren. Emotionale Durchlässigkeit, die Grundlage für Mitempfinden und mitmenschliches Engagement, aber auch für wichtige introspektive Wahrnehmungen, erscheint dann als lästig, wenn nicht als gefährlich. Natürlich pflegt sich solche Panzerung nicht als Ausdruck von Angst zu verstehen, sondern gibt sich lieber als erstrebenswerte Stärke und Härte aus.

Diese Art von emotionaler Abstumpfung analysierend, hat R. J. Lifton psychische Spaltungsprozesse beschrieben, die dazu führen, daß Menschen neben einem intakt bleibenden ursprünglichen Selbst ein Teil-Selbst absondern, das ihnen in einem umgrenzten Bereich eine bemerkenswert ungenierte Rücksichtslosigkeit gestattet. Ohne nähere Erörterung dieser Mechanismen sei hier nur zusammenfassend festgestellt, daß wir in den westlichen Gesellschaften tatsächlich einen Trend beobachten, der – um es grob zu beschreiben – auf eine Eingrenzung von Gesundheit auf *Leistungsfähigkeit*, also auf eine *Entinnerlichung* des Gesundheitsbegriffes, hinzielt.

Ich erinnere an unsere Gießener Längsschnitt-Untersuchungen der Selbsteinschätzung der Westdeutschen mit dem Gießen-Test. Bei einem Vergleich der repräsentativen Stichproben von 1975 und 1989 hat sich eine nachweisbare Verstärkung folgender Aussagen ergeben:

- *Ich bin stark daran interessiert, andere zu übertreffen.*
- *Ich bin eher eigensinnig.*
- *Ich gerate häufig in Auseinandersetzung mit anderen Menschen.*
- *Ich neige eher dazu, meinen Ärger abzureagieren.*
- *Ich mache mir selten Selbstvorwürfe.*
- *Ich mache mir verhältnismäßig selten Sorgen um andere Menschen.*

Angestiegen ist also eine egozentrische Ellbogenmentalität bei Rückgang von bewußten Schuldgefühlen und von sozialer Anteilnahme. Kritische Selbstreflexion und soziale Sensibilität werden gezügelt, da sie der im Rivalenkampf der Leistungsgesellschaft erstrebten Robustheit nicht eben förderlich wären.

In meinen jungen Jahren als Psychoanalytiker und Psychosomatiker diskutierten wir noch häufig leidenschaftlich darüber, ob es nicht unter besonderen Umständen gesünder sei, krank zu werden, als im landläufigen Sinne gesund zu bleiben. Uns regte damals das Buch eines Pioniers der Psychosomatik auf, das bezeichnenderweise inzwischen vollständig in Vergessenheit geraten ist. Es stammte von Hans Müller-Eckhard und hieß: »Die Krankheit, nicht krank sein zu können«. Darin protestierte der Autor vehement gegen die totale Entwertung von Krankheit durch eine Gesellschaft, die ihre Schwächen und Grenzen in einem ewigen Fortschritt überwinden wolle. Er vertrat die provokante These, es sei die »vielleicht menschlichste und notwendigste Leistung ... nämlich krank sein zu können«. In einer unerträglichen Lebensatmosphäre könne der Leib nein sagen zu dem zerstörenden Geschehen und krank werden. Dann beinhalte die Krankheit mehr Weisheit und Wahrheit als die »Gesundheit« der offiziellen Medizin. In dem Kranksein-Können vieler Patienten sei mehr Gesundheit als in dem Funktionieren von Millionen leidfreier Scheingesunder.

Wie Viktor von Weizsäcker verdanken wir Hans Müller-Eckhard bedeutende Beiträge für das Verständnis des Sinns von Krankheit.

Beide haben einen einsichtigen Unterschied gemacht zwischen Heilsein und symptomloser Heillosigkeit. Sie haben von der doppelten Aufgabe des Arztes gesprochen, unermüdlich zum Verhüten und Heilen beizutragen, aber zugleich Ehrfurcht vor der Krankheit zu bewahren.

In meiner Autobiographie »Die Chance des Gewissens« habe ich beschrieben, wie ich selbst im letzten Krieg als Soldat anhand einer eigenen psychosomatischen Krankheit gelernt habe – mit Hilfe des Weizsäcker-Schülers Werner Hollmann, der mich damals behandelte –, die Weisheit des Krankwerden-Könnens unter unerträglichen Zumutungen zu verstehen. Ich habe auf einen schweren Konflikt mit einem militärischen Vorgesetzten mit einer Polyarthritis reagiert. In jedem Krieg galt und gilt für Soldaten die Norm einer perfekten Spaltungsfähigkeit, die es möglich macht, sich mit einem abgestumpften Teil-Selbst ohne Beschwerden, ohne Appetitlosigkeit und Alpträume, ohne Skrupel oder Verzweiflung in einer Szene der Destruktivität zu bewegen, in der systematisch getötet wird und man selbst mittötet. Eingeübt wird diese Spaltung dadurch, daß Rekruten absoluter Gehorsam und ein rein mechanisches Funktionieren abgefordert werden, bis am Ende jenes Rumpf-Selbst entsteht, das fühllos auf Kommando täglich zerstören und töten kann.

Ich sehe den Krieg nur als Extremfall eines psychosozialen Experiments an, das bis weit in unsere sogenannte Friedensgesellschaft hineinreicht. Psychische Spaltungsvorgänge machen verständlich, daß jenes zuvor beschriebene Schrumpfen von sozialer Empfindsamkeit und inneren Skrupeln wie ein selbstverständliches Merkmal des Zeitgeistes registriert wird. Als Berufsgruppe der Psychoanalytiker und Psychotherapeuten geraten auch wir unter den Einfluß dieser Tendenz. Als einst das Angebot diskutiert wurde, Psychotherapie als Kassenleistung einzuführen, zerbrachen wir Psychoanalytiker uns in heftigen Diskussionen darüber den Kopf, daß die Medizinalisierung der Therapie uns endgültig auf ein Heilungsziel festlegen könnte, das nicht ursprünglich das unsere war. Wir dachten an Analysanden, die nicht vornehmlich von Symptomen kuriert werden wollten, sondern ein vertieftes Verständnis von sich selbst, eine bereichernde innere Entwicklung anstrebten. Uns schien dabei die Erweiterung von Leidensfähigkeit – also auch die prinzipielle Bereitschaft zu depressivem Reagieren – nicht automatisch als Mißerfolgskriterium, sondern als Merkmal von eigentlicher Gesundheit. Inzwischen ist diese Diskussion weitgehend verstummt. Es ist klar nach rein medizinischen Maßstäben vorgeschrieben, was bis zu welchem Ziel und in welcher Frequenz behandelt werden darf. Was die neue quantitative vergleichende Psychotherapie-Forschung mit ihren oberflächlichen Kriterien nicht messen kann, gilt ohnehin als uninteressant.

Allerdings läßt sich nun auch eine Gegenströmung ausmachen, die sich dem Leitbild eines bloß symptomfreien erfolgreichen Funktionierens widersetzt. Hier wird nach neuen inneren oder auch körperlichen Erfahrungen gesucht. Wir sehen, daß die mythologische Psychologie Jungs einen bemerkenswerten Aufstieg erfährt. Verschiedene Meditationsformen, östliche und westliche Esoterik, bieten sich an, um die Entwicklung eines »neuen Bewußtseins« zu vermitteln. Die Zielvorstellungen der New-Age-Bewegung reichen bis zur Überwindung der Orientierungskrise unseres Zeitalters, bis zum Zusammenwachsen der Menschheit und zur Einheit mit der Natur. Der Prozeß soll mit der Arbeit des Individuums an sich selbst beginnen und sich schließlich in einer neuen spirituellen Kultur fortsetzen.

Unabhängig von der Verschiedenheit der Richtungen und Schulen, in denen Psychotherapeuten arbeiten, spüren wir in unserer Berufsgruppe ein wachsendes Unbehagen vieler Menschen über den inneren Zustand unserer Gesellschaft, über die Kluft zwischen den offiziell beschworenen humanistischen und ökologischen Werten einerseits und den realen Manifestationen von Gewalt, Korruption, Entsolidarisierung und Naturzerstörung andererseits. Die Menschen sind in der Medizin fasziniert von den neuen Erkenntnissen über die naturwissenschaftlichen Krankheitsgrundlagen, von der Transplantationschirurgie und anderen Mitteln zur Lebensverlängerung. Zugleich leiden sie aber unter der entfremdenden Mechanisierung des Medizinbetriebs und unter einer voreiligen technischen Pragmatik auf Kosten einer geduldigen Beachtung natürlicher und psychosomatischer Prozesse. – In der Medizin spiegelt sich modellhaft der kulturelle Konflikt zwischen dem fragwürdig gewordenen expansionistischen Fortschrittsmythos und der Sehnsucht nach menschlich befriedigenderen und natürlicheren Lebensformen wider. Von der totalen Technisierung der Medizin irritiert, bringen die meisten indessen kein hinreichendes Vertrauen in ihre eigenen inneren Heilungskräfte und in solche Therapeuten auf, die im wesentlichen diese Kräfte zu unterstützen anbieten.

Ein Beispiel aus der eigenen Arbeit: Tausenden von kinderlosen jungen Frauen, die organisch gesund sind, wird neuerdings überstürzt eine beschwerliche, teure und relativ aussichtsarme künstliche Befruchtung empfohlen, ohne daß zuvor gründlich geklärt wird, ob etwa – was ziemlich häufig der Fall ist – unbewußte psychische Konflikte eine Schwangerschaft vorläufig verhindern. So wird mit Gewalt und achtlos in eine Funktion eingegriffen, die oft von selbst oder mit psychotherapeutischer Hilfe in Ordnung zu kommen pflegt. Psychosomatisch versierte Gynäkologen und wir Psychotherapeuten können das aus Forschung und persönlichen Erfahrungen gut belegen, aber wir finden immer weniger Gehör. Ähnliche Beispiele für voreiliges, unnötiges oder gar schädliches Einbrechen in organische Funktionen gibt es zuhauf.

Es ist schwer, sich vom herkömmlichen Ersatzglauben an die stetig fortschreitende Machbarkeit von Gesundheit und gesellschaftlichem Fortschritt zu lösen, ohne gewiß zu sein, daß in der Innenwelt hinreichende alternative Regenerationsenergien bereitliegen. Zudem erfährt, wer mehr von tieferen Gefühlen und Regungen zuläßt, leicht negative Etikettierungen aus dem Umfeld. Er gilt als kompliziert, übersensibel, labil, unrealistisch. Gegen solche Verunsicherung bietet es einigen Schutz, wenn man sich mit ähnlich Suchenden in den einen oder anderen Bereich der Psychokultur zurückzieht. Die Tendenz mancher Gruppen und Schulen der Psycho-Szene zu einer Art Sektenbildung erklärt sich unter anderem aus dieser Sehnsucht nach festem Halt in einer wärmenden, engen Gemeinschaft. Damit verbunden ist dann freilich immer die Gefahr gemeinsamer Selbstidealisierung, dogmatischer Erstarrung und – am Ende – paranoider Furcht vor internen Desintegrationsprozessen, die aber gerade in solcher paranoider Atmosphäre begünstigt werden. Man denke an die erbitterten Fraktionskämpfe in manchen psychoanalytischen und psychotherapeutischen Instituten.

Die Selbstausgrenzung eines Teils der Psycho-Szene und anderer Formen von Alternativkultur erklärt, warum das Unbehagen an dem immer noch vorherrschenden Gesundheitsbegriff – definiert durch unerschütterbare Funktionstüchtigkeit – nicht stärker kritisch gesellschaftlich durchschlägt. Noch fehlt es an Mut, das Leitbild einer sensibleren, besinnlicheren und dem Leben gegenüber achtungsvolleren Haltung auch der Wirtschaft und der Politik vorzuschreiben, wo ruinöses Macht- und Rivalitätsdenken sich als unfähig erweisen, eine uns alle bedrohende destruktive Entwicklung aufzuhalten. Der Mut sollte aus der Einsicht folgen, daß nur aus der vermeintlichen Schwäche innerer Offenheit, aus der Zulassung tiefer Sorge und Beunruhigung das verantwortliche Handeln hervorbrechen kann, das mit dem Kurs der Unfriedlichkeit und der Naturzerstörung ein Ende macht.

Deshalb werbe ich als alternder Psychoanalytiker mit ungebrochenem Starrsinn dafür, daß wir Psychotherapeuten, ohne unsere Aufgabe des unmittelbaren persönlichen therapeutischen Helfens zu vernachlässigen, unsere Vorstellungen von einer ganzheitlichen psychosozialen und psychosomatischen Gesundheit als Maßstab auch für die politische Orientierung vertreten. Wir können damit nicht die Gesellschaft kurieren, aber um uns herum wohl einiges zur Stärkung der moralischen Kräfte beisteuern, die in einem gefährlichen Moment tiefer Spaltung zwischen Macht und Geist wie zwischen Volk und politischer Klasse sich dringend mehr Geltung verschaffen müssen.

Familien- und Sozialtherapie im gesellschaftlichen Wandel

*Ein Gespräch mit Dagmar Hosemann**

I.: Welche Bilder und Ideen bewegten dich, als du begannst, zunehmend mit Familien zu arbeiten?

VERF.: Zunächst nicht Bilder und Ideen, sondern praktische Erfahrungen in einer Beratungs- und Forschungsstelle für seelisch gestörte Kinder und Jugendliche. Das war im Berliner Arbeiterbezirk Wedding im Rahmen einer großen Kinderklinik. Ich arbeitete in den Räumen der Poliklinik, wo die Mütter die Kinder mit allen möglichen Krankheiten ohnehin vorzustellen gewöhnt waren. Hier lernte ich, daß psychische Störungen von Kindern häufig mit Familienkonflikten verwoben sind. In Berliner Arbeiterfamilien ist man gesprächig und gewöhnt, über Probleme verhältnismäßig offen zu reden. Ich hatte es meist auch nicht besonders schwer, die ganze Familie einzubestellen. Es ging um Kinder mit Kopfschmerzen, Lernstörungen, Eßschwierigkeiten, aber auch um solche, die übermäßig schwindelten, klauten, periodisch wegliefen. Oft enthüllte sich vor meinen Mitarbeiterinnen und mir um ein gestörtes Kind herum ein komplexes Familiendrama, dessen Pathologie von anderen Familienmitgliedern stärker gesteuert wurde als von dem Kind selbst. Ich merkte bald, daß die Methode der klassischen Erziehungsberatung nicht viel fruchtete. Wenn ich einer Mutter riet, sie solle ihrem eßgestörten Kind nicht fortwährend sorgenvoll mit Nahrungsangeboten hinterherlaufen, so sagte sie ja, ja und akzeptierte auch meine Begründung. Aber bald verfiel sie aus innerem Zwang der alten überkompensatorischen Overprotection. Es gab auch Familien, da löste innerhalb eines gemeinsamen Konflikts ein Mitglied das andere in der Patientenrolle ab. Manche Kinder er-

---

* Die vollständige Fassung des hier gekürzt aufgezeichneten Gesprächs erscheint in D. Hosemann, J. Kriz und A. von Schlippe (Hg.): FamilientherapeutInnen im Gespräch. Freiburg (Lambertus) 1993

krankten, weil es sie überlastete, sich für einen Ehekonflikt der Eltern verantwortlich zu fühlen. Es gab auch Familien, da kämpfte einer oder eine mit allen anderen darum, wem es am schlechtesten ergehe und wer deshalb die meiste Rücksicht und Schonung beanspruchen könne. Ich habe in den Jahren zwischen 1952 und 1962 zusammen mit meinen ehrenamtlichen Mitarbeiterinnen eine stattliche Zahl von solchen problembelasteten Familien über mehrere Jahre hin systematisch verfolgt. Lange Zeit war es mein Hauptinteresse, die pathogenen Auswirkungen unbewußter Elternkonflikte auf das Kind zu studieren. Ich ermittelte bestimmte Typen narzißtischer Projektionen der Eltern auf das Kind und schrieb darüber 1960 eine größere Arbeit, aus der dann bald das Buch »Eltern, Kind und Neurose« wurde.

Als ich 1962 die Leitung der Gießener Psychosomatischen Universitätsklinik übernahm, hatte ich es fortan überwiegend mit erwachsenen Indexpatienten zu tun, die mich zum Studium des familiendynamischen Hintergrunds anregten. Wenn sich Patienten in unserer Ambulanz anmeldeten, wurde ihnen geraten, gleich den Partner oder die ganze Familie mitzubringen. Aber es dauerte ziemlich lange, bis ich meinen Gießener Mitarbeiterkreis von der familientherapeutischen Sichtweise überzeugen konnte. Anders als in Berlin hatte ich um mich herum nur fertige Psychoanalytiker oder psychoanalytische Ausbildungskandidaten. Und die waren entsprechend der klassischen Technik nur gewohnt, mit Einzelpatienten zu arbeiten.

I.: Wie schätzt du die Entwicklung der Familientherapie in den vergangenen zwanzig Jahren also jetzt im deutschsprachigen Raum oder mit deinen Erfahrungen darüber hinaus ein?

Verf.: An den psychoanalytischen Instituten konnte die Familientherapie zunächst nur schwer Fuß fassen, obwohl schon in den dreißiger Jahren Ansätze von psychoanalytischer Familientherapie vorhanden waren. Ich erinnere an die Ehepaar-Analysen von Oberndorf und an den Internationalen Psychoanalytischen Kongreß von Nyon 1936, wo ein Hauptthema gelautet hatte: »Familienneurose und neurotische Familie«. Aber innerhalb der Internationalen Psychoanalytischen Vereinigung blieb die Individualbehandlung bis heute das Standardmodell. Ende der sechziger Jahre war im Gebiet der Bundesrepublik neben unserer Gießener Gruppe lediglich der Göttinger Arbeitskreis um Eckhard Sperling und Almuth Massing familientherapeutisch aktiv. In Wien hatte Raoul Schindler mit einer Paralleltherapie von Schizophrenen mit ihren Eltern begonnen, was er bifokale Familientherapie nannte. Anfang der siebziger Jahre erwachte schon da und dort Interesse an einer familiendynamischen Sichtweise. 1971 machte ich mich auf die Suche nach Geld, um eine Kooperation derjenigen Pioniergruppen zustande zu bringen, die in den deutschsprachigen Ländern bereits mit Familientherapie arbeiteten oder damit zu experimentieren begannen. Beim Stifterverband für die deutsche Wissenschaft wurde ich fündig. So konnte ich 23 Wissenschaftlerinnen und Wissenschaftler aus der Schweiz, Österreich und der Bundesrepublik für die Gründung einer »Arbeitsgemeinschaft für Familienforschung und Familientherapie« gewinnen. Die bekanntesten darunter waren:

Hans Strotzka, Ludwig Reiter und Raoul Schindler aus Wien, Jürg Willi und Ambros Uchtenhagen aus Zürich, Luc Kaufmann aus Lausanne, Eckhard und Ursula Sperling sowie Almuth Massing aus Göttingen, Terje Neraal, Ingeborg Rücker-Embden, Angela Plaß und Dieter Beckmann aus Gießen sowie Willi Baumann aus Frankfurt. Wir trafen uns regelmäßig zweimal jährlich zu mehrtägigen Arbeitstagungen, wo wir uns gegenseitig über den Fortgang unserer Forschungen in Familiendynamik und Familientherapie unterrichteten. Außerdem entwarfen wir unter gemeinsamer Eigenbegutachtung einander ergänzende Forschungsprojekte, die durch Mitfinanzierung durch den Stifterverband realisiert werden konnten. Der Band »Familie und seelische Krankheit«, von Strotzka, Willi und mir 1976 herausgegeben, hat den Stand unserer damaligen wissenschaftlichen Entwicklung zusammengefaßt.

Inzwischen war Helm Stierlin zu der Arbeitsgemeinschaft gestoßen und brachte wichtige familientherapeutische Erfahrungen ein, die er zuvor in Amerika gesammelt hatte. Während die Familientherapie in der Bundesrepublik vorwiegend an neurotischen Eltern-Kind- und Paarkonflikten angesetzt hatte, waren es in Amerika vorwiegend jugendliche Schizophrene gewesen, die zu gemeinsamer Behandlung mit ihren Angehörigen angeregt hatten. Vor allem zusammen mit Luc Kaufmann und Raoul Schindler verfolgten Stierlin und Wirsching speziell dieses Interesse an der Psychosentherapie weiter.

Einen dritten Schwerpunkt in unserer Arbeitsgemeinschaft bildeten Fragen nach dem Zusammenhang zwischen Familie und Gesellschaft. In die erste Hälfte der siebziger Jahre fielen bekanntlich

Experimente mit neuen Lebensformen: Kinderläden, Eltern-Kinder-Gruppen, Wohngemeinschaften. Die Frauenbewegung nahm einen rasanten Aufschwung. In Gießen kombinierten wir in einer Randschicht-Siedlung Familientherapie mit sogenannter Gemeinwesen-Arbeit (community therapy). Dieser gesellschaftskritische Bezug kam dann auch in dem Thema eines umfangreichen Kongresses zum Ausdruck, den die Arbeitsgemeinschaft 1977 in Gießen unter dem Namen »Analytische Familientherapie und Gesellschaft« veranstaltete.

Es war eine Tagung, die mit sechshundert Teilnehmern aus allen Nähten platzte und sichtbar machte, welche Bedeutung die Familientherapie inzwischen gewonnen hatte. Wo überall man inzwischen familientherapeutisches Denken einbezog, läßt sich allein schon aus den Arbeitsgruppen erkennen, die auf diesem viertägigen Kongreß stattfanden, unter anderem zu den Themen: Familie als Sozialisationsinstanz im Wandel der Gesellschaft, Familie und soziale Schicht, Geschlechtsrollen und Paardynamik, Intergenerationen-Dynamik, Familie in transkultureller Sicht, Familienforschung und Familienpolitik, Familie und Schule, Familie und Krankheitskonzept, Familie und Recht, Familientherapie in der klinischen Psychiatrie, Familientherapie und Psychosomatik, Kinderzentrierte Familientherapie, Adoleszentenzentrierte Familientherapie, Familienberatung, Arbeit mit Randgruppenfamilien, Paar-Gruppentherapie, Eheberatung und Paartherapie, Koordination und Integration psychosozialer Dienste, Familientherapie und Rehabilitation. Es war die letzte familientherapeutische Großveranstaltung in der Bundesrepublik, die noch ganz vom psychoanalytischen Ansatz geprägt war.

Unsere Gießener Gruppe ist mit mir fast ausschließlich der psychoanalytisch orientierten Familientherapie treu geblieben. Das heißt, wir orientieren uns an der Freudschen Lehre vom Unbewußten, bearbeiten die von der Psychoanalyse entdeckten unbewußten Abwehrmechanismen in den Beziehungsprozessen. Auch biographische Erinnerungen und Träume finden neben den aktuellen Interaktionen unsere Aufmerksamkeit. Von dieser Sichtweise und Methodik hat sich dann die systemische Familientherapie weit gelöst. Hier ist der Einfluß von Begriffen aus der Kommunikations- und Regeltechnik maßgeblich geworden, so wie ja auch bereits der Begriff System selbst aus der Technik stammt.

I.: Welche psychotherapeutischen gesundheits- bzw. gesellschaftspolitischen Vorstellungen hattest du damals, also zu Beginn der Arbeit im familientherapeutischen Bereich? Also ein Stück hast du ja schon mit beschrieben, aber noch einmal direkt.

VERF.: Es war für meinen weiteren Weg sicher wichtig, daß ich als junger Psychoanalytiker neben meiner Arbeit mit bürgerlichen Patienten mit den Arbeiterfamilien in Wedding zu tun hatte, wo mir besonders leicht der Zusammenhang zwischen individuellen und Familienkonflikten zugänglich wurde und wo ich zugleich lernte, wie wichtig Geld, Wohnung, Arbeit für das Befinden sind. Ich hatte es mit Familien zu tun, wo die Wechselbeziehung zwischen psychischem Klima und sozialen Schwierigkeiten in die Augen sprang. Ich mußte mit Sozialarbeitern, mit der Jugendgerichts-hilfe, mit Lehrern und Schulpsychologen zusammenarbeiten und war ständig mit psychosozialen Interaktionen konfrontiert. Diese Arbeitsumstände wurden noch krasser, als ich 1970 in Gießen mit der Obdachlosenarbeit innerhalb einer Initiativgruppe anfing. Hier kam vieles zusammen: Armut, Wohnungsverluste, Drogen, Alkohol, Delinquenz, Prostitution. Hier lebten 120 Familien mit rund vierhundert Kindern ohne Duschen in den Wohnungen neben Straßen ohne Asphalt und ausreichende Beleuchtung. Zusammen mit der Analytikerin Angela Plaß und vierzig Studentinnen und Studenten organisierten wir einen Kindergarten, einen Vorschulbetrieb, später Schularbeitenhilfe. Wir halfen bei der Bildung eines Jugendclubs, einer Hausfrauenvereinigung und später eines Sportclubs mit. Wir ermutigten die Bewohner, gemeinsame Versammlungen abzuhalten und bei den Behörden auf Sanierungsmaßnahmen zu dringen. Wir kümmerten uns therapeutisch um einzelne besonders belastete Familien.

Aber diese Therapien waren eingebettet in den größeren sozialtherapeutischen Rahmen. Die Bewohner erreichten, daß allmählich die meisten Wohnungen saniert wurden, daß für sie ein Gemeinschaftszentrum errichtet wurde und daß man ihnen beim Bau eines Sportplatzes half. Inzwischen ist die Kriminalität in der Siedlung erheblich zurückgegangen. Während früher viele Kinder wegen Verhaltensschwierigkeiten in die Sonderschule abgeschoben wurden, ist das inzwischen zur Ausnahme geworden. Ich habe mich zurückgezogen, nachdem die Arbeit in die Hände von bezahlten Caritas-Mitarbeitern übergegangen ist. Aber die zehnjährige Erfahrung in diesem Feld war für mich ein außerordentlicher Gewinn.

In der Psychiatrie-Enquete habe ich dann nicht nur das familientherapeutische Konzept eingebracht, sondern auch das Modell der »Psychosozialen Arbeitsgemeinschaft« propagiert. Dieses Modell haben wir in Gießen entwickelt und ausprobiert. Es bedeutet den Zusammenschluß verschiedener in einer Region tätiger psychosozialer Beratungs- und Therapiedienste zu einem lockeren Netzwerk, in dem man einander besser zuarbeitet, sich gegenseitig mit Supervisionen hilft, gemeinsame Fortbildung organisiert und, wo es not tut, sozialpolitische Initiativen ergreift. Inzwischen hat das Modell Psychosoziale Arbeitsgemeinschaft, wie bekannt, bundesweit Schule gemacht, wenn auch nach wie vor insbesondere die Rivalität der Träger derartiger Selbsthilfeorganisationen das Leben nicht eben leicht macht.

I.: Der sozialtherapeutische Bereich war mir auch besonders wichtig, weil ich denke, das unterscheidet dich mit deinen Erfahrungen auch von anderen Strömungen der Familientherapie. Aber kommen wir noch einmal zu der herkömmlichen, also zu der, die sich mehr nach »oben« entwickelt hat. Man sprach ja von einem Wandel im psychotherapeutischen Bereich – der Arbeit mit einzelnen folgte die Arbeit mit Familien oder familienähnlichen Lebensformen –, vom Paradigmawechsel. Ist der Begriff des Paradigmawechsels im psychotherapeutischen Bereich noch angemessen?

Verf.: Ich halte den Begriff Paradigmenwechsel für die Ergänzung der Individualtherapie durch Familientherapie für überzogen. Meine Lehrerinnen und Lehrer in Psychoanalyse waren seinerzeit in Berlin zumindest teilzeitbeschäftigt in Erziehungsberatungsstellen und Child-Guidance-Kliniken. Es gab eine psychoanalytische Pädagogik und eine psychoanalytische Sozialarbeit. Ich selbst habe die Anwendung der psychoanalytischen Theorie vom Unbewußten, von Widerstand und Übertragung auf Familienprozesse nie als revolutionär empfunden, sondern stets nur als erweiterte Anwendung der psychoanalytischen Grunderkenntnisse Freuds. Inzwischen ist ja auch vielerorts die Euphorie verflogen, mit Familientherapie die Einzeltherapie weitgehend überflüssig machen zu können. Abgesehen davon, daß viele Klienten als Singles oder als Jugendliche in Wohngemeinschaften leben, suchen auch Mitglieder familiärer Gemeinschaften oft ganz entschieden eine Therapie nur für sich selbst. Zusätzlich haben sich inzwischen diverse Formen von Gruppentherapie enorm ausgebreitet. Nicht zu vergessen ist die Selbsthilfegruppen-Bewegung, für die wir gerade auch in Gießen durch Michael Lukas Moeller und Jürgen Matzat einiges getan haben.

Allenfalls könnte man von *dieser* Bewegung sagen, daß sie einen Paradigmenwechsel darstellt, da der Ersatz von Therapie durch Selbsthilfe tatsächlich einigermaßen revolutionär ist.

I.: Dann setze ich mal gleich die übernächste Frage an und komme danach auf die nächste zurück, weil das so gut dazu paßt. Da wollen wir deine Einschätzung über die Familientherapie als systemisches Modell, als systemische Therapie wissen, was deine Einschätzung ist zu dem Vorwurf, daß in diesem Modell Menschen »zwangsläufig zur Variable im familiären Regelkreis degradiert werden«, also Familientherapie auf Kosten von einzelnen und auf Kosten der Geschichtlichkeit geht.

Verf.: Ich sehe in dem systemischen Denken tatsächlich nur eine temporäre Anpassung an die technische Begriffswelt. Freud hatte ursprünglich in Teilen seiner Theorie auch naturwissenschaftliche Modellvorstellungen übernommen. Die Libidotheorie enthält zum Beispiel Anklänge an die Lehre der Hydraulik. Ich selbst habe Psychiatrie in einer Universitätsklinik gelernt, deren Chef schon in den fünfziger Jahren in den Kategorien der Kybernetik dachte. Ich respektiere, daß sich das Bedürfnis nach theoretischer Bewältigung zwischenmenschlicher Beziehungsprozesse Modellvorstellungen sucht, die einiges davon in etwa abbilden, was in unmittelbarer Erfahrung erlebt wird. Aber Menschen sind eben nicht Sender und nicht Empfänger, und ihre Reaktionen sind etwas grundsätzlich anderes als etwa technische Rückkoppelungsvorgänge. Psychologische und sozialpsychologische Theorien sind dann am hilfreichsten, wenn sie sich am wenigsten von der anschaulichen Wirklichkeit entfernen und wenn sie über die Grenzen der einen oder anderen Schule hinweg verständlich bleiben. Wenn die Theorieebene zu technisch wird, rückt sie mich in eine vergegenständlichende Distanz zu den Menschen, mit denen ich in der Therapie umgehe. Ich, du und wir kommen in keinem technischen System vor, erst recht nicht Verantwortungsgefühl, Mitleid, Liebe, Haß oder Angst. Aber in dieser einzigartigen und nicht zu vergegenständlichen mitmenschlichen Nähe spielt sich Entscheidendes ab, was theoretisch kaum mehr zu erfassen ist, aber für den Ausgang unserer Bemühungen von zentraler Bedeutung ist.

I.: Die nächste Frage geht so ein Stück auf Familienbilder. Wie beurteilst du die Vorwürfe, Familientherapie arbeite mit einem restaurativen Modell von Familie und lege ihrer Arbeit eher Prämissen zugrunde, die herkömmliche Rollenaufteilung begünstigen und vom Primat des Erhalts der Familie ausgehen?

VERF.: In Amerika ist eine solche konservative Richtung der Familientherapie ziemlich weit verbreitet. Erstrebt wird, das gestörte System Familie wieder in Ordnung zu bringen. Die gesunde Familie gilt als Keimzelle der gesunden Gesellschaft. Die Frauenbewegung und Abweichungen von der konservativen Sexualmoral gelten als Störfaktoren. Eingestanden oder uneingestanden hält sich solche Familientherapie an herkömmliche Normvorstellungen und betrachtet zum Beispiel die wachsende Kluft zwischen den Generationen, die Krise des Geschlechterverhältnisses und den Trend zur Lebensform als Single eher unter psychopathologischen Gesichtspunkten. In familientherapeutischen Schulen dieser Art findet man auch kaum gesellschaftlich engagierte Therapeuten. Wie für konservative Analytiker, für die nur die individuelle Innenwelt wichtig ist, beschränkt sich ihr Interesse auf den familiären Binnenraum. Das führt dann natürlich auch zu einer autoritären Position des Therapeuten. Er will nicht, daß die Familienmitglieder nach außen blicken, sondern sich nur gegenseitig oder ihn anschauen. Es kommt kein Gedanke daran auf, daß die heutige Schuljugend fast verpflichtet ist, wesentlichen Elementen der elterlichen Lebensformen zu widersprechen, will sie nicht die Unverantwortlichkeit reproduzieren, mit der unsere Industriegesellschaften die Bedingungen für längerfristiges Überleben auf der Erde immer mehr gefährden.

Nach meinen Vorstellungen kann und soll Familientherapie wie Psychoanalyse Menschen lediglich darin begleiten und unterstützen, sich selbst und miteinander besser zu verstehen, aber nicht losgelöst von der Gesellschaft, sondern in bewußter aktiver Mitverantwortung. In der ersten Generation der Freud-Schüler waren die meisten an einer Verbesserung der Gesellschaft interessiert. Im Berliner Institut der zwanziger Jahre, dessen Akten ich studiert habe, war fast jedes Mitglied damit beschäftigt, Kenntnisse der Psychoanalyse in diverse gesellschaftliche Bereiche zur Verbesserung der Verhältnisse hineinzutragen. Das reichte von der Kindererziehung bis zur Gesellschaftspolitik. Heute ist die Disziplinierung von Psychoanalyse, Familientherapie und den anderen Therapieformen so weit fortgeschritten, daß sie alle zumeist nur noch Wartungs- und Reparaturdienste zur Anpassung an die bestehenden Verhältnisse betreiben.

Sieht man hingegen zum Beispiel in dem gewachsenen Autonomiedrang der Frauen und in der Ungehaltenheit vieler Jugendlicher über ihre von Zerstörung bedrohte Zukunft sinnvolle Reaktionen, wird dadurch Familientherapie nicht gerade einfacher, aber zumindest wird sie der allgemeinen Orientierungskrise ehrlicher gerecht, in der wir uns heute befinden.

I.: Eine wichtige Größe, die wir im Zusammenhang mit deiner Einschätzung von Familientherapie gern diskutiert haben möchten, ist die Frage nach der Macht. Ist Kontrolle ein implizites Ziel von Familientherapie – oder ich erweitere die Frage ein Stück –, ist Kontrolle ein implizites Ziel von manchen Familientherapeuten?

Verf.: Indirekt habe ich dazu schon eine Antwort gegeben. Vor allem in Amerika habe ich familientherapeutische Szenen vorgeführt bekommen, in denen Therapeuten lenkten und anordneten, was das Zeug hält. Sie führten eine regelrecht manipulative Regie, überzeugt von ihren Heilungsvorstellungen. Wie ich angewandte Psychoanalyse auch bei Familien verstehe, sollte sie immer nur geburtshelferisch darauf bedacht sein, Menschen zu mehr innerer Freiheit in der Selbstbestimmung und im Zusammenleben zu verhelfen. Den richtigen Weg müssen sie selber finden. Ich möchte sie nur beim Suchen unterstützen und aufpassen, daß sie nicht abstürzen oder sich in Konflikten gegenseitig kaputtmachen. Allerdings lehrt mich meine analytische Erfahrung aus vierzig Jahren, daß Therapeuten mit Macht und Kontrolle oft nicht so umgehen, wie sie es prinzipiell für richtig halten, sondern wie es ihnen ihre Struktur und ihre eigenen Konflikte vorgeben. Therapeuten, die mit ihren eigenen Zwängen oder Kontrollschwächen schlecht umgehen können oder in der Therapie ein besonderes Maß an narzißtischer Zufuhr suchen, verraten in der Praxis nicht selten ihre technischen Leitvorstellungen. Ich erinnere mich an den einen oder anderen Therapeuten, der engagiert gegen den Mißbrauch therapeutischer Macht zu argumentieren pflegte, aber Patienten gelegentlich mit unverkennbar abweisendem Verhalten bestrafte, sobald diese im Übertragungswiderstand an seinem wunden Punkt kratzten.

I.: Ich möchte deine Ausführungen erweitern und noch einmal auf die Theoriediskussion in der Familientherapie und besonders das, was unter den Begriff systemische Familientherapie theoretisch dargestellt wird, kommen. Die Frage ist: Ist in diesem Zusammenhang die Betonung epistemologischer Fragen als Strategie zu sehen, gesellschaftliche Widersprüche zu verschleiern, nicht so arg zu diskutieren?

Verf.: Ja, ich sage schlicht ja und fertig.

I.: O.K., zur nächsten Frage: Fehlt der Diskussion in der Familientherapie die ethische Implikation? Beschäftigen sich die Familientherapeuten zu wenig mit ethischen Fragen?

Verf.: Ich unterstelle, daß sich in allen Berufsgruppen abbildet, wie die Gesellschaft zu einem bestimmten Zeitpunkt mit Ethik allgemein umgeht. Da gibt es den gleichen Trend in Politik, Kirche, Wirtschaft und therapeutischen Berufen. Zur Zeit herrscht eine untergründige Angststimmung. Sichtbar sind Kräfte der Desintegration. Unordnung und Gewalt haben zugenommen. Da gedeihen geistig-moralische und materielle Korruption. Wie wir in Gießen bei repräsentativen Längsschnittstudien festgestellt haben, nimmt egoistischer Durchsetzungswille – auch unter Inkaufnahme aggressiver Konflikte – deutlich zu. Gleichzeitig schrumpfen soziale Sensibilität und die Neigung zu selbstkritischer Reflexion. Das ergibt sich aus dem Längsschnittvergleich der Selbstbilder im Gießen-Test seit 1975. Es ändert sich über die Zeiten nichts an der *unverbindlichen* Anerkennung der Kantschen Pflichtethik, der Schopenhauerschen Mitleidsethik oder der Jonasschen Verantwortungsethik. Aber davon abgespalten regiert zumindest zur Zeit ein handfester egoistischer Opportunismus.

Diesen habe ich vor ein paar Jahren in meiner Satire »Die hohe Kunst der Korruption« zu beschreiben versucht. Dabei bin ich übrigens mit der Berufsorganisation der Psychoanalytiker besonders hart ins Gericht gegangen. Ein paar bekannte Kollegen haben sich unlängst von einem Psychologieprofessor zu Veranstaltungen anwerben lassen, der – immerhin in entwaffnender Ehrlichkeit – dafür eintritt, Bestechung, Intrigen und Günstlingswirtschaft als gesunde, ja unentbehrliche Elemente in Betrieben und Organisationen anzuerkennen.

Anfang der siebziger Jahre haben viele junge Eltern geradezu eine heilige Pflicht darin gesehen, sich mit großem Aufwand um die seelische und soziale Entwicklung ihrer Kinder zu sorgen. Inzwischen haben sich die Normvorstellungen, wie ich sie in meinen Selbsterfahrungsgruppen vorfinde, deutlich geändert. Heute ermutigt man sich eher gegenseitig, sich in den eigenen Selbstverwirklichungsbedürfnissen von den Kindern nicht allzusehr stören zu lassen. Uneingestanden herrscht zwischen den Generationen ein ähnliches Rivalitätsverhältnis, wie es unser kapitalistisches Marktsystem im Ganzen charakterisiert. Die machttragende mittlere Generation nützt ihre Vorteile ziemlich ungeniert aus. Die *invisible loyalities*, wie sie Boszormenyi-Nagy beschrieben hat, haben deutlich an Geltung verloren. Mitgefühl, Kernbegriff der christlichen Ethik, klingt fast nach Wehleidigkeit oder Weinerlichkeit, nach sentimentalem Kitsch. Hier sind Abstumpfungsprozesse wirksam, die man aber nicht isoliert familiendynamisch betrachten sollte. Die Desensibilisierung finden wir allüberall im Verhältnis zwischen Wessis und Ossis und gegenüber Ausländern, im Verhältnis zwischen Nord und Süd und in der Gewalt gegenüber der Natur. Schon jetzt regen sich massive Tendenzen, die sich rapide erweiternden gentechnischen Möglichkeiten dazu auszunutzen, unerwünschtes Leben wegzuzüchten.

Wie ich schon sagte, spiegeln sich in den Therapeuten jeweils die Leitvorstellungen des Zeitgeistes wider. Nach dem Zweiten Weltkrieg haben in Amerika berühmte Psychiater und Analytiker eine härtere Erziehung der Jungen verlangt, weil angeblich viele von ihren Müttern verwöhnte Söhne sich aus psychischen Gründen als vermindert oder gar nicht kriegstauglich erwiesen hatten. Als deutsche Bundeswehrsoldaten erklärten, daß sie einem Einsatz im Golfkrieg widerstrebten, hieß es, sie gehörten auf die Couch. Jedenfalls schwanken die Leitbilder von seelischer Gesundheit erheblich. Wenn du mich nach der ethischen Orientierung von Familientherapeuten fragst, so wünsche ich mir solche, die nicht nur an Maßstäbe im innerfamiliären Umgang denken, sondern an Maßstäbe im sozialen, politischen und ökologischen Verhalten allgemein. Denn hier gibt es einen untrennbaren Zusammenhang.

Hoffnung für die Kinder?

Es ist unangenehm, aber um so wichtiger, danach zu fragen, was die herrschende Unfähigkeit zu einer Politik gesellschaftlicher Versöhnung, zum Verzicht auf horrende technische Risiken und zur Verhinderung sinnloser Kriege in unseren Kindern anrichtet. Eltern, Psychologen und Psychotherapeuten erfahren einiges von den kindlichen Reaktionen auf die großen gesellschaftlichen Bedrohungen. Elf-, Zwölfjährige erschrecken ihre Eltern mit angstbesetzten Zukunftsvorstellungen. Die Frage ist, was die Erwachsenen mit ihrem Einblick anfangen und wie sie ihre Erkenntnisse praktisch anwenden.

Katastrophen wie Tschernobyl oder der Golfkrieg zum Beispiel haben massenhaft Ängste, depressive und psychosomatische Reaktionen ausgelöst. Aber auch die kontinuierlich über die Medien verbreiteten Alarmmeldungen über Gewalt und Krieg, über die Naturzerstörung, speziell über den Artentod beunruhigen viele Kinder zutiefst und tragen zu Alpträumen, Unsicherheit, pessimistischer Grundstimmung und Vertrauensverlust bei. Welche psychischen Beeinträchtigungen die ostdeutschen Kinder erleiden, die obendrein dem Trauma von Arbeitslosigkeit und Verarmung Hunderttausender Familien ausgesetzt sind, darüber wissen wir erst wenig. Ganz allgemein registrieren wir jedenfalls, daß gesellschaftliche Bedrohungen und Belastungen einen wachsenden Anteil an den Konflikt- und Krankheitsursachen und damit am Beratungs- und Therapiebedarf bilden.

Die Rede ist hier von traumatischen Einwirkungen, die aus der Erwachsenenwelt stammen. Die Kinder blicken zunächst auf ihre Eltern, auch auf ihre Lehrerinnen und Lehrer. Wie zuversichtlich oder bedrückt, wie offen oder verleugnend, wie aktiv oder hilflos diese sich zu den Problemen einstellen, wirkt sich auf die Verarbeitungsweise der Kinder natürlich entscheidend aus. Es gibt Eltern, auch Lehrer, die über diesen Aspekt ihrer pädagogischen Rolle kritisch nachdenken und dazu auch mal psychologischen Rat einholen. Aber allgemein ist es in der Elterngeneration eher unüblich geworden, über die großen gesellschaftlichen Probleme selbst oder gar gemeinsam mit ihren Kindern gründlicher nachzusinnen und zu sprechen, außer daß akute Katastrophen dazu einen unvermeidlichen Anlaß geben.

Ich denke gelegentlich an ein eingehendes Gespräch zurück, zu dem mich der vormalige Bundeskanzler zu der Zeit eingeladen hatte, als die Jugend gerade in Massen der Grünen Bewegung zuströmte. Als ich ihm erklärte, das sei eine verständliche spontane Reaktion auf die realen Umweltgefahren, fuhr er mich heftig an, schlug mit beiden Händen auf die Stuhllehnen: Das sei überhaupt nicht spontan, sondern eine gezielt gesteuerte Kampagne, von unverantwortlichen Lehrern und Politikern entfacht.

Hundertfach habe ich diese Reaktion inzwischen erlebt, wo immer ich vor Publikum über die Häufung von sozial und ökologisch begründeter kindlicher Zukunftsangst, durch deutsche und internationale Untersuchungen belegt, berichtet habe. Solche Angst von Kindern und Jugendlichen sei künstlich produziert, entweder durch erzieherischen Leichtsinn oder gar durch gezielte Panikmache, um die Kinder als argumentative Waffe in der politischen Diskussion zu mißbrauchen.

Unter lautem Beifall verkündete der Philosoph Odo Marquardt in der »Zeit«, es gebe so etwas wie ein angeborenes Angstpotential, das sich ausleben wolle und von den Linken innerhalb eines Klassenkampf-Szenarios mißbraucht werde. Nach dem Proletariat habe die Linke nun die Natur sozusagen als neue unterdrückte Klasse erfunden, um die arbeitslose Angst festzumachen.

Als ich in meinem Angstbuch von einem siebeneinhalbjährigen Jungen berichtete, der sich über mehrere Tage und Nächte mit Gedanken über das Ozonloch abquälte, ehe er darüber sprechen und von seiner Mutter beschwichtigt werden konnte, las ein empörter Kritiker heraus, ich würde es empfehlen, daß schon siebenjährige Kinder mit ökologischen Horrorvisionen gequält würden. Dabei hatte ich nur aus dem Brief der Eltern zitiert, die über die tiefe Beunruhigung ihres Sohnes erschreckt waren.

Wenn Horst Petri, Ulrike Unterbrunner, Marianne Leuzinger-Bohleber und Ariane Garlichs bei ihren Untersuchungen jeweils einen hohen Anteil von Kindern und Jugendlichen mit ausgeprägten ökologischen Zukunftsbefürchtungen nachweisen, lautet in den

Medien die überwiegende Reaktion: Unverantwortlich handle, wer auch immer den armen Kindern derartige Sorgen eingeimpft habe. Es wird gar nicht erst die Frage gestellt, ob sich nicht vielleicht in der Beunruhigung der Kinder der Zustand unserer Gesellschaft ziemlich zutreffend abbilde.

Also dürfen wir nicht erwarten, wir könnten durch die bloße Vermehrung unserer psychologischen Untersuchungen automatisch erreichen, daß die Öffentlichkeit sich aufmerksamer für die kindlichen Zukunftsängste interessiert. Viele zur Abwehr neigende Erwachsene bestreiten ja gar nicht die Daten solcher Studien. Ihr Ärger stammt daher, daß sie von den Kindern bei der eigenen kontinuierlichen Angstverdrängung gestört werden. Die Kinder sollen sie gefälligst damit verschonen, was diese zwar möglicherweise schon wissen, aber eigentlich noch nicht wissen sollten, damit die Eltern unbeschwert weiterleben können.

Die Erwachsenengesellschaft bedient sich mehrheitlich einer Abwehr- oder Verdrängungsform, bei der die Affekte säuberlich von den Vorstellungen gespalten werden. Jens Reich, Naturwissenschaftler und kein Psychoanalytiker, hat diese Praxis zu erläutern versucht. Über der modernen globalen Orientierungskrise liege, so sagt er, ein merkwürdiges Tabu: »Es zeigt sich nicht als Berührungsverbot, sondern als Sprechzwang. Die Erkenntnis wird verdrängt, indem man ständig darüber redet. *Toujours en parler, jamais y penser.* Die Form der Gottheitsanbetung ist der Gähnkrampf beim Anhören der Litanei. Das helle Bewußtsein von ihr lähmt alle Kräfte. Wir verdrängen es daher aus dem Aufmerksamkeitsfeld nach hinten ins Selbstverständliche.«

Das ist, meine ich, eine relativ zutreffende Beschreibung. Allerdings werden die großen Gefahren *nicht nur* totgeredet. Es wird auch schon gelegentlich darüber geforscht und gerechnet. Modellrechnungen malen den zu erwartenden Klimaschock aus. Experten entwerfen Krisenszenarien, die für eine sich alle vierzig Jahre verdoppelnde Menschheit, die nicht mehr genügend Nahrung finden wird, vorhersehbar sind. Über die zur Zeit und demnächst aussterbenden Tier- und Pflanzenarten wird genau Buch geführt.

Blockiert ist also nicht unmittelbar das Denken, aber das *Fühlen*. Die Erwachsenengesellschaft hat gelernt, sich *nicht mehr zu erschrecken*. Der Defekt ist die *neue Unempfindlichkeit*. Hinzu kommt ein regelrecht zynisches Motiv: Man könnte es auf die primitive Formel bringen: Nach mir die Sintflut! Hier waltet keine psychopathologische Anästhesie durch Selbst-Spaltung, sondern schlicht ein rücksichtsloser, egoistischer Anspruch. Unsere Generation, wir Heutigen fühlen uns berechtigt, im Wettstreit miteinander alle wissenschaftlichen und technischen Mittel auszuschöpfen, um den eigenen Lebensstandard maximal zu erhöhen oder ihn zumindest zu verteidigen, solange das noch möglich ist. Verlierer sind die im Wettstreit abgehängten sozialen Gruppen und Völker und nicht zuletzt die nachfolgenden Generationen.

Wie manche von Ihnen vielleicht erfahren haben, hat unsere Gießener Arbeitsgruppe in repräsentativen Vergleichsstudien mit dem Gießen-Test ermittelt, daß sich die erwachsenen Deutschen im Westen seit 1975 deutlich in Richtung eines egozentrischen Durchsetzungswillens bei gleichzeitigem Rückgang von sozialer Sensibilität und selbstkritischer Reflexion entwickelt haben. Individuelle Selbstverwirklichung ist das Lebensziel der Zeit. Die Vorstellung von Zukunft beschränkt sich – zumindest für einen Großteil der Männergesellschaft – auf die eigene noch vorhersehbare Lebensspanne. Für das eigene Leben noch so viel herauszuholen, wie es eben geht, gilt als normale Maxime.

Besorgte Berichte und Kommentare über Umweltzerstörung gelten neuerdings als Negativjournalismus. Was er unter positivem Journalismus versteht, hat jüngst der Fernsehjournalist Günter von Lojewski in einer Glosse skizzieren wollen, aus der ich zitiere:

> »Die Boten der Angst kommen täglich, Presse, Funk und Fernsehen, selbst Freunde:
> ›Störfall in einem Atomkraftwerk‹ – der ganzen Umgebung droht Verseuchung.
> Luftfahrt im Aufwind und Treibmittel aus Spray-Dosen – das zerstört die Atmosphäre, wird das Klima verändern.
> Verfeuerte Kohle, verheiztes Öl – Pole werden schmelzen, Küsten überflutet.
> Smog nimmt mir die Luft zum Atmen.
> Stickoxide aus Vergasern und Schloten töten Mensch und Natur, zuerst stirbt der Wald ...
> Wo Kraftwerke kühlen, verderben Flüsse und Seen. Unter Müllhalden – verkommt das Grundwasser.
> Chemikalien, die in die Nordsee verklappt werden, bringen die Fische um.
> Medikamente, die lebensgefährlichem Rheuma abhelfen sollen – fördern Krebs.

> Mein Obst ist gespritzt, Gemüse bleihaltig, Wein voll Glykol, Bier künstlich konserviert, Fleisch mit Hormonen gemästet, im Brot findet sich Kadmium, in Nudeln Flüssigei ...
> Hiiiilfe! Politik und technischer Fortschritt, Industrie und Chemie – ich sterbe tausend Tode!
> Aber: Ich lebe! Ich lebe in Frieden und Freiheit und Sicherheit, besser als je einer zuvor. Ich werde sogar (nach allen Statistiken) länger und gesünder leben als alle Generationen vor mir. Warum eigentlich vagabundiert so viel Angst? Wollen wir Menschen im Jahr 2000 unsterblich sein?«

Das nach dem »Aber« soll also wohl der Positivjournalismus sein. Das positive Bewußtsein unserer Welt und Zeit, das nach Meinung der Schriftleitung der »Zeitschrift des Deutschen Alpenvereins«, die den Text gedruckt hat, zum Ausdruck komme, besagt demnach: Ich selbst lebe noch besser als die Generationen vor mir. Was nachher kommt, schert mich nicht und macht mir also keine Angst. Ich lebe mich noch fröhlich aus, und das war's dann.

Was beim ersten Hinsehen wie unbeschwerte Lebenslust anmutet, erweist sich bei näherer Analyse meist als Selbstbeschwichtigung unter Verdrängung einer in der Tiefe lauernden Beunruhigung. Es ist wie das letzte Zappeln vor dem Abgrund des Nichts, der Gnaden- und Sinnlosigkeit der Isolation nach dem Fall aus der Geborgenheit eines usprünglich im Glauben erfahrenen Zusammenhangs allen Lebens. So paart sich der anscheinend fröhliche Egoismus mit einem geheimen depressiven Selbsthaß, der sich in der Projektion als böser Spott gegen alle entlädt, die sich in unzerstörter Hoffnung gegen diesen destruktiven Zynismus engagiert auflehnen.

* * *

Je länger ich diese Entwicklung beobachte, um so weniger vertraue ich darauf, daß die Kinder geduldig darauf warten könnten, von der Elterngeneration auf eine Lösung der Probleme vorbereitet zu werden, an denen diese gescheitert ist. Diese überspielt die eigene Ratlosigkeit, sofern es ihre Mittel zulassen, mit Zersteuungs- und Konsumwut und dankt es den Kindern, wenn diese sich allmählich den gleichen Verdrängungsmustern anzupassen bereit sind. Sich den Fragen und Zweifeln der Kinder auszusetzen, ob denn der eigene Umgang mit der Technik, mit dem Atom, mit der Chemie, mit der

Natur der richtige sei, ist anstrengend und lästig. Ehrlicherweise müßte die Erwachsenengesellschaft eingestehen, daß es sie ja gar nicht vordringlich interessiere, in welchem Zustand sie die Welt ihren Nachkommen hinterlassen werde.

Markabererweise spielt sich die Konkurrenz der selbstsüchtigen Interessen, die unsere Marktwirtschaft bestimmt, uneingestanden auch zwischen den Generationen ab. Die Generation, die oben ist, ist geradezu stolz darauf, sich in ihren narzißtischen Ansprüchen weder von den Alten noch von den Kindern ernsthaft stören zu lassen. In analytischen Selbsterfahrungsgruppen, mit denen ich seit Jahrzehnten arbeite, beobachte ich, daß die Mitglieder der mittleren Generation einander immer häufiger dafür loben, wenn sie sich von individueller Selbstverwirklichung nicht durch die Bedürfnisse der Kinder abhalten lassen. Daß immer mehr Spielflächen für die Kinder zugebaut werden, daß Millionen Kindergartenplätze fehlen und die Kindheit in eine möglichst abkürzende bloße Trainingsphase für die Zeitspanne der Produktivität und Verwertbarkeit in der Hochleistungswirtschaft verwandelt wird, ist symptomatisch. All dies sind Symptome dafür, daß die Kinder in der Konkurrenz des egozentrischen Strebens zu kurz kommen. Also tun sie gut daran, sich zu wehren und verstärkt eine Respektierung ihrer Interessen zu verlangen.

Wir erleben heute, daß es oft die Kinder sind, die in den Familien auf ein ökologisches Verhalten drängen. Die Töchter bringen ihren Müttern bei, beim Einkaufen, bei Verpackungen, beim Energie- und Wasserverbrauch an die Umwelt zu denken. Zwölf- bis Dreizehnjährige wissen vielfach nicht nur mehr als ihre Eltern über ökologische Probleme Bescheid, sondern verspüren auch mehr inneren Druck, daß schnell mehr getan werden müßte, um die wachsenden Gefahren abzuwenden.

Mich beeindruckt der Elan und das Verantwortungsbewußtsein, mit dem ich manche Schüler- und Schülerinnengruppen zu Umweltproblemen und friedenspolitischen Themen diskutieren höre. Wo Kinderparlamente tagen oder Gemeindeparlamente sich auf Diskussionen mit Kinderdelegationen einlassen, vernehme ich immer wieder Erstaunen über die Intelligenz und Einsichtigkeit der kindlichen Argumentationen. Um so mehr scheint es berechtigt, daß Kinder sich in dem Alter schon verstärkt zu Wort melden, in dem in ihnen das berechtigte Mißtrauen erwacht, ob sie die Denk- und Lebensformen übernehmen sollten, mit denen die Erwachsenengesellschaft offenbar in ihrer politischen und ökologischen Fürsorgeaufgabe versagt.

Ich meine, daß Ärzten und Psychologen hier eine Unterstützungsaufgabe zufällt. Als ich meine Bücher »Eltern, Kind und Neurose« und »Patient Familie« schrieb – das war in den sechziger Jahren –, war ich noch optimistischer, daß die Elterngeneration über eine Bearbeitung der eigenen Konflikte den Kindern den Weg für eine bessere Entwicklung bahnen könnte. Heute sehe ich, daß die Bedrängnis der Kinder im großen und ganzen deutlich zugenommen hat; daß es für sie noch schwerer geworden ist, sich mit ihren Hoffnungen und Bedürfnissen in einer Gesellschaft zu behaupten, die nur halbherzig und zögernd bedenkt, was nach ihr kommt und was sie ihren Nachfolgern an Schulden, Müll, Gift, an unentsorgten Atomabfällen und Risikotechnologien, an zerstörten Ökosystemen und Arsenalen zur Massenvernichtung hinterläßt. Die Kinder brauchen uns als Beistände, als einfühlsame und ermutigende Anwälte, damit sie sich mehr Einfluß verschaffen können, als ihnen gemeinhin zugebilligt wird.

Natürlich kann unser Einfluß nur sehr begrenzt sein. Seit eh und je wird von Kinderärzten, Kinderpsychologen und Erziehungsberaterinnen eher erwartet, daß sie die Kinder an die Erwachsenengesellschaft anzupassen helfen und dieses Ziel nicht etwa grundsätzlich in Frage stellen. In der Tat würden wir den Kindern ja auch keinen sinnvollen Dienst erweisen, würden wir sie nur zu sinnlosen Machtkämpfen antreiben, anstatt ihre Ermutigung mit einer Verständnis fördernden und fordernden Kooperation mit ihren erwachsenen Partnern zu verbinden.

* * *

Wie kann man der Jugend den Glauben vermitteln, daß jeder und jede von uns dennoch wichtig ist, um etwas zu bessern? Die Aufgabe ist schwierig. Es lebt sich auch für die Jugend einfacher, wenn sie durch Abstumpfung lernt, die großen Überlebensgefahren zu bagatellisieren und zu verdrängen. Genau hinzuschauen, was die Unverantwortlichkeiten von Politik, Technik und Chemie ausrichten, ist nur auszuhalten, wenn man in sich die Hoffnung spürt, sich wirksam gegen diesen Trend wehren zu können. Aber ein Rezept, wie die Energie zu dieser Gegenwehr vermittelt werden kann, läßt sich nicht leicht angeben. Woher im letzten Grund die Kraft zu hoffnungsvoller, dauerhafter Friedens- und Ökoarbeit kommen kann, läßt sich erahnen und auch andeuten: Es bedarf eines Grundvertrauens, daß wir Menschen nicht aussichtslos verloren sind, sondern daß in uns die Möglichkeit liegt, in Solidarität das Leben vor endgültiger Zerstörung zu bewahren.

Als der nüchterne Skeptiker Sigmund Freud vor 62 Jahren in seinem Aufsatz »Das Unheimliche in der Kultur« die Gefahr der Selbstzerstörung der Menschheit voraussah, schrieb er die folgenden Sätze: »Die Menschen haben es jetzt in der Beherrschung der Naturkräfte soweit gebracht, daß sie es mit deren Hilfe leicht haben, einander bis auf den Letzten auszurotten. Sie wissen das, und daher ein gut Stück ihrer gegenwärtigen Unruhe, ihres Unglücks, ihrer Angststimmung. Nun ist zu erwarten, daß die andere der beiden ›Himmlischen Mächte‹, der ewige Eros, eine Anstrengung machen wird, sich im Kampf mit seinem ebenso unsterblichen Gegner zu behaupten.« Mit Eros meinte Freud, wie er an anderer Stelle präzisierte, »alles, was Gefühlsbindungen unter den Menschen herstellt«, also Liebe im weiteren Sinne, Mitfühlen, Drang nach Versöhnung, nach Überwindung von Trennendem, nach Beistand für die Schwächeren.

Als Psychoanalytiker und Kinderpsychiater wissen wir, daß in der Kindheit die großen Entscheidungen darüber fallen, wie sich in der individuellen Psyche das Verhältnis von Destruktivität und Eros entfalten wird. Ob die Basis für ein Grundvertrauen in sich selbst und die Welt gelegt wird oder ob Selbsthaß und in der Projektion abgründiges Mißtrauen und Destruktionsbereitschaft gefördert werden. Wenn Eltern in diesem Sinne erfolgreich erziehen, vielleicht im Einzelfall unterstützt durch Beratung oder Therapie, dann könnte man den Ertrag vielleicht auch so beschreiben, daß für ein Kind im Kräfteverhältnis der beiden »Himmlischen Mächte« Destruktivität und Eros ein Überwiegen des letzteren gefördert werden konnte. So wächst dann vielleicht ein Kind heran, das eher gerüstet ist, die Ahnung der großen Gefährdungen ohne Abstumpfung und Selbst-Spaltung zu bestehen.

Zu einer solchen erfolgreichen Entwicklung einen Beitrag zu leisten, ist wahrlich nicht gering zu bewerten. Aber die gesellschaftlichen Zukunftsbedrohungen lassen sich mit wachen Sinnen nur aushalten, wenn man lernt, sich ihnen gegenüber nicht etwa nur als ohnmächtiger Zuschauer zu fühlen, sondern sich aktiv zu engagieren und sich mutig einzumischen, in welch bescheidenem Rahmen auch immer. Kinder brauchen Eltern und Lehrer als Vorbilder, die das tun. Die ihnen zeigen, wie man schon in der Gemeinde an konstruktiver Umwelt- und Friedensarbeit teilnehmen kann. Aber zusätzlich sollten zumal wir Ärzte, Psychoanalytiker und Kinderpsychotherapeuten die Öffentlichkeit und die Träger der Macht beharrlich mahnen, im Spiegel der kindlichen Angstvisionen die Gefahren politischer Fehleinschätzungen und die Notwendigkeit eines radikalen Wandels zu begreifen.

Warum Sport nicht gesünder sein kann als die Gesellschaft, die ihn organisiert*

Da ich weder Sportpsychologe noch Sportmediziner, noch Sportsoziologe bin, habe ich keine einschlägigen empirischen Untersuchungen vorzuweisen. Was ich zum Thema Sport beisteuern kann, entstammt dem subjektiven Nachdenken eines Psychoanalytikers und Sozialpsychologen, der seit seiner Kindheit die Szene eifrig beobachtet und im siebzigsten Jahr noch selber einige Sportarten regelmäßig betreibt.

Ich brauche mich nicht bei einigen bekannten Feststellungen aufzuhalten, die den psychohygienischen Wert des Sports loben, als da sind:

1. die Abfuhr von Spannungen, die sich im beruflichen oder auch privaten Alltag anstauen;
2. Ausgleich für eine einseitige, oft bewegungsarme Belastung am Arbeits- oder Ausbildungsplatz;
3. Selbstbestätigung durch die Erfahrung körperlicher Fitneß;
4. Befriedigung von Ehrgeiz als Entschädigung für Frustrationen in anderen Lebensbereichen;
5. Ausleben eines natürlichen Spieltriebes, der, obwohl in der sogenannten normalen Erwachsenenwelt systematisch unterdrückt, lebenslänglich auf Betätigung lauert.

Aber – und hier setzen meine Überlegungen an – an diesen Vorzügen teilzuhaben bedarf es einer Ausstattung mit passenden Genen. Wie die Genforschung in den nächsten Jahrzehnten unzweifelhaft belegen wird, gibt es neben einer anerzogenen sportlichen Ungeschicktheit und Unlust auch eine angeborene. Ohne im sportlichen Bewegungsdrang früh gehemmt worden oder sonstwie neu-

* Vortrag auf dem Kongreß der Sportpsychologen am 3.9.1992 in Gießen, leicht gekürzt

rotisch beeinträchtigt zu sein, quälen sich manche eher ungelenke Kinder durch den Schulsport und fühlen sich später erleichtert, wenn niemand sie mehr mit sportlichen Leistungsansprüchen plagt. Sie können sich an das Leitbild eines Winston Churchill halten, der in dem sportverrückten England mit der Maxime »no sports« vergnüglich steinalt geworden ist. Auf der Gegenseite finden wir schon heute als Beweis für den genetischen Faktor die bekannte familiäre Häufung sportlicher Sonderbegabungen. Man denke nur an die Pasarellis im Ringen, die Kellers im Hockey, die Beckenbauers im Fußball, die Ruuds im Skispringen, die Andrettis und Stucks im Autorennsport usf.

Was immer Sport an Selbstbestätigung und an positiven sozialen Lernprozessen vermitteln kann, ist kein Glücks- und noch weniger ein Heilsrezept für *jede* und *jeden.* Immerhin bleibt eine bedeutende Mehrheit übrig, der ihre Veranlagung erlaubt, irgendeinen Sport zur Erweiterung ihrer psychophysischen und sozialen Lebensmöglichkeiten zu nutzen. Allerdings stimmt auch, was ich neuerlich den Ex-Sprinter Ommer in einer Fernsehsendung sagen hörte: Der Sport entwickelt sich nicht in einem Freiraum außerhalb der Gesellschaft, sondern spiegelt deren Trends, daher auch deren Schattenseiten getreulich wider. Das gilt nicht etwa nur für den Profi-, sondern auch für den Breitensport. Wem Sport erleichtert oder erschwert wird, wo und wie er ausgeübt werden kann, inwieweit er sich zu einer echten Alternative zu dem aufreibenden Alltagsstreß zu entwickeln vermag oder diesen nur auf andere Weise wiederholt, bestimmen zahlreiche sichtbare oder auch weniger sichtbare gesellschaftliche Einflüsse. Ich nenne hier beispielhaft ein paar mit Fug und Recht als ungesund zu deutende Entwicklungen.

1. Kindersport zwischen Vernachlässigung und Auswüchsen

Wir beobachten, daß unsere Gesellschaft ganz allgemein Kinder vorzeitig auf die Maßstäbe der Erwachsenenwelt ausrichtet. Sie schafft immer weniger Lebensbedingungen, die den Kindern gemäß sind, vielmehr beeilt sie sich, die Kinder verfrüht an die Lebensformen des Erwachsenenalters anzupassen. Kinder werden also weniger als das gesehen, was sie *sind*, denn als das, was aus ihnen *werden* soll, so als wäre die Kindheit nur ein Provisorium, ein Vorstadium des vollwertigen Lebens. Dieser Umgang mit der Kindheit ergibt sich automatisch, aber uneingestanden aus der Philosophie der Rivalität, die unsere Gesellschaft ordnet. Wer sich im freien Wettbewerb durchsetzt, hat das Sagen. Das gilt für die Wirtschaft wie auch für das Verhältnis der Generationen untereinander. In der Klassenstruktur der Hochleistungsgesellschaft bilden Kinder und Alte die Unterklasse.

Ob das Interesse, die Kindheit schnell zu überwinden, zu der bekannten biologischen Akzeleration beiträgt, weiß niemand genau. Jedenfalls nimmt die Kindheit immer mehr den Charakter einer puren Trainingsphase an. Die Freiheit der Kinder zum Ausleben ihrer momentanen Bedürfnisse wird zugunsten künftiger Anforderungen im Übermaß eingeengt.

Als Symptome für die Geringschätzung der kindlichen Bedürfnisse haben wir den blamablen Notstand an Kindergartenplätzen vor uns, dann vor allem die Verbauung unserer Städte, die immer mehr Bewegungsräume für die Kinder vernichtet. Die Sportmöglichkeiten in der Schule decken bei weitem nicht den kindlichen Bedarf an körperlicher Bewegung und sportlichem Spiel. Wenn verschiedene Untersuchungen einen Anstieg nervöser und psychosomatischer Störungen im Schulalter erkennen lassen, so liegt nahe, die einseitige intellektuelle Belastung der Kinder auf Kosten der Schulsportstunden in die Ursachenforschung einzubeziehen. Ich finde es einleuchtend, daß eine Erweiterung des Schulsports als eine hygienische Notwendigkeit gefordert wird.

Auf der anderen Seite beobachten wir hier und da Auswüchse im Trainingsdrill besonders sportlich begabter Kinder. Die Karrieren sportlicher Weltstars vor Augen, quälen immer mehr Eltern ihre Kinder mit barbarischen Übungsprogrammen. Zwar macht es vielen Kindern Spaß, sich in der Phantasie schon früh mit Idolen wie Beckenbauer, Matthäus oder Steffi Graf zu identifizieren. Auch meine Generation hat einst im Alter meiner heutigen Enkel Idole wie Nurmi, Zamora oder Sonja Hennie vor Augen gehabt. Aber noch gab es kaum Eltern oder Trainer, die schon Sechs- bis Achtjährige zu Superathleten hochdrillen wollten, keine Tenniskids, die, von ehrgeizigen Müttern getrieben, auf dem Platz wie Monica Seles herumstöhnten, bei Patzern den Schläger wegfeuerten oder nach McEnroe-Art um Punkte haderten, keine Programme, um 14jährige Schwimm- oder Turncracks mit dem Risiko von Magersucht oder Hormonstörungen zu züchten.

Man sieht nur, die im Licht sind, die im Dunkeln sieht man nicht

– heißt es in Bert Brechts »Dreigroschenoper«. Im Dunkel neurotischer oder psychosomatischer Störungen tauchen Tausende von Möchtegernstars à la Steffi, Katharina, Franzi oder Boris unter, oft mit lebenslänglichen Selbstwertzweifeln für eingeimpfte und später enttäuschte Größenideen gestraft. Aber auch die leidlich Erfolgreichen unter den Opfern verinnerlichten Eltern- oder Trainerehrgeizes büßen nicht selten für die jahrelangen zeitraubenden Trainingstorturen zumindest mit einer psychischen Verkümmerung, oft mit einer an Schwachsinn grenzenden Schrumpfung ihres geistigen Horizontes. Ihr sich auf die Sportwelt einschränkender Wortschatz überschreitet gelegentlich kaum noch das Niveau des Analphabetismus. Nach Vernachlässigung von Schule und Ausbildung fallen manche um die Dreißig oder schon vorher in eine psychische und soziale Leere.

Daß *Doping* verschiedener Art schon in den Kindersport eingedrungen ist, wird immer seltener bestritten, also daß zum Beispiel kindliche Turnerinnen ihre physische Entwicklung verzögern, daß Wachstum künstlich gestoppt oder forciert, daß von Stimulantien wie auch schon im Schulalltag reichlich Gebrauch gemacht wird. Natürlich sind nie die Kinder die Erfinder solcher chemischen Manipulationen. Verantwortlich ist die Generation ihrer Eltern, die es bis heute nicht fertiggebracht hat, mit dem Dopingproblem auf ehrliche und konsequente Weise zu Rande zu kommen.

2. *Die Sozialpathologie des Dopings*

Damit leite ich über zu einigen grundsätzlichen Bemerkungen über Sport-Doping. Ich will mich nicht mit den in der Sportmedizin ausführlich diskutierten physischen und psychischen schädlichen Doping*wirkungen* beschäftigen, sondern nach den sozialpsychologischen Triebkräften fragen, die Doping zu einem gesellschaftlichen Dauerproblem ersten Ranges machen. Meine These lautet: Doping wird gezielt mißverstanden, wenn man es vorrangig von individuellen Motiven herleitet. Die viel wichtigeren Beweggründe liegen in einer grundsätzlichen Widersprüchlichkeit unserer Hochleistungsgesellschaft. In Wahrheit ist Doping also ein sozialpsychologisches Problem, von dem wir alle betroffen sind.

Wie unter einem Zwang treiben wir Wissenschaft und Technik dazu an, uns in vielen Lebensbereichen immer noch schneller, stärker und mächtiger zu machen, während uns gleichzeitig dämmert, daß dieser sogenannte Fortschritt der Natur schlecht bekommt. Ungeachtet der negativen ökologischen Wirkungen treiben wir nach wie vor Raubbau mit unseren Energievorräten, füllen wir unsere Straßen mit immer mehr und noch schnelleren Autos. Wir können mit dem Drang nach stetiger Erweiterung unserer menschlichen Machtgrenzen bisher nicht innehalten, vielmehr plagt uns eine tiefe Angst vor Stagnation des mechanischen Fortschritts, so offenbar dieser uns zugleich ökologisch tödlich bedroht. Es erscheint mir nicht gewagt, im Verlangen nach einer stetigen Steigerung der sportlichen Rekordmarken eine Abspiegelung dieses allgemeinen gesellschaftlichen Motivs zu erblicken. Denn auch im Sport sollen möglichst in jedem Jahr Grenzen fallen.

Vor dem Anbruch des Industriezeitalters hätte man sich ernste Sorgen um die Zurechnungsfähigkeit von Männern gemacht, die neun Meter weit oder mit einem Stab sechs Meter hoch hätten springen wollen. Man hätte als Verrücktheit abgetan, was heute wie menschheitsbeglückende Heldentaten gefeiert wird, wie symbolische Bestätigungen der Unbegrenztheit menschlicher Fortschrittsmöglichkeiten.

Allerdings stehen wir am Beginn einer großen Orientierungskrise mit der Ahnung, daß wir ein Opfer illusionärer Größenträume würden, sollten wir die uns Menschen gesetzten natürlichen Maße um jeden Preis überschreiten wollen. Wie in der Hochtechnologie geht es in vielen Sportarten nur noch schneller, höher und weiter mit bedenklichen Eingriffen in die Natur. Wir können unsere Äcker mit Hilfe von Chemikalien zwingen, mehr zu produzieren, als sie von Natur aus hergeben. Entsprechend können wir die Leistungskraft unseres Organismus durch Doping immer noch steigern. So wie wir in der Technik bisher ein vernünftiges ökologisches Maßhalten nicht gelernt haben, sind wir von einer Unterbindung des Dopings genauso weit entfernt. Worauf will ich hinaus?

Doping ist kein Vergehen krimineller Sportler, sondern letzte Auswirkung eines zutiefst gestörten Naturverhältnisses unserer industriellen Fortschrittsgesellschaft. Der Drang, mit allen Mitteln über uns selbst hinauszuwachsen, verlockt zum unverantwortlichen Spiel einerseits mit Risikotechnologien, andererseits mit riskanten leistungssteigernden Drogen, und dort wie hier ist es die Wirtschaft, die sich diese Antriebskräfte zunutze macht. Solange sie sicher sein kann, daß das Massenpublikum nach Meistertiteln, Pokalen,

Medaillen und Rekorden intensiver hungert als nach weltweiten Doping-Blutkontrollen, wird die Industrie in die Weiterentwicklung schwer oder gar nicht diagnostizierbarer Dopingmittel weiter investieren, wird sie ihre Produkte unter der Hand in das System von Sportmedizinern, Trainern und verdrängungsbe-reiten Funktionären einschleusen. Und es werden weiterhin Champions für ein Gemisch aus natürlichen und chemisch geförderten Leistungen prämiert werden. Das weiß die Mehrheit des Publikums, will es aber gleichzeitig nicht wissen. Bei einer kürzlichen Fernsehumfrage bejahten 88,1 Prozent des Publikums die Frage, ob der Spitzensport verlogen sei. Aber die meisten darunter sind mehrheitlich damit einverstanden, daß mit Ben Johnson und den drei Mädchen aus Neubrandenburg Menschen als gewissenlos und betrügerisch kriminalisiert werden, die im Gegensatz zu der Masse der unentdeckt Gedopten nur Opfer ihrer Leichtgläubigkeit bzw. der Fahrlässigkeit ihrer Betreuer geworden sind.

Genauso verlogen wie das System des Spitzensports ist also der Großteil des Sportpublikums, der das Spiel mitmacht. Er folgt einem Muster, das der amerikanische Korruptionsforscher B.E. Gronbeck glänzend erläutert hat. Das Spiel läuft nach den Regeln des Sündenbock-Mechanismus ab. Zu Hauptdarstellern macht man das eine oder andere Sportidol, das sich für ein festliches Läuterungsritual eignet. Also nicht etwa die drei uninteressanten und unansehnlichen Kugelstoß-Medaillengewinner von Barcelona, allesamt ertappte Dopingsünder, sondern den Hundert-Meter-Fabelrekordläufer von Seoul und die schöne Supersprinterin aus Neubrandenburg wählt man jeweils als Idealbesetzung für die Hauptrolle in dem Läuterungstheater aus. In einer Art von Schauprozessen, von den Medien über Monate und Jahre ausgeschlachtet, verwandelt sich das epidemische Phänomen Doping in ein schändliches Einzeltäterdelikt. Nach strenger Bestrafung der Sündenböcke kann die Gesellschaft neuerlich eine Zeitlang verleugnen, was sie um jeden Preis verleugnen will. Gronbeck spricht von einer Weihe der öffentlichen Tugend.

Man kann dieses Sündenbock-Ritual vornehmlich nach moralischen Kategorien kritisieren. Ich sehe in der hilflosen Handhabung des Dopingproblems eher, wie schon erwähnt, den Ausdruck einer bedrückenden gemeinsamen, gesellschaftlichen Fehlhaltung, einer geradezu masochistischen Verstrickung im Gewaltverhältnis zur Natur. Im Wahn, mehr sein zu können und zu wollen, als uns bestimmt ist, vergewaltigen wir die Natur außerhalb und innerhalb unseres Organismus. Doping schädigt die Gesundheit, aber wurzelt zugleich in einem psychischen Gesundheitsdefekt der Gesellschaft.

Wenn wir diese Fehlhaltung nicht korrigieren, läßt sich mit hoher Wahrscheinlichkeit voraussagen, daß es in absehbarer Zeit zur gentechnischen Züchtung von Supersportlern kommen wird. Wer die rasante Entwicklung der gentechnischen Forschung und die unmittelbare praktische Ausbeutung ihrer Erkenntnisse in manchen Ländern verfolgt, wird meine Prognose kaum für absurd erklären.

3. Die psychohygienische Bedeutung des Altensports

In Verfolgung des Gedankens, daß sich im Umgang mit Sport allgemeine gesellschaftliche Kräfte und Konflikte abbilden, bin ich vom Kindersport zum Thema Doping im Leistungssport gelangt. Es bietet sich an, noch einen Schritt weiter zu tun und den Blick auf die Lebensphase des *Alters* zu lenken. Welche Chancen bietet der Sport alten Menschen prinzipiell, und welche davon erlaubt ihnen die Gesellschaft zu nutzen?

Eingangs gebrauchte ich die Formulierung, daß in der Klassenstruktur der Hochleistungsgesellschaft die Alten zusammen mit den Kindern die Unterklasse bildeten. Daß die Alten in der Tat Verlierer in der Konkurrenz der Generationen sind, ist kaum zu leugnen. Am Gießener Zentrum für Psychosomatische Medizin haben wir 1450 Studentinnen und Studenten danach gefragt, wie sie die Lage verschiedener sozialer Gruppen einschätzen. Eine Vorgabe lautete: Für das Wohl alter Menschen wird in unserem Land sehr viel oder sehr wenig getan. 74 Prozent der Antworten auf einer Sieben-Punkte-Skala lauteten: Es wird für sie wenig bis sehr wenig getan. Im Kampf um individuelle Selbstverwirklichung stehen die Alten also in der letzten Reihe. Lahmt die Wirtschaft wie jetzt, drängt man sie am ehesten aus der Arbeit.

Während sich die Kindheitsphase durch Akzeleration laufend verkürzt, verlängert sich die Altersphase durch die erhöhte Lebenserwartung stetig. Um so mehr leidet das Ansehen der Senioren, die demnächst mit einem Anteil von vierzig Prozent das Bruttosozialprodukt belasten werden. Kürzlich war in einer »Spiegel«-Kritik abschätzig von der angeblichen »Lebensgier« der sogenannten »Neuen Alten« die Rede. Das klingt, als sollten Alte weniger am

Leben hängen und besser in der Stille als anspruchslose Versorgungsempfänger verdämmern.

Unglücklicherweise geistern in der Medizin seit Ende des 18. Jahrhunderts Lebensvorschriften für die Seniorenphase, die einer solchen sozialen Ausgrenzungstendenz entgegenkommen. Für die Alten sei es gesund, sich geistig wie körperlich maximal zu schonen und vor allem viel zu schlafen. Ruhig und beschaulich, warm angezogen am Kamin oder im Garten sitzend, das wurde das Standardmotiv für die Abbildung insbesondere alter Männer, während man die Frauen eher noch bei irgendwelchen Tätigkeiten darstellte. Der berühmte Arzt Hufeland plädierte in einem Evergreen-Bestseller höchst erfolgreich für diese Verordnung von Passivität, die sich bis heute vortrefflich dazu eignet, die soziale Vernachlässigung der Alten als heilsame Schonung zu rechtfertigen. Wenn von Ruhestand die Rede ist, so klingt das ja auch nach einer entsprechenden Verhaltensempfehlung.

Nun hat bereits Immanuel Kant Hufeland und allen anderen Ruhe- und Schonungspredigern widersprochen. Zwar dachte er noch nicht an Seniorensport, vertrat aber mit aller Entschiedenheit die These, daß Passivität, Schonung und viel Schlaf im Alter Abbauprozesse beschleunigen und das Leben verkürzen würden. Inzwischen wissen wir, daß neben geistiger Aktivität insbesondere auch sportliche Betätigung zur Erhaltung von Lebendigkeit und Frische wesentlich beizutragen vermag. Verschiedene Sportarten können bis in hohes Alter psychohygienische Funktionen, wie sie eingangs genannt wurden, erfüllen: Selbstbestätigung durch die Erfahrung körperlicher Fitneß, Befriedigung von Ehrgeiz, Abfuhr von Spannungen und nicht zuletzt die Vermittlung von naiver Spielfreude. Auch finden viele Senioren in sportlichen Gemeinschaften sozialen Anschluß und Zuflucht aus drohender Isolierung. Unter Menschen, die noch in höherem Alter erfolgreich intellektuell, künstlerisch, sozial oder politisch tätig sind, findet man auffallend viele, die zugleich aus sportlichen Aktivitäten viel Lebensfreude und unentbehrliche Selbstbestätigung schöpfen. Ich kann mir das Bekenntnis nicht verkneifen, daß mir selbst die wöchentliche Teilnahme an einer Senioren-Fußballrunde für mein psychisches Wohlbefinden mehr bedeutet als manche erfreulichen Erfahrungen in meinem Arbeitsbereich.

Indessen zähle ich zu den sozial Privilegierten, die sich solche sportlichen Möglichkeiten noch eröffnen können. Dagegen kommt der Seniorensport in vielen Vereinen deutlich zu kurz. Zahlreiche Ältere würden gern noch weiter Fußball, Handball, Volleyball, Basketball oder Hallenhockey spielen, würde man ihnen dafür noch Plätze oder Hallen zur Verfügung stellen und ihnen etwa auch die Austragung von Pokalrunden anbieten. Statt sich nur der Erfolge ihrer ersten Mannschaften und vielleicht noch ihrer Nachwuchsarbeit zu rühmen, könnten Vereine durchaus mehr Ehrgeiz darauf richten, den Seniorensport stärker zu pflegen. Die Funktionäre sollten dabei auch an die eigene Altersvorsorge denken. Jedenfalls muß sich die Seniorengeneration selbst stärker als bisher gegen die ungerechtfertigte Ausschließung von manchen Sportarten wehren. Das erfordert einigen Mut, aber vor allem auch die Überwindung verinnerlichter falscher Leistungsmaßstäbe.

Leider gibt es viele, die sich nicht mehr in die Arena getrauen, sobald sie gewisse selbstgesetzte Ansprüche nicht mehr erfüllen können. Sich an die Phantasie einer konstant zu erhaltenden Leistungshöhe klammernd, erleben sie ihre unvermeidliche Kräfteminderung als unerträgliche narzißtische Kränkung. Manche geben ihren Sport nach Überschreitung ihres Höhepunktes auf, um ihr erfolgsfixiertes Selbstbild auf ewig festhalten und vor Beschädigung durch vermehrte Niederlagen schützen zu können. Sie wollen der Scham vor sich selbst entgehen, vor ihrem überhöhten Ideal – und merken nicht, daß sie damit in selbstschädigender Weise der herrschenden gesellschaftlichen Konkurrenzphilosophie erliegen. Sie grenzen sich selbst aus, als müßten sie die Sporthalle wie einen Arbeitsbetrieb denen überlassen, denen sie in der Leistung nachstehen.

Manche könnte man immerhin vor dieser Resignation bewahren, würde man ihnen und ihren Altersgenossen noch genügend altersgemäße Sportangebote machen. Indessen möchte ich mit Nachdruck wiederholen, daß die Senioren in unserer Ellbogengesellschaft von sich aus mehr tun müssen, um sich ihre Sportmöglichkeiten zu erhalten, so wie sie sich auch sonst gegen die verschleierte Verweisung in eine Art Randgruppenstatus verwahren müssen. Die Jüngeren wiederum sollten rechtzeitig bedenken, daß sie irgendwann in die Lage kommen werden, für die Benachteiligung der Alten selbst zu büßen. Denn in deren Lebensbedingungen und -formen haben sie einen Spiegel der eigenen Zukunftsperspektive vor sich. Es kann ungemein ermutigen und die Furcht vor dem eigenen Älterwerden wesentlich mindern, wenn man sich an dem Leitbild geistig wie sportlich frischer Senioren und Seniorinnen orientieren kann.

SIE HABEN
DIE RICHTUNG
GEWIESEN

Dank an Willy Brandt*

Liebe Freundinnen und Freunde,

ich darf Sie wohl so anreden, denn heute abend gibt es etwas, was uns alle einander nahebringt, nämlich die gemeinsame dankbare Verbundenheit mit dem Menschen, den wir gerade verloren haben.

Ich habe die Ehre, Sie zu begrüßen, wo immer Sie herkommen, aus der einladenden oder einer anderen Partei, aus der Gewerkschaft, aus Wissenschaft oder Kunst, aus Friedens- oder Menschenrechtsgruppen oder einfach nur so als Familie oder als Person, um in dieser Halle des Mannes zu gedenken, der unser aller Leben in der einen oder anderen Weise beeinflußt hat.

Wie haben wir Willy Brandt erlebt, was haben wir durch ihn erfahren, was verdanken wir ihm? Darüber werden sich nachfolgend Persönlichkeiten äußern, die ihm in verschiedenen Lebens-phasen nahegestanden haben, die mit ihm oder für ihn gearbeitet haben. Lassen Sie mich selbst eingangs mit Ihnen für einen Augenblick darüber nachsinnen, warum der Tod dieses Menschen, der doch seit Jahren immer seltener öffentlich hervorgetreten war, dennoch Millionen Menschen in unserem Land und außerhalb so ungeheuer bewegt. Viele habe ich als psychotherapeutischer Arzt und privat in dieser Woche getroffen, die Tränen vergossen haben, manche darunter, die über ihr Weinen selbst verwundert waren. Hatten sie doch gar nicht mehr gewußt, welche Gefühle sie an den Verstorbenen noch immer binden. Was also ist es, das da in uns hochkommt?

Jedenfalls ist es weit mehr als die Erinnerung an den herausragenden Politiker, Staatsmann, Parteiführer. Auch mehr noch als der dankbare Rückblick auf ein großes Leitbild, das uns Deutschen

---

* Begrüßungsansprache auf der Gedächtnisveranstaltung in der Berliner Eissporthalle am 16.10.1992

entscheidend geholfen hat, unsere Geschichte auf uns zu nehmen und zu tragen. Was uns so aufrührt, hat mit einem besonderen Gefühl von Nähe, von Liebe zu tun – eine ganz ungewöhnliche Empfindung gegenüber einer Gestalt, die lange auf der abgehobenen Bühne der Weltpolitik gewirkt hat. Diese Empfindung ist ursprünglich aus der leibhaftigen Erfahrung gewachsen: Da war einer da oben, der uns einfache Menschen hier unten nicht nur wahrnahm, sondern uns einfühlend zuhörte, sich glaubwürdig um uns sorgte, insbesondere um die Schwächeren unter uns, die dieser Sorge am dringendsten bedurften und bedürfen.

1974 schrieb ich über ihn im »Spiegel«: »Es gehört automatisch zu den Voraussetzungen seiner Fähigkeit, eine nachgeradezu sture Politik der Menschlichkeit, der Versöhnung, des friedlichen Abbaus sozialer Gegensätze und Ungerechtigkeiten mit einer einzigartigen Ausstrahlung zu steuern, daß er innerlich genauso ist, wie er die Gesellschaft gestalten will.«

Weil er so war, konnte er wichtige Reformen voranbringen, konnte er mit Egon Bahr der Verständigung mit dem Osten den Weg bahnen, konnte er wenigstens noch den Kurs formulieren, auf welchem der destruktive Nord-Süd-Konflikt unbedingt bewältigt werden muß. Dann hieß es eine Zeitlang, er habe mit seinen Visionen zu hoch gegriffen, er habe die Menschen zu utopischen Träumen verführt, und wie zum Beweis seines angeblich mangelhaften Realitätssinns war er ja ausgerechnet über östliche Hinterlist in Gestalt eines Guillaume gestolpert – oder man hatte ihn darüber stolpern lassen.

Daß er nach wie vor maßgeblich das Gesicht der Partei prägte, daß er überall gewichtig mitredete, wo es um wesentliche sozialpolitische Fragen ging, daß er der Friedensbewegung beharrlich beistand und so noch kürzlich, schon von Krankheit gezeichnet, für uns Ärzte der IPPNW ans Rednerpult ging, registrierten wir alle fast schon als Selbstverständlichkeit. Wir hatten ihn wie einen festen Besitz verinnerlicht und vereinnahmt und erschrecken nun plötzlich zutiefst darüber, daß wir ohne ihn dastehen und uns deutsche Politik ohne seinen Rat vorstellen müssen.

Aber nicht verlieren müssen wir, was er uns gelehrt, indem er es uns vorgelebt hat. Bleibt er uns vor Augen so wie in diesen Tagen, erwartet er von uns, daß wir der hiesigen Ausländerfeindschaft und dem neuen Rechtsradikalismus mit aller Entschiedenheit wehren, daß wir um der sozialen Gerechtigkeit im Innern und gegenüber den armen Ländern willen die notwendigen Opfer auf uns zu nehmen lernen und daß wir beharrlich auf weitere Abrüstung und auf strikte Unterbindung der fatalen Rüstungsexporte dringen. Vor allem haben wir seine Überzeugung zu beherzigen: In dieser Welt der Destruktivität und Zerrissenheit ist eine Politik der Menschlichkeit und der globalen Verantwortlichkeit nicht nur möglich, sondern für eine langfristige Bewahrung des Lebens unumgänglich.

Zum Tode von Gert Bastian und Petra Kelly*

Verehrte Angehörige, liebe Freundinnen und Freunde,

was immer es gewesen sein mag, das diese beiden von uns betrauerten großartigen Menschen in den Tod geführt hat, eines war es gewiß nicht, nämlich Resignation in ihrem beispielhaften Kampf für Frieden, für die Rechte der Menschen und der Natur. Sie litten zwar beide, wie mir Gert Bastian noch im September schrieb, wie viele andere von uns unter der neuen Welle von rechtem Haß und ausländerfeindlicher Gewalt. Wie auch ich fühlte Gert sich an die Stimmung erinnert, die uns in den dreißiger Jahren umgeben hatte. Aber weder er noch sie schränkten ihr Engagement auch nur einen Tag lang ein. Vielmehr steckten sie noch voller Pläne. Wenn es stiller um sie geworden war, so deshalb, weil sie weniger Gehör fanden, nicht weil sie selbst stiller geworden wären.

Wäre das Schreckliche, das geschehen ist, in ihrer Absicht gelegen, hätten sie mit absoluter Sicherheit eine Hilfe zum Verstehen hinterlassen. Denn sich mit allem, was sie dachten und taten, für ihre Freunde und die Öffentlichkeit verständlich zu machen, war ihnen immer wichtig gewesen. Also sollten wir jetzt das Unverständliche in Achtung hinnehmen und sie so in uns bewahren, wie wir sie bis zuletzt wahrgenommen und empfunden haben – als zwei Menschen, die mit sehr unterschiedlichem Temperament, aber gleicher Courage und gleicher Konfliktbereitschaft *alles* gaben, um dem unverantwortlichen politischen Mißbrauch von politischer, militärischer und technischer Macht in den Arm zu fallen; sie als die noch Radikalere, Enthusiastischere, er als der Bedächtigere, aber nicht minder Standfeste. Beide mitunter fast schroff, aber im Hintergrund zart und hochempfindsam. Sie als die redegewaltige Missionarin,

---

* Rede auf der Trauerfeier am 31.10.1992 in der Bonner Beethovenhalle

die über manche zentrale Überlebensprobleme schon aufgeklärt hatte, als diese von den großen Parteien noch kaum ernst genommen wurden. Er als der Ex-Panzergeneral, immer in vorderster Front der Friedensbewegung. Sie ließen sich nicht beirren, als der gewandelte Zeitgeist zur Beerdigung der Utopien aufrief, als sich manche Ex-Linke der neuen Mixtur aus Ego-Kult und Zynismus ergaben.

Nun stehen wir da, ärmer geworden, aber aufgerufen, ihre und unsere gemeinsamen Ziele erst recht mit aller Energie weiterzuverfolgen. Ich sehe uns aber auch ermahnt, uns gegenseitig wachsam im Auge zu behalten und uns umeinander mehr zu sorgen. Im Erschrecken und in unserer Trauer spüren wir das Vermächtnis, daß wir unser Engagement in einem widrigen Klima nur durchzuhalten vermögen, wenn wir noch näher zusammenrücken und unsere menschlichen Beziehungen nicht über unserer friedenspolitischen und ökologischen Arbeit zu kurz kommen lassen.

Ich sage Petra Kelly und Gert Bastian Dank – zugleich im Namen der Ärzte und Ärztinnen der IPPNW für Frieden und soziale Verantwortung und im Namen der Arbeitsgemeinschaft Darmstädter Signal, der Friedensbewegung in der Bundeswehr, als deren Vertreter ich hier sprechen durfte.

Es ist dies ein Tag der Trauer. Aber ich glaube, daß uns die Kunde von dem weltweiten Echo auf den Tod der beiden – die vielen Zeugnisse von Dankbarkeit, Verehrung, Mitgefühl und Liebe – auch einige Kraft vermitteln können, die wir brauchen, um im Geist der beiden unsere Arbeit fortzusetzen.

Trotzdem

*Gespräch mit Elisabeth von Thadden zum 70. Geburtstag des Autors**

Wochenpost: Sie sammeln Mineralien wie ein prominenter Vorfahre, Johann Wolfgang Goethe. Der schleppte Tausende von Steinen in sein Haus, als könne er sich so versichern, daß die Schöpfung reich, die Welt vorhanden und der Mensch Herr im Hause sei. Warum sammelt ein Psychoanalytiker Steine?

Verf.: Ich bin kein Sammler, der systematisch Kästchen anlegt und Steine sortiert. Mein Vater ging in meiner Kindheit auf die Jagd, und als Junge war ich mit meinem Jagdinstinkt begeistert dabei. Dann konnte ich nicht mehr auf Lebewesen schießen, und ich begann, nach Kristallen, Mineralien zu »jagen«.

Ich suche nur in zwei vertrauten Landschaften, die mir viel bedeuten: Hier in der Gegend gibt es wunderbare Sandrosen, etwa 30 Millionen Jahre alt, so schön wie in der Wüste. Da gehe ich hin, allein, wenn ich mich entspannen will und Lust habe zu jagen. Und die Jagd betreibe ich auch im Schweizer Wallis, im Hochgebirge. Nicht so sehr mit einer intellektuellen Beziehung zu den Mineralien, sondern aus Andacht und Achtung vor der Schönheit der Natur, die solche Steine aufbewahrt hat. In der Höhe ist dies herrliche Licht. Es geht mir um das ruhige Sehen und Schauen. Für mich wäre es eine Tragödie, wenn ich nicht mehr sehen könnte.

Wochenpost: In Ihren Büchern geht es viel um eine andere zu schützende Qualität: um die Liebe. Schon vor 30 Jahren hat aber der Sozialphilosoph Horkheimer festgestellt: Die individuelle Liebe ist überholt. Statt dessen zählen nur noch Macht und Erfolg. Und fünf Jahre später fügt er hinzu: »Die Frau von damals ist dahin – wie die Liebe.« Liegt's also mal wieder an den Frauen?

Verf.: Ich habe eine außerordentlich hilfreiche, intensive Mutterbindung erfahren. Diese frühe Bindung und Liebe, das ist in der

* Am 22.4.1993 in der »Wochenpost« erschienen

Psychoanalyse unumstritten, bleibt für das ganze Leben stärkend. Meine Mutter glaubte während ihrer Schwangerschaft, daß ihre Lektüre von guten Büchern ihr Kind zu einem geistig interessierten Wesen machen würde. Früher habe ich das für naiv gehalten. Aber diese Besinnlichkeit, die geistige Einstellung einer Mutter sind nicht gleichgültig. Das Vertrauen, Liebe empfangen und selbst lieben zu können, habe ich in der Kindheit gewonnen. Das ist auch heute noch möglich. Gerade haben zwei Autorinnen die Entwicklung von hundert Kindern aus Jena und aus Kassel verglichen: die frühe Sozialisation in Krippen im Osten mit den engeren Mutterbeziehungen im Westen. Und sie haben die Beschädigungen festgestellt, die durch eine so frühe Trennung entstehen. Ohne eine intakte Kindheit können sich Menschen nicht leicht entwickeln, die der Gesellschaft kritisch den Spiegel vorhalten können, die stabile Autonomie an den Tag legen und beziehungsfähig sind.

Wochenpost: Es gibt einen Lobgesang von Brecht auf eine Frau, die fünfzig Jahre bei ihrem Mann blieb, die Hanna Cash. »Und sie war so frei und blieb bei ihm. Darum.« Brecht selbst war so frei, immer wieder von neuem zu lieben. Heute sind die Hanna Cashs selten geworden. Ist das für Sie ein Fortschritt oder ein Verlust?

Verf.: Ich bin seit 46 Jahren mit meiner Frau verheiratet. Wir beide sind bis heute so verbunden, daß wir uns genießen, aneinander Freude haben. Die Art, wie wir uns ansehen, hätte ich als junger Mann zwei Siebzigjährigen nicht zugetraut. Aber diese Liebe war nie einfach privat. Von Anfang an war unsere persönliche Bindung mit dem gemeinsamen gesellschaftlichen Engagement für das vernachlässigte, unterdrückte, beschädigte Leben verknüpft. Das hat uns getragen.

Sicher, wir gehören zu einer Minderheit, und vieles an solch einer Liebe ist generationsbedingt: die verbindenden Erfahrungen von Tod, Armut, Verfolgung, also auch der Notwendigkeit, zuverlässig zu sein. Solche Verläßlichkeit ist ernst zu nehmen, auch wenn man zeitweise für andere Menschen schwärmt. Wer Beziehungen immer wieder für Neuanfänge auflöst, versteht ja das bisher gelebte Leben als provisorisch, legt sich nie auf Endgültiges fest. Aber man kann nicht ständig von vorn anfangen und einen Teil seiner selbst beiseite räumen. Ist es nicht besser, an dem festzuhalten, was man sich einmal verantwortlich vorgenommen hat?

Wochenpost: Die Anforderungen einer ziemlich ruppigen

Arbeitswelt an zwei berufstätige Partner lassen die Realität heute anders aussehen. Hatte Ihre Generation nicht zudem eine unbegrenzte Vorstellung von Zukunft, auch von gemeinsamer Zukunft, die heute so nicht mehr gilt?

VERF.: Ja, wir sahen nach 1945 die große Chance, eine friedlichere Welt zu bauen, die Zukunft war offen und hell. Und in diesem Zeichen standen auch unsere Zweierbeziehungen. Heute können Jugendliche angesichts einer unabsehbar gefährdeten Zukunft gegen ihre Depressionen oft nur ankämpfen, indem sie sagen: Ich will jetzt und hier alles ausleben, was morgen vielleicht nicht mehr geht. Reisen, lieben, erleben. Wenn Sie einen Jugendlichen heute fragen, was soll in dreißig Jahren aus dir werden, hält der einen doch für bekloppt. Und das ist verständlich.

WOCHENPOST: Zurück oder vorwärts zur Familie, rufen jetzt nicht nur Konservative angesichts der Haltlosigkeit vieler Jugendlicher. Ist die Familie noch oder wieder ein Heilmittel, das Bindungsfähigkeit, Rücksicht, Selbstwertgefühl stärken kann?

VERF.: Für einen Psychoanalytiker gibt es da Grenzen der Urteilsfähigkeit, und ich habe keine Rezepte. In den 68er-Zeiten galt die Kleinfamilie als rückschrittlich, spießig, angstbesetzt – diese unpolitische Wirtschaftswunderfamilie der Nachkriegszeit mit all ihren Verdrängungen war durch rein private Glücksvorstellungen überladen, die keine Beziehung aushält. Diese Familien wirkten beengend. Dagegen setzten die 68er ihre Ideen von der besseren Gemeinschaft, die ohne Unterdrückung funktioniert. Und zeigten eine große Verantwortung für ihre Kinder. Viele Befreiungswünsche der 68er, bis hin zu den verrückten Auswüchsen des Sex-Kultes, waren Ausdruck der Kritik an ihren alten Familien. Aber die Familie hat ja nicht nur hemmende Wirkungen ...

WOCHENPOST: ... und wie steht es mit den heute Dreißigjährigen und ihrer Lust auf Familie?

VERF.: Bei den Dreißigjährigen bildet sich oft ein übersteigerter Individualismus aus, der das Verhältnis der Geschlechter und Generationen sehr verändert. Das haben auch unsere Langzeituntersuchungen ergeben: Sie wollen sich nicht mehr einengen lassen durch das, was Kinder oder gebrechliche Alte ihnen abfordern. Da entwickelt sich seit der Mitte der 70er Jahre die neue Norm, sich weniger um andere zu kümmern, sich statt dessen in der Konkurrenz ungeniert durchzusetzen. Für die Stabilität von Bindungen ist diese Entwicklung nicht gerade förderlich. Dabei wären emanzipierte Durchsetzungskraft und die Sensibilität für soziale Verantwortung doch durchaus vereinbar.

Wochenpost: Sie halten den Egomanen seit langer Zeit andere Werte vor: Solidarität, Verständigung, Versöhnung. Viele finden aber längst, das sei gefühliger Kitsch, sie langweilen sich und haben moralische Predigten satt.

Verf.: Das erlebe ich auch, sicher. Aber ich habe viel Kontakt zu Schülern und Schülerinnen, und gerade die Vierzehn-, Fünfzehnjährigen empfinden mit ihren Zukunftsängsten, mit ihrer Traurigkeit über die ökologische Verwüstung und die Kriege wieder sehr ähnlich wie ich, da gibt es kaum Vorwürfe, ich sei ein blauäugiger Moralist. Wir sollten zu erreichen versuchen, daß diese Sensibilität und Hellsichtigkeit der Kinder nicht durch die Zwänge der Erwachsenengesellschaft verschüttet werden.

Wochenpost: Seit der Mitte der 70er Jahre hat die Alternativbewegung im Westen versucht, diese Gesellschaft humaner, ziviler zu machen. Ein gescheitertes Projekt?

Verf.: Wenn ich das so sähe, wäre ich nicht mehr dabei. Horkheimer hat davon gesprochen, daß dem theoretischen Pessimismus eine optimistische Praxis widersprechen kann. Das meine ich auch.

Wochenpost: Ein Rückblick auf das letzte Jahrzehnt der DDR: Viele ostdeutsche Bürgerrechtler werfen heute der westdeutschen Linken, der Friedensbewegung vor: Ihr habt uns damals im Stich gelassen. Ist da ein blinder Fleck, haben die Westdeutschen Anlaß zur Selbstkritik?

Verf.: Richtig ist: In der westdeutschen Friedensbewegung gab es eine ziemlich starke Kraft von SED-gelenkten KP-Leuten mit ihren verschiedenen Tarnorganisationen. Die versuchten bei großen Demonstrationen immer mit Druck, ihre Redner auf die Tribünen zu bekommen, die Sowjets und die DDR reinzuwaschen und nur die Amerikaner anzuprangern. Unsere IPPNW, die Ärzte-Organisation zur Verhütung des Atomkriegs, das »Komitee für Grundrechte« und einige der christlichen Gruppen konnten dagegen den humanistischen Flügel stark machen. Meine Freunde und ich haben, wenn in Jena oder Berlin Leute eingesperrt wurden, durch Artikel in der westlichen Presse darauf aufmerksam gemacht. Aber eine große Fraktion im Westen hat Menschenrechtsverletzungen im Osten tatsächlich einäugig übersehen. Die faszinierende Möglichkeit einer grenzüberschreitenden Friedensbewegung machte manche auch in der IPPNW blind dafür, daß im Osten nur handverlesene Leute mitmachen durften. Kürzlich, bei einem nichtöffentlichen Seminar mit Reformkräften aus Ost und West, habe ich gemerkt, wie groß die Fremdheit gegenüber uns Westlern geblieben ist. Und wie sehr es den Westlern immer noch an Bereitschaft fehlt, Augen und Ohren aufzumachen.

Wochenpost: Gleichzeitig besteht die Gefahr einer deutsch-deutschen Nabelschau. Mit dem Unfall von Tomsk werden wir jetzt daran erinnert, daß unverändert 1 000 Tonnen Plutonium auf der Erde herumliegen, die die Menschheit hunderttausendfach töten können. Demgegenüber nehmen sich die deutschen Diskussionen aus wie Wohnzimmergezänke.

Verf.: Das ist wie in einer Familie. Wenn das Fundament einer Familienstruktur bedroht ist, achten die Beteiligten nicht darauf, ob nebenan ein Biotop zerstört, ob eine überflüssige Autobahn gebaut wird. Die Arbeitslosigkeit, das Unvermögen in Ost und West, einander und das Neue zu verstehen, das unüberwundene Mißtrauen: All das bindet Energien. Sogar aus der IPPNW treten nun manche ostdeutschen Ärzte aus, denen die übergreifenden Fragen wie die Kernenergie und die Umweltzerstörung zweitrangig werden, weil sie zunächst ihre berufliche Existenzgrundlage sichern müssen. Die Ablenkung ist auch im Westen massiv vorhanden: Die jüngste öffentliche Warnung von 101 Nobelpreisträgern vor den katastrophalen Folgen der gegenwärtigen politischen Strategien ist im Westen zum Beispiel ganz unbeachtet geblieben. Wir sind eben nicht mit Sinnen ausgestattet, die in die Zukunft vorausfühlen könnten, was wir heute durch Unterlassungen anrichten.

Wochenpost: »Das Jahrhundert ist vorgerückt; jeder einzelne aber fängt doch von vorne an«, notierte Goethe vor 200 Jahren. Die Psychoanalyse nimmt diese einzelnen trotz der globalen Katastrophenszenarien zum Jahrhundertende unverändert ernst. Können wir uns solchen Luxus noch leisten?

Verf.: Das müssen wir sogar. Bis in die Erfahrungen der frühen Kindheit reichen die Voraussetzungen zurück, die Menschen befähigen, sozial und politisch ein Rückgrat zu bekommen. Je größer die Gefahrenpotentiale sind, die wir in der Außenwelt erzeugen, desto notwendiger sind Menschen, deren Ich standhalten kann. Mut und Hoffnung in den einzelnen zu entwickeln, vermag gerade die psychoanalytische Arbeit. Ich sehe das zum Beispiel an Frauen, die ungewollt kinderlos sind und ohne Erfolg von einer künstlichen Befruchtung zur nächsten rennen.

Eine junge Frau aus meiner Praxis war seit drei Jahren verheiratet, trotz aller quälenden technischen Methoden kam kein Kind. Wir haben ihre Geschichte durchgearbeitet; die unbewußten Widerstände gegen eine Schwangerschaft überwunden. Sie wurde schwanger. Und sie verstand das wie ich: Sie hätte anders nicht schwanger werden können. Uns Psychoanalytikern sind solche Erfahrungen ganz geläufig. Aber durch den Trend, alle menschlichen Funktionen, bis hin zur Empfängnis, technisch manipulierbar zu machen, gerät die Psychoanalyse immer stärker ins Hintertreffen. Wer ist schon noch offen dafür, in den eigenen Tiefen nach den Ursachen für Mißstände zu suchen, wenn technische Mittel trügerisch schnelle Abhilfe versprechen.

Literatur

Adorno, T. W., E. Frenkel-Brunswik, D. L. Levinson u. R. N. Sanford: The Authoritarian Personality. New York (Harper) 1950

Arendt, H.: Eichmann in Jerusalem. München (Piper) 1984

Brähler, E. u. H.-E. Richter: Wie haben sich die Deutschen seit 1975 verändert? In: H.-E. Richter (Hg.): Russen und Deutsche. Hamburg (Hoffmann und Campe) 1990

Chargaff, H.: Zeugenschaft. Stuttgart (Klett-Cotta) 1985

Delius, F. C.: Himmelfahrt eines Staatsfeindes. Reinbek (Rowohlt) 1992

Einstein, A.: Frieden. Bern (Lang) 1975

Freud, S.: Das Ich und das Es (1923). Ges. Werke, Bd. 13, London (Imago Publ.) 1940

Freud, S.: Das Unbehagen in der Kultur (1930). Ges. Werke, Bd. 14

Freud, S.: Warum Krieg? (1933). Ges. Werke, Bd. 16

Gorbatschow, M.: Für eine Welt ohne Kernwaffen. Ansprache vor dem Internationalen Friedensforum. Moskau, 16.2.1987

Habermas, J.: Vergangenheit als Zukunft. Zürich (Pendo) 1990

Havel, V.: Sommermeditationen. Berlin (Rowohlt) 1992

Horkheimer, M.: Zur Kritik der instrumentellen Vernunft. Frankfurt a. M. (Fischer) 1967

Hufeland, Ch. W.: Die Kunst, das menschliche Leben zu verlängern. Jena (akad. Buchhandlung)/Wien (Schaumburg) 1798

Jäger, H.: Psychologie des Strafrechts und der strafenden Gesellschaft. In: Reiwald, P. (Hg.): Die Gesellschaft und ihre Verbrecher. Frankfurt a.M. (Suhrkamp) 1973

Jaspers, K.: Wohin treibt die Bundesrepublik? München (Piper) 1966

Jores, A.: Die Medizin in der Krise unserer Zeit. Bern/Stuttgart (Huber) 1961

Kant, I.: Der Streit der Fakultäten (1798) In: Ges. Werke, Bd. 9. Darmstadt (Wiss. Buchgesellschaft) Sonderausgabe 1983

King, A. u. B. Schneider: Die globale Revolution. Ein Bericht des Rates des Club of Rome. In: Spiegel-Spezial, 2/1991

Kohut, H.: Die Heilung des Selbst. Frankfurt a. M. (Suhrkamp) 1979

Leuzinger-Bohleber, M. u. A. Garlichs: Früherziehung West–Ost. Zukunftserwartungen, Autonomieentwicklung und Beziehungsfähigkeit bei Kindern und Jugendlichen. Weinheim/München (Juventa) 1993

Lifton, R. J. u. E. Markusen: Die Psychologie des Völkermordes. Atomkrieg und Holocaust. Stuttgart (Klett-Cotta) 1992

Lojewski, G. v.: Aber: ich lebe! Deutscher Alpenverein, 41. Jahrg., Heft 3, Juni 1989
Marquard, O.: Die arbeitslose Angst. Die Zeit, Nr. 51, 1986
Milgram, St.: Das Milgram-Experiment. Reinbek (Rowohlt) 1974
Mitscherlich, A. u. M. Mitscherlich: Die Unfähigkeit zu trauern. München (Piper) 1967
Mitscherlich, M.: Die Unfähigkeit zu kämpfen. Emma 6, Nr. 4, April 1991
Müller-Eckhard, H.: Die Krankheit, nicht krank sein zu können. Stuttgart (Klett) 1954
Otto, K. A.: Vom Ostermarsch zur APO. Frankfurt a. M. (Campus) 1977
Petri, H.: Umweltzerstörung und die seelische Entwicklung unserer Kinder. Zürich (Kreuz) 1992
Reich, J.: Abschied von den Lebenslügen. Berlin (Rowohlt) 1992
Richter, H.-E.: Die Chance des Gewissens. Hamburg (Hoffmann und Campe) 1986
Richter, H.-E.: Die hohe Kunst der Korruption. Hamburg (Hoffmann und Campe) 1989
Richter, H.-E. (Hg.): Russen und Deutsche. Hamburg (Hoffmann und Campe) 1990
Schiffer, E.: Ein Modebegriff geht um in Europa: Die multikulturelle Gesellschaft. Frankfurter Rundschau, 2.9.1991
Schopenhauer, A.: Über das Fundament der Moral (1840) o. O. (Deutsche Buchgemeinschaft) o. J.
Shaw, M. W.: Gentest bei Huntington-Krankheit: Ein Recht zu wissen, ein Recht nicht zu wissen oder die Pflicht zu wissen. Am. J. of Med. Genetics 26, 1987, übers. in: Quartalszeitung der Deutschen Huntington-Hilfe, Herbst 1987
Sölle, D.: Gott im Müll. München (Deutscher Taschenbuch Verlag) 1992
Spinoza, B.: Die Ethik. Revid. Übersetzung v. J. Stern. Stuttgart (Reclam) 1977
U.C.S.: »Global Warning«. World Scientists' Warning to Humanity. Nucleus 12, Winter 1992/93
Unterbrunner, U.: Umweltangst – Umwelterziehung. Linz (Veritas) 1991